U1070167

新能源项目开发建设与投资并购法律实务

郝　利　主编

夏煜鑫　陈　霞　王　威　副主编

中 国 计 划 出 版 社

北　京

图书在版编目（CIP）数据

新能源项目开发建设与投资并购法律实务 / 郝利主编. -- 北京 : 中国计划出版社, 2020.8(2023.1重印)
ISBN 978-7-5182-1204-0

Ⅰ. ①新… Ⅱ. ①郝… Ⅲ. ①新能源—基本建设—经济管理—经济法—研究—中国 Ⅳ. ①D922.297.4

中国版本图书馆CIP数据核字(2020)第138178号

新能源项目开发建设与投资并购法律实务
XINNENGYUAN XIANGMU KAIFA JIANSHE YU TOUZI BINGGOU FALÜ SHIWU
郝利 主编 夏煜鑫 陈霞 王威 副主编

中国计划出版社出版发行
网址：www. jhpress. com
地址：北京市西城区木樨地北里甲 11 号国宏大厦 C 座 3 层
邮政编码：100038 电话：(010) 63906433（发行部）
三河富华印刷包装有限公司印刷

787mm×1092mm 1/16 19 印张 250 千字
2020 年 8 月第 1 版 2023 年 1 月第 4 次印刷

ISBN 978-7-5182-1204-0
定价：78.00 元

版权所有 侵权必究
本书环衬使用中国计划出版社专用防伪纸，封面贴有中国计划出版社专用防伪标，否则为盗版书。请读者注意鉴别、监督！
侵权举报电话：(010) 63906404
如有印装质量问题，请寄本社出版部调换

序 言

从1982年开始相当长的一段时间内，我一直从事能源经济和环境保护政策研究工作，分别在国家发展改革委能源研究所以及国家应对气候变化战略研究和国际合作中心工作。在从事能源环境政策研究的过程中逐步认识到，要解决全球工业化发展过程中所产生的一系列环境问题，包括气候变化问题，必须进行发展方式的转变，即增长方式的绿色转型、能源系统的绿色转型和生活方式的绿色转型。从概念来看，能源绿色转型主要包括两个方面，一个是清洁化，另一个是低碳化。清洁化是解决化石能源燃烧过程中传统污染物的排放问题，低碳化是解决能源生产和消费过程中二氧化碳的排放问题。总之是让能源对环境更加友好。

20世纪90年代初，全球主要发达国家已经基本完成了能源清洁化的进程，以1992年的《联合国气候变化框架公约》（以下简称《公约》）签署并实施为标志，实现能源的低碳化被提上了议事日程。作为履行《公约》的活动之一，世界银行和联合国开发计划署、联合国环境规划署联合实施了全球环境基金项目，这个项目实施的目的就是帮助发展中国家实现能源的绿色转型，让能源对环境更友好。我作为国际专家参与了帮助世界银行和联合国开发计划署在中国实施一批可再生能源项目，培训了一大批可再生能源企业家。2003年，我负责协助国家发展改革委能源局组织起草《中华人民共和国可再生能源法》(以下简称《可再生能源法》)。

《可再生能源法》的颁布，推动了我国可再生能源事业的发展，现在中国已经成为全球可再生能源发展最快的国家。经过多年的努力，能源转型以及能源清洁化和低碳化的理念得到了政府和社会各界的认同与接受。目前，我国的可再生能源开发利用取得明显成效，水电、风电、光伏发电等能源种类累计装机规模均居世界首位。可再生能源在能源结构中占比不断提升，能源结构朝着清洁化、低碳化方向发展，为我国经济快速发展和人民生活水平不断提高提供了重要保障。截至2019年底，全国主要可再生能源发电装机容量接近8亿kW，约占全部电力装机容量的40%，相比2005年提高了近20个百分点，其中非水可再生能源发电装机占比由2005年的0.6%提高到2019年的20%，发电量占比从0.1%提高到10%。非水电的可再生能源从《可再生能源法》实施初期的“可有可无”到今天的“举足轻重”，已经成为我国能源，特别是清洁能源供应的重要组成部分。

一部《可再生能源法》开启了中国十余年来可再生能源发展的黄金时代，推动了风电、光伏等新能源技术的不断进步、成本的不断下降和装机占比的快速提升，可见法律在能源事业发展中的基础地位与至关重要性。但是，可再生能源作为新生事物，执法不严以及相关法律条款不适应的问题依然存在，政府和企业对可再生能源快速发展过程中法律风险的忽视等问题，导致近年来风电、光伏等新能源领域的法律风险事件频发，与项目开发建设、投融资和并购等相关的纠纷也持续增多，一定程度上对新能源行业的发展产生了不利影响。

中伦律师事务所作为国内顶尖的法律服务机构之一，多年来，在能源与矿产资源领域的法律服务一直受到钱伯斯（Chambers and Partners）等众多法律评级机构的特别推荐。郝利律师团队作为国内为数不多的专注于风电、光伏等新能源项目开发建设、投资并购和争议解决的服务团队，办理了大量与新能源相关的诉讼和非诉案件，积累了丰富的实务经验。他们把多年来的研究成果和实务经验整理出来，编撰成《新能源项目开发建设与投资并购法律实务》出版，对于新能源行业来说是一件值得称道的好事。这本书既有对新能源相关法律体系的梳理，也有对风电、光伏等新能源项目开发建设和投资并购法律风险管理的实务总结，同时还通过案例评析和实务问答的方式对常见的法律风险和问题进行了解析，对于新能源行业的从业者来说是一本难得的法律实务指南。

我做能源环境政策研究近40年了，一直有一种理念，就是人类必须走可持续发展之路，中国作为一个发展中的大国更应该实现发展方式的绿色转型。无论对于从事经济管理、技术开发还是法律服务的人士而言，实现人类的可持续发展都应该是我们共同的追求与目标。发展方式的绿色转型，特别是建设绿色低碳、安全高效的能源体系仍然任重而道远，所有的能源工作者需要一起努力，砥砺前行。

是为序。

李俊峰

2020年2月

李俊峰，中国能源行业资深专家，国家应对气候变化战略研究和国际合作中心原主任、“扎耶德未来能源奖”终身成就奖获得者。

自 序

能源是支持世界经济和社会发展的重要战略物资，是人类赖以生存的物质基础和决定人们生活质量的关键因素。进入21世纪以来，长期支撑人类文明高速发展的以石油、煤炭为主的化石能源出现了前所未有的危机，除其储藏量不断减少外，化石能源燃烧引起的环境污染和温室效应问题，引发了人们对未来社会发展动力来源的广泛关注和思考。越来越多的国家都将能源开发和利用的重点逐步转向风能、太阳能、生物质能等开发潜力大、清洁无污染的新型可再生能源。目前，全球投向新能源，特别是风电、光伏产业的资金数量激增，新能源产业必将成为世界各国培育新的经济增长点的一个重要突破口。

新能源开发和利用给中国带来了前所未有的发展机遇，经过多年的战略布局和政策支持，以风电、光伏为代表的中国新能源产业已获跨越式发展，积累了较强的国际竞争实力。但是，近年来迅猛和粗放式的发展也使得风电、光伏等新能源领域的法律风险事件频繁发生、各类纠纷持续增多。同时，随着平价上网政策的全面实施，存量项目的并购将成为新能源行业的主要发展趋势，行业内的龙头企业将更多依赖并购的方式获得装机容量的提升，一轮新的行业并购潮正在出现。风电、光伏等新能源作为新兴行业，在项目土地使用、招标采购、项目融资、电价补贴等方面均存在诸多新的法律问题，这给项目参与各方带来了很多困惑和不确定性，有关新能源项目的法律实务经验和法院裁判观点越来越受到业内人士的关注和重视。

我们注意到，目前市场上关于新能源项目开发建设和投资并购法律实务方面的书籍非常少，尤其缺乏系统性的知识梳理和实务经验介绍。网络上的各类文章虽然不少，但相关知识点都比较零散，且水平参差不齐，这给项目投资人和参与方造成很多困扰。参与本书编写的都是具有多年新能源项目法律服务经验的律师，对于行业的痛点和难点法律问题有深刻的理解。我们在编写过程中力求对相关的问题解析都能有明确的法规政策依据，且有实务案例支撑，希望能够在一定程度上帮助新能源行业的从业者答疑解惑。

本书共分为五章，分别为第一章“新能源相关概念与法律体系概述”，第二章“新能源项目开发建设法律风险管理”，第三章“新能源项目投资并购法律风险管理”，第四章“新能源项目纠纷典型案例分析”，第五章“新能源项目法律实务问答”，在对新能源与可再生能源相关法律体系进行梳理的基础上，我们特别针对风电、光伏等新能源项目开发建设和投融资及并购过程中常见的项目核准与备案、土地取得、工程验收、电价与补贴、预约收购及担保等疑难法律问题进行分析，同时通过案例评析和实务问答的方式对项目投资主体变更、设备融资租赁、售电收益权质押、合同能源管理、项目占用林地和草地等常见的法律风险和问题以及典型的裁判规则进行了解析，具有较强的可读性和实务指导性。

作为一名法律工作者，我和我的团队是新能源行业快速发展的亲历者，也是风电、光伏等新能源项目开发建设、投融资、并购和争议解决等法律服务的实践者。这些年，我们协助央企客户编写了风电项目开发建设和运营的法律合规手册，开展了几百个风电、光伏项目的法律尽职调查和并购交易服务，代理了大量与新能源项目土地侵权、EPC 总承包、股权转让、项目融资和产品质量相关的诉讼和仲裁案件，从 2017 年开始我们还每年推出《光伏项目涉诉案件大数据研究报告》，也发表了一些法律实务文章。如今，我们非常荣幸地将我们从事新能源法律服务的研究心得和实务经验总结整理并奉献给读者，希望对新能源行业的法律从业者和项目投资人及相关参与方有一定的借鉴和参考作用！

郝利

2020 年 2 月

目　录

第一章
新能源相关概念与法律体系概述

作为新兴行业，我国的新能源产业发展起步较晚，但在技术进步和国家政策的双重驱动下，近年来取得了飞速发展，目前我国风电、光伏等新能源的装机容量均已稳居世界首位，同时也造就了一批具有全球竞争力的新能源企业。当下，新能源行业正处在发展的关键阶段，新技术的开发和应用带来的成本下降，使得风电、光伏等非水可再生能源逐步拥有了和传统化石能源相竞争的成本优势，平价上网已指日可待。未来新能源产业必将成为我国和世界各国培育新的经济增长点的一个重要突破口，优质的风电、光伏等新能源项目也将成为资本竞相追逐的目标。

2005 年《中华人民共和国可再生能源法》(以下简称《可再生能源法》)的通过，标志着我国可再生能源的开发利用步入了法治轨道。随着新能源与可再生能源产业的迅速发展，与之相关的法律规范也逐步丰富和日趋完善。对于风电、光伏等主要新能源行业的投资者和项目参与者而言，厘清能源、新能源及可再生能源的法律概念，了解国家与新能源相关的法律体系和政策规定，对于防范项目可能出现的法律风险、有序推进项目开发建设、投融资和并购进程具有重要意义。

第一节　能源、新能源和可再生能源的法律概念

一、我国能源消费现状及发展趋势

（一）能源的分类与历史演变

1. 能源的定义

能源（Energy Source），顾名思义是指含有能量的资源。实质上能源是可被人类利用并由此获得能量的自然资源和利用这些自然资源所生产的产品的统称。《中华人民共和国节约能源法》第二条规定，本法所称能源，是指煤炭、石油、天然气、生物质能和电力、热力以及其他直接或者通过加工、转换而取得有用能的各种资源。

2. 能源的分类

根据不同的分类标准，能源可以被分成不同类型。

（1）根据能源获得方式的分类

根据能源的获得方式是直接获得还是加工转化获得，可以将能源分为一次能源和二次能源。一次能源主要是指自然存在，不改变其基本形态即可直接获得的能源，如原煤、原油、天然气、核能、太阳能、水能、风能、波浪能、潮汐能、地热、生物质能和海洋温差能等。二次能源是指由一次能源经过加工转换以后得到的能源，例如，电能、蒸汽、煤气、汽油、柴油、重油、液化石油气、酒精、沼气、氢气和焦炭等。目前，绝大多数一次能源需要被加工转化为二次能源才能被方便地运输、分配和使用。

（2）根据能源能否再生恢复的分类

根据能否在短期内再生恢复，能源可以被分为可再生能源与不可再生能

源。可再生能源是指在自然界中通过一定的循环过程不断再生，可定期补充的能源，如太阳能、风能、水能、生物质能等。不可再生能源是指需要经历数十亿年地质变化形成，与人类历史相比时间很长，不可能在短期内恢复的能源。目前，世界主要的能源消费以煤炭、石油、天然气等化石能源居多，国际能源市场的主要交易品种通常是不可再生的化石能源。由于化石能源的储量有限，加上日益严重的环境污染等问题，近年来风能、太阳能等可再生能源的利用越来越受到世界各国的重视，并取得了快速的发展。

（3）根据是否排放污染物的分类

根据是否排放污染物，能源可以被分为清洁能源与非清洁能源。清洁能源，又称绿色能源，是指使用时不排放污染物（或排放污染物较少），可直接用于生产和生活的能源。狭义的清洁能源主要是指可再生能源，如水能、生物能、太阳能、风能、地热能和海洋能。这些能源消耗之后可以恢复补充，不产生污染或很少产生污染。广义的清洁能源则包括在能源的生产及其消费过程中，选用对生态环境低污染或无污染的能源，如天然气、清洁煤和核能等。其他在使用中对环境污染较大的能源，如煤炭、石油等则统称为非清洁能源。

（4）根据能源使用方式的分类

按照能源的使用方式，能源可以被分为燃料能源和非燃料能源。燃料能源是指用于燃烧发热并做功的能源，主要包括化石燃料（煤炭、石油、天然气）、生物燃料（木材、沼气、有机物）、化学燃料（甲醇、乙醇、烷烃）和核燃料（铀、钚、氘、氚等）。非燃料能源是指不通过燃烧来获得热量和功的能源，如风能、水能、潮汐能、地热能、太阳能等。

能源的分类方式多种多样，但也并非绝对，分类的目的只是为了便于人们识别。在实践中，我们通常采取一次能源与二次能源的分类方式，在一次能源中，又根据能源的可再生性再划分为不可再生能源与可再生能源（见图 1-1）。

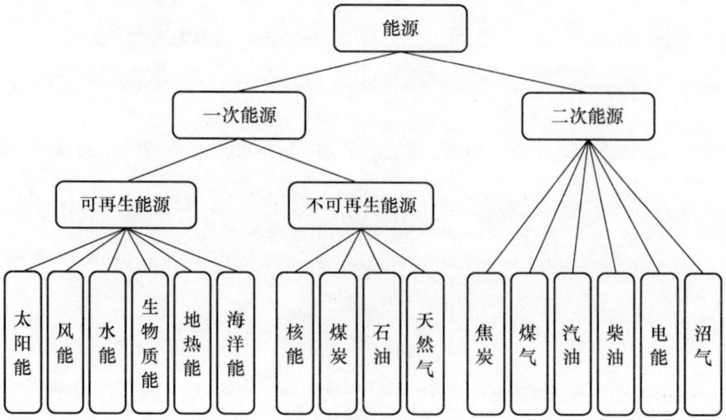

图 1-1 能源主要种类划分示意图

3. 能源的历史演变

到目前为止，人类能源利用经历了“火与柴草”“煤炭与蒸汽机”“石油与内燃机”“新能源与可持续发展”四个阶段。前三个阶段已经完成，第四阶段正在进行中。在世界能源消费总量不断增长的同时，能源结构也在不断变化。能源时代的每一次变革都伴随着生产力的巨大飞跃，极大地推动了人类经济和社会的快速发展。

（1）火与柴草时代

火的利用促使古代生产力诸要素发生了巨大变化。火与柴草的能源体系促进了原始社会工人、劳动工具和原材料的快速发展。首先，火的使用改变了人类的饮食习惯，扩大了食物的来源和种类。这对改善人类健康和大脑发育有着不可估量的作用。其次，火与柴草相结合的能源体系也在劳动工具的发展中发挥了重要作用，弓、箭、陶瓷和金属工具的制造离不开火。火的大规模使用也引起了古代生产力布局的重大转变，扩大了人类生产活动的空间，从而改变了全球原始社会生产力的结构布局。恩格斯在《反杜林论》中曾高度评价说：“就世界性的解放作用而言，摩擦生火还是超过了蒸汽机，因为摩擦生火第一次使人支配了一种自然力，从而最终把人同动物分开。”[①]

（2）煤炭与蒸汽机时代

1776年，英国科学家詹姆斯·瓦特制造出第一台有实用价值的蒸汽机。以后又经过一系列重大改进，使之成为“万能的原动机”，在工业上得到广泛应用。他开辟了人类利用能源的新时代，使人类进入“蒸汽时代”。随着蒸汽机的广泛应用，人类对煤的需求越来越大。1700年，英国煤产量260万吨。1815年，英国煤炭年产量已达到1 600万吨。19世纪以煤炭能源为基础的工业革命迅速改变了全球经济，全球力量平衡也随之重新定位。煤炭和蒸汽机是第一次工业革命的关键，推动人类进入能源历史的第二阶段。

（3）石油与内燃机时代

石油的应用和内燃机的发明给交通运输领域带来了革命性的变化。19世纪80年代，德国卡尔·本茨成功地制造了第一辆由内燃机驱动的汽车。与此同时，许多国家已经开始建立汽车工业。随后，机车、远洋轮船和内燃机飞机出现。内燃机的发明促进了石化工业的发展。1870年，全世界只有80万吨石油被开采出来，到1900年，这个数字上升到了2 000万吨。依靠石油、内燃机和电力的应用，世界从“蒸汽时代”进入了“电气时代”。

（4）新能源与可持续发展时代

随着社会对能源需求的不断增长和低碳社会的到来，从传统化石能源向非化石新能源的重大转变是不可避免的。近年来，煤炭、石油等化石能源带来的生态环境问题日益突出。20世纪初英国伦敦“雾都”的形成以及目前中国大规模雾霾天气，其主要原因均是煤炭、石油等非清洁化石能源的大规模使用。随着人类对绿色生态环境需求的增加，新能源在能源结构中的比重将逐步增加。全球一次能源正在迈入石油、天然气、煤炭和新能源“四分天下”

① 《马克思恩格斯选集》第三卷，人民出版社1995年第2版，第154页。

的格局。①

（二）常规能源储量及我国的能源需求变化

1. 石油、天然气和煤炭等常规能源的状况

根据英国石油公司（以下简称 BP）公布的《世界能源统计年鉴 2019》，截至 2018 年底，全世界已探明石油储量为 2 441 亿吨，其中中东地区②储量占到 48.3%，占比最大。中国已探明石油储量占全世界比例约为 1.5%③（见图 1-2）。

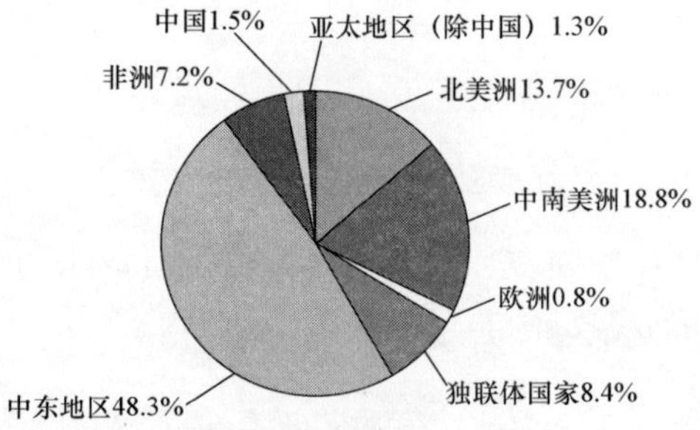

图 1-2　2018 年全世界已探明石油储量各地区占比

全世界已探明天然气储量为 196.9 万亿立方米，其中中东地区占比为 38.4%，独联体国家④占比为 31.9%。中国已探明天然气储量为 6.1 万亿立方米，占全世界比例约为 3.1%（见图 1-3）。

---

① 邹才能，赵群，张国生等：《能源革命：从化石能源到新能源》，《天然气工业》2016 年第 1 期，第 2 页。

② 统计包括巴林、伊朗、伊拉克、以色列、科威特、阿曼、卡塔尔、沙特阿拉伯、叙利亚、阿联酋和也门。

③ BP：BP Statistical Review of World Energy 2019，68th edition.

④ 统计包括阿塞拜疆、哈萨克斯坦、俄罗斯、土库曼斯坦和乌兹别克斯坦。

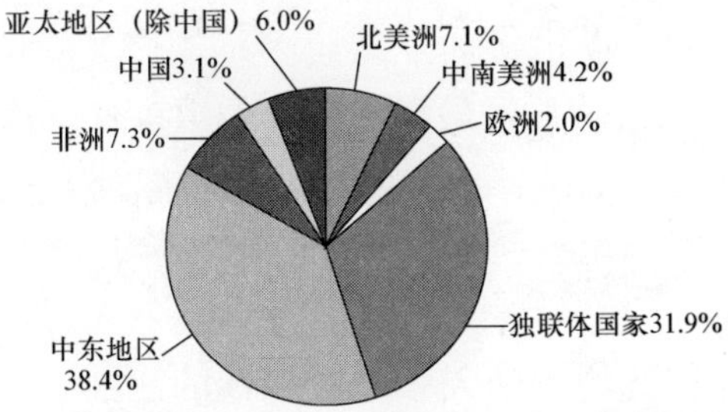

图 1-3　2018 年全世界已探明天然气储量各地区占比

全世界已探明煤炭储量为 10 547.82 亿吨，其中亚太地区占比最高，为 42.2%，美国是储量最高的国家，占比为 23.7%。中国已探明煤炭储量为 1 388.19 亿吨，占比约为 13.2%[①]（见图 1-4）。

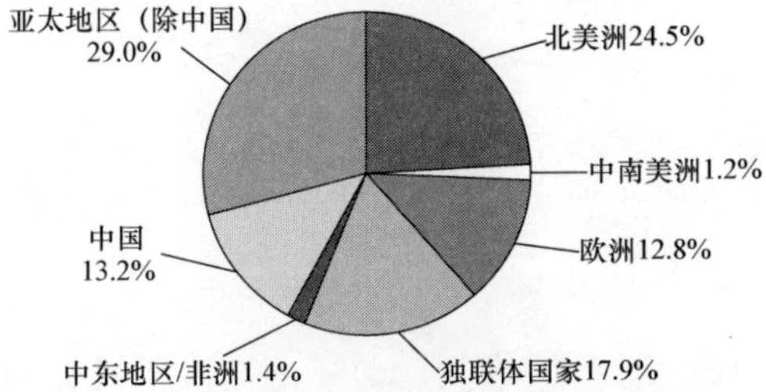

图 1-4　2018 年全世界已探明煤炭储量各地区占比

2. 我国能源的消费和需求变化

（1）能源消费总量和人均能源消费量均快速增加

近年来，我国的能源消费总量和人均能源消费量均增加较快。国务院发布的《能源发展“十二五”规划》显示，2005 年我国一次能源消费总量为 23.6 亿吨标准煤，《能源发展“十三五”规划》中 2015 年我国一次能源消费总量已增加到 43 亿吨标准煤，十年间几乎翻了一倍。而根据国家统计局的数据，从 2005 年到 2015 年，十年间我国人口总量仅增加了 5.1%，因此能源消费量的增加主要来自人均能源消费量的快速增长。

① BP：BP Statistical Review of World Energy 2019，68th edition.

（2）能源消费的地区差异突出

2012 年，我国能源消费总量最大的省份是山东省，达到 38 899 万吨标准煤。能源消费总量最低的省份是海南省，只有 1 688 万吨标准煤，前者的数值大约是后者的 23 倍。能源消费总量高的省份集中在东部沿海发达地区或人口多的省份，能源消耗较低的省份大多是较偏远的西部省份。从我国一次能源的分布来看，煤炭资源主要分布在华北、西北地区，水力资源主要分布在西南地区，风能和太阳能资源也以西部地区为主，而我国的能源消费却主要集中在东部的沿海省份，能源分布与消费的地区差异严重影响了能源的合理配置和有效利用。

（3）能源消费结构持续改进

近年来，中国的能源结构持续改进，尽管煤炭仍是中国能源消费中的最主要燃料，但比例正不断下降。国家统计局发布的《2018 年国民经济和社会发展统计公报》显示，经初步核算，全年能源消费总量为 46.4 亿吨标准煤，比上年增长 3.3%。煤炭消费量增长 1.0%，原油消费量增长 6.5%，天然气消费量增长 17.7%，电力消费量增长 8.5%。煤炭消费量占能源消费总量的 59.0%，比上年下降 1.4 个百分点；天然气、水电、核电、风电、光伏等清洁能源消费量占能源消费总量的 22.1%，比上年上升 1.3 个百分点。

（三）化石能源与环境污染

化石能源是指煤炭、石油、天然气等储藏在地下并且不能回收利用的燃料能源。人类对化石能源的开发利用对大气圈、水圈和生物圈产生了各种影响，成为环境污染的主要来源。化石能源对环境的污染主要表现在以下几方面。

1. 温室效应

地球表面的温度直接受到大气中二氧化碳和甲烷等温室气体含量的影响。

大气层内大部分的二氧化碳和甲烷来自化石燃料的燃烧。由于实际排放量已经超过了自然固碳和吸收的自然速率，大气中的二氧化碳含量开始上升，地球成了一个温室。学者认为，甲烷的温室效应是二氧化碳的 20 多倍。[①] 由温室效应所带来的全球气候变暖受到全世界的关注。

2. 破坏臭氧层

化石燃料燃烧产生的氮氧化物是造成臭氧层破坏的主要原因之一。研究结果表明，臭氧浓度每降低 10%，地面受到的紫外线辐射强度将增加 20%，这必然给地球的生态环境造成较大影响，例如皮肤癌患者数量大幅增加等。目前，大气中的氮氧化物含量正在迅速增长，这将不可避免地导致臭氧层变薄，给自然环境带来巨大的负面影响。

3. 空气污染

严重的雾霾与能源结构有很大的关系。目前，中国已成为世界能源消费第一大国。数据显示，我国煤炭燃烧产生的二氧化硫、氮氧化物、烟尘等有害物质排放分别占全国总量的 86%、56%、74%左右，产生的 PM2.5 占总量的 50%~60%。[②] 直燃煤烟尘排放加上化石能源消费，是雾霾产生的最主要原因之一。中国社科院、中国气象局联合发布《气候变化绿皮书：应对气候变化报告（2013)》指出：我国持续性雾霾显著增加，主要原因是社会化石能源消费增多造成的大气污染物排放逐年增加，影响健康，提高死亡率，恶化呼吸及心脏系统，改变肺功能及结构，影响生育能力等。

除此之外，化石能源还会带来酸雨、地表塌陷、生态恶化等诸多环境问题。由于当前我国化石能源仍然占能源消耗总量的大部分，由此造成的环境

---

① 刘志逊，刘珍奇，黄文辉：《中国化石燃料环境污染治理重点及措施》，《资源·产业》2005 年第 5 期，第 50 页。

② 央视网：《专家：80%PM2.5 污染问题与能源有关》，http：//news.cntv.cn/2014/02/20/ARTI1392856281576879.shtml，最后访问日期：2020 年 2 月 5 日。

问题必须从源头上加以解决。

（四）能源发展趋势

1. 国际能源发展趋势

（1）石油发展进入“稳定期”

总体来看，全球石油储量较为充足，储采比一直保持在50以上，特别是中南美、中东地区储采比分别高达120、78，发展潜力还很大。全球石油产量持续保持稳定增长，近10年平均增长率为8.1%，已迈入发展的“稳定期”。①

（2）天然气发展步入“鼎盛期”

天然气作为最清洁的化石能源，已进入快速发展阶段，是化石能源向新能源转型的桥梁，将在全球能源可持续发展中发挥支撑作用。天然气是一种非常现实、成本低廉、清洁环保的“三A能源”（Available可获取的、Affordable可承受的、Acceptable可接受的）。在过去50年时间里，其在全球一次能源消费结构中占比快速提升，是全球能源结构中增长最快的化石能源。

（3）煤炭发展走向“转型期”

煤炭在世界一次能源消费结构中的比例将进一步缩小，煤炭利用也将趋于清洁化。世界三大产煤区中的北美、欧洲及欧亚大陆，煤炭产量及消费量均呈下降趋势。煤炭作为最廉价的化石能源，将在世界能源结构中继续发挥重要作用，但是随着人类生态环境保护需求的增加，对煤炭的利用将向高效清洁的方向转型。

（4）新能源发展渐入“黄金期”

发展新能源是低碳发展的关键。新能源开发利用步伐加快，已成为全球

① 邹才能，赵群，张国生等：《能源革命：从化石能源到新能源》，《天然气工业》2016年第1期，第3页。

能源增长的新动力。加强新能源科技攻关已成共识，“新能源革命”到来的速度有可能会超过预期，特别是新能源发电成本降低和电池储能技术的突破将强力推动“新能源时代”的到来。

2. 国内能源发展趋势

（1）能源结构将逐步调整

当前，中国已发展成为世界能源生产和消费大国，并已形成了由煤炭、电力、石油、天然气、新能源和可再生能源组成的综合能源供应体系。但是，中国的能源结构仍以化石能源为主导，煤炭的利用仍然是第一位。长期广泛开采和利用煤炭所造成的环境污染和资源浪费已严重超过了中国环境的承受能力。与此同时，中国对外界的石油依赖在增加，面对国际能源价格飞涨、资源紧缩和其他不利条件，中国已经失去使用廉价石油的机会。中国再也不能依靠大规模的国际资源用石油和天然气代替煤炭，并重复发达国家曾经采取的石油化道路。党的十九大报告指出，要“推进能源生产和消费革命，构建清洁低碳、安全高效的能源体系”。因此，进行能源结构调整是未来我国能源发展的必然趋势。

（2）发展新能源和可再生能源将成为主流

国务院在《能源发展“十三五”规划》中将“清洁低碳，绿色发展”作为“十三五”期间能源发展的基本原则之一。规划指出，“把发展清洁低碳能源作为调整能源结构的主攻方向，坚持发展非化石能源与清洁高效利用化石能源并举。逐步降低煤炭消费比重，提高天然气和非化石能源消费比重，大幅降低二氧化碳排放强度和污染物排放水平，优化能源生产布局和结构，促进生态文明建设。”为实现 2020 年和 2030 年非化石能源分别占一次能源消费比重 15％和 20％的目标，国家在“十三五”期间加快了新能源和可再生能源的发展步伐。国家能源局在《可再生能源发展“十三五”规划》中明确提出，到 2020 年全部可再生能源年利用量要达到 7.3 亿吨标准煤，可再生能源发电装机要达到6.8亿kW，发电量占全部发电量的27%。

二、新能源和可再生能源的发展

（一）新能源和可再生能源的定义与分类

1. 定义

新能源又称非常规能源，是指传统能源之外的各种能源形式。1980年联合国召开的“联合国新能源和可再生能源会议”对新能源的定义为：以新技术和新材料为基础，使传统的可再生能源得到现代化的开发和利用，用取之不尽、周而复始的可再生能源取代资源有限、对环境有污染的化石能源，重点开发太阳能、风能、生物质能、潮汐能、地热能、氢能和核能（原子能）。

我国法律对于可再生能源已经有了明确的定义，《可再生能源法》第二条规定，“本法所称可再生能源，是指风能、太阳能、水能、生物质能、地热能、海洋能等非化石能源。”

通过上述定义可知，“新能源”与“可再生能源”在内涵释义上既有交叉部分又有互不相容之处，所以，在中国学术界，学者们对其范围的界定存在较大争议，故一般统称为“新能源和可再生能源”。

2. 新能源和可再生能源的主要类型

为避免疑义，本书中对于新能源和可再生能源的界定主要包括太阳能、风能、水能、生物质能、地热能和海洋能等能源类型；新能源则主要指太阳能、风能、生物质能、地热能和海洋能等常见的非水可再生能源。核能虽然也属于新能源的范畴，但由于核能的特殊性，通常不纳入新能源和可再生能源的管理体系。比如国家能源局有专门的新能源和可再生能源司，负责指导协调新能源、可再生能源和农村能源发展，而核能则由专门的核电司负责管理。

风能资源是一种清洁的可再生能源，是指由太阳辐射地球表面受热不均，引起大气层受热不均匀，从而使空气沿着水平方向运动，空气流动所形成的动能。风能是太阳能的一种转化形式。据国家气象部门有关资料显示，我国陆地可开发利用的风能资源主要分布在东南沿海及岛屿、新疆、甘肃、内蒙古和东北地区。此外，我国海上风能资源也很丰富。

太阳能是可被人类直接利用的太阳辐射能，是一种清洁、可再生能源。太阳能的利用方式主要有：光伏（太阳能电池）发电系统，将太阳能直接转换为电能；太阳能聚热系统，利用太阳的热能产生电能；被动式太阳房；太阳能取暖和制冷。

生物质能包括自然界可用作能源用途的各种植物、人畜排泄物以及城乡有机废物转化成的能源，如薪柴、沼气、生物柴油、燃料乙醇、林业加工废弃物、农作物秸秆、城市有机垃圾、工农业有机废水和其他野生植物等。生物质是用大气、水、土地等通过光合作用而产生的各种有机体，即一切有生命的、可以生长的有机物质通称为生物质，它包括植物、动物和微生物。

地热能大部分是来自地球深处的可再生性热能，它起于地球的熔融岩浆和放射性物质的衰变，还有一小部分能量来自太阳，大约占总的地热能的5%，表面地热能大部分来自太阳。地热能可以用来发电，除此之外，直接利用地热水进行建筑供暖、发展温室农业和温泉旅游等利用途径也得到较快发展。

海洋能是潮汐能、波浪能、温差能、盐差能和海流能的统称，海洋通过各种物理过程接收、储存和散发能量，这些能量以潮汐、波浪、温度差、海流等形式存在于海洋之中。涨潮和落潮之间所负载的能量被称为潮汐能；潮汐和风又形成了海洋波浪，从而产生波浪能；太阳照射在海洋表面形成温差，从而形成温差能。

（二）新能源和可再生能源的发展现状与趋势

1. 发展现状

根据全球可再生能源权威平台——REN21 发布的《Renewables 2019 global status report》显示，2018 年，全球可再生能源技术市场相对稳定，新增装机 181GW，其中，占比最大的光伏发电新增装机约 100GW，占可再生能源新增装机的 55%，其次是风力发电 51GW（28%）和水力发电 20GW（11%）。总体而言，可再生能源装机容量已增长到世界总装机容量的 33%以上。

2018 年，世界可再生能源总装机容量为 2 378GW（包含水力发电），其中，各类型可再生能源的装机容量分别为：生物质发电 130GW、地热能 13.3GW、水力发电 1 132GW、海洋能发电 0.5GW、光伏发电 505GW、聚光太阳能 5.5GW、风力发电 591GW。

2018 年，水力发电量占可再生能源发电量的 60%左右，其次是风力发电（21%）、光伏发电（9%）和生物质发电（8%）。整体而言，2018 年底可再生能源发电量供应全球约 26.2%的电能产量。

（1）风力发电

2018 年，全球风力发电市场仍然相当稳定，全球风电新增装机容量约为 51.5GW（包括近 47GW 的陆上装机容量和 4.5GW 的海上装机容量），相比 2017 年下降了约 4%。这是连续第五年风电新增装机容量超过 50GW，但也是继 2015 年高峰之后的第三年下降。2018 年新增的风电装机容量增加了 9%，总装机容量达到 591GW，包含约 568.4GW 的陆上装机容量和 22.6GW 的海上装机容量。

（2）光伏发电

2018 年，全球光伏发电装机容量实现增长，新增装机容量首次超过 100GW，总装机容量达到 505GW。而在十年前，全球光伏发电总装机容量仅为 15GW。尽管光伏发电装机容量增速明显回落，但已经成为世界上增长最快的能源技术，并在越来越多的国家拥有 GW 规模的市场。新增的光伏发电装机容量中，排名前十的国家分别是：中国（45GW）、印度（10.8GW）、美国（10.6GW）、日本（6.5GW）、澳大利亚（3.8GW）、德国（3GW）、墨西哥（2.7GW）、韩国（2GW）、土耳其（1.6GW）和荷兰（1.3GW）。

（3）聚光太阳能发电

2018 年新增聚光太阳能发电（CSP）装机容量 550MW，以中国和摩洛哥为首的 CSP 产能增量达到了 11%，全球总装机容量约 5.5GW。截至 2018 年底，在建的 CSP 项目分布在非洲、亚洲、中东和南美洲的 10 个国家达到了 2GW 左右，其中大部分在阿拉伯联合酋长国（0.7GW）和中国（略高于 0.5GW）。

（4）水力发电

2018 年，全球水电装机容量新增约 20GW，总装机容量达 1 132GW，水力发电总量约为 4 210TW·h。全球水电装机容量排在前十的国家和装机容量占比分别为：中国（28%）、巴西（9%）、加拿大（7%）、美国（7%）、俄罗斯联邦（4%）、印度（4%）、挪威（3%）、土耳其（3%）、日本（2%）和法国（2%），这十个国家的水电装机容量之和占全球总装机容量的 2/3 以上。另外，世界上的其他国家和地区合计占比为 31%。

（5）生物质发电

2018 年，全球生物质发电装机容量增加到 130GW，发电量也增加到 581TW·h。欧盟仍是全球最大的生物质发电区域，2018 年发电量增长了 6%；中国的生物质发电量增量最快，增长了 14%左右；亚洲的其他地区增长约 16%；而北美的增长速度基本保持稳定。

（6）地热能发电

2018 年，全球新增地热能装机容量 0.5GW，总装机容量达到 13.3GW，地热能发电总量为 89.3TW·h。其中，土耳其（42%）和印度尼西亚

（27%）在新装机容量中的占比居前，约占新增装机容量的2/3，其他新增地热发电的主要国家分别是美国（11%）、冰岛（9%）、新西兰（5%）、克罗地亚（3%）、菲律宾（2%）和肯尼亚（2%）。

（7）海洋能发电

海洋能发电在可再生能源发电中所占比例最小，大多数海洋能发电项目侧重于规模相对较小的示范项目和不到1MW的试点项目。2018年，新增的海洋能发电装机容量约2MW，总装机容量约532MW。两次潮汐拦蓄作用占总数的90%以上，发展活动遍布世界各地，但主要集中在欧洲，特别是苏格兰海岸，2018年在那里部署了大量的潮汐涡轮机。海洋能能源的资源潜力空间很大，但尽管经过几十年的发展努力，在很大程度上仍未得到大规模的开发利用。

2. 发展趋势

（1）新能源和可再生能源地位逐步提升

新能源和可再生能源是未来全球能源转型的主要方向。世界能源改革的主要方向有优化能源配置和促进可持续发展；大力推进绿色低碳天然气消费和生产；培育和加强多能源互补体系整合优化和“互联网+智能能源”项目。虽然新能源和可再生能源对整个能源行业的影响还不大，但在电力领域，可再生能源已经开始对现有的经济和能源体系秩序产生深刻的颠覆性影响。国际能源署（IEA）报告预测，新能源和可再生能源将持续增长，其主要的领域集中在太阳能发电和风力发电，并对水力发电产生实质性的补充作用。同时，到2022年，可再生能源的持续增长将有可能拿下全球电力市场的30%，发电装机容量增加总量可达920GW，增速逾40%。①

---

① 刘媛媛：《能源转型下可再生能源发展现状与趋势研究》，《中国经贸导刊》2018年第12期，第11页。

（2）新能源和可再生能源技术成本逐渐降低

可再生能源技术成本将大幅降低，能源系统占比大幅增加。世界能源理事会（WEC）估测，未来可再生能源中，风能和太阳能将呈现持续增长态势。随着可再生能源技术水平的提高，尤其是风能及太阳能利用技术和发电效率的提高，预计到2060年可再生能源发电成本将下降70%，同时风电和光伏发电占比将达到25%～39%。届时，大型储能技术将被广泛应用，进而可以应对波动性的分布式能源发展。彭博新能源财经预计，2016—2040年，全球可再生能源领域将吸引投资7.8万亿美元，从而使光伏发电和陆上风电的平均化成本比2015年分别下降41%和60%。[①]

（3）新能源和可再生能源消费占比将快速上升

根据国际能源署（IEA）2016年的预测数据显示，到2021年可再生能源在全球能源消费结构中的占比将增至42%，与此同时，可再生能源发电在电力能源中的占比将达到28%（2015年为23%）。[②] 根据BP预测，到2035年，可再生能源（包含生物燃料）在能源整体消费量的占比将从目前的3%上升到8%。[③] 国际能源署预计，到2040年，可再生能源发电将占总发电量的37%，在这之中，几乎一半电力来自风能、太阳能，并且大多数新能源和可再生能源发电不依赖任何补贴也极具竞争力。其中，供热和交通领域的新增潜力最大。

（4）新能源与可再生能源国际合作日益增多

未来，新能源和可再生能源的发展需要国际合作、持续的经济增长和持续的技术创新。向绿色、低碳和清洁能源过渡是世界上所有国家和地区的一个极其重要的目标。然而，在实现能源转型的过程中大力发展可再生能源，

① 汪波，李朝前：《全球可再生能源发展现状及趋势》，《中国物价》2018年第5期，第47页。

② IEA. Next generation wind and solar power from cost to value. IEA，2016.

③ BP. BP Statistical Review of World Energy. IRENA，2016.

世界各地的国家和地区将面临一系列的问题，如国际政治和经济形势的动荡，美国页岩油/页岩气生产波动，新兴经济体的经济发展和能源消耗的增加和可再生能源的发展所面临的挑战等。这些矛盾和问题不是一个国家、一个地区能够解决的。实现新能源和可再生能源国际合作，一方面可以突破投资或融资下降的瓶颈，另一方面可以实现技术创新和资源要素的优化配置，从而进一步优化原始能源结构，实现可持续发展。

（三）近年来我国风电、光伏行业的发展情况

近年来，我国风电、光伏行业发展迅猛。中国电力企业联合会（以下简称中电联）发布的数据显示，2019 年，我国电力供需结构持续向绿色低碳转型，非化石能源发电装机和发电量均保持较快增长。其中，并网风电和光伏发电分别较上年提高了 10.9%和 26.5%。截至 2019 年底，我国全口径非化石能源发电装机容量为 8.4kW，比上年增长 8.7%，占总装机容量的比重为 41.9%，比上年底提高 1.1 个百分点。分类型看，水电 3.6 亿 kW、核电 4 874 万 kW、并网风电 2.1 亿 kW、并网光伏发电 2.0 亿 kW、火电 11.9 亿 kW。

中电联预计，2020 年底全国发电装机容量将达到 21.3 亿 kW，增长 6%左右；非化石能源发电装机合计 9.3 亿 kW 左右，占总装机容量比重上升至 43.6%，比 2019 年底提高 1.7 个百分点左右。[①]

1. 风电行业的发展情况

截至目前，我国风电行业经历了两轮高速发展时期。第一阶段是从 2005 年开始，到 2010 年结束。之后经历了两年的调整，从 2013 年年中开始，我

① 国家能源局：《持续转“绿”！2019 年我国并网风电光电大幅增长》，http://www.nea.gov.cn/2020—02/05/c_138757642.htm，最后访问日期：2020 年 2 月 5 日。

国风电行业摆脱下滑趋势，在行业环境得到有效净化的形势下，开始新一轮有质量的增长，并在2015年创新高，随后受前期抢装透支需求的影响，2016年、2017年连续两年装机下滑，但2017年降幅趋缓。在新的电价下调、截止时间临近导致“小抢装”“三北”地区弃风限电改善恢复投资、分散式风电崛起、海上风电发展等多因素驱动下，2018年开始新增装机重回增长。① 2019年，全国新增并网风电装机容量为2 574万kW，比上年多投产447万kW。②

2. 光伏行业的发展情况

我国太阳能光伏行业虽起步较晚，但发展迅速，尤其是2013年以来，在国家及各地区的政策驱动下，太阳能光伏发电在我国呈现爆发式增长。据国家能源局统计数据显示，2017年，我国光伏发电新增装机容量为53.06GW，创历史新高。2018年，受光伏“531新政”影响，国内市场快速下滑、产品价格快速下降、企业盈利能力持续位于低位，行业发展热度骤降。各地光伏发电新增项目减少，全年新增装机容量为44.26GW，同比下降16.6%。③ 2019年，全国光伏发电新增并网装机容量为26.81GW④（见图1-5）。同时，受政策影响，行业逐步由过去的粗放式增长、追求规模向精细化发展、追求质量转变。

---

① 中国产业信息网：《2018年风电行业陆上和海上新增装机量及2019年风电行业发展积极因素、未来趋势分析》，http://news.bjx.com.cn/html/20191104/1018175.shtml，最后访问日期：2020年2月3日。

② 中电联：《2019—2020年度全国电力供需形势分析预测报告》，http://guangfu.bjx.com.cn/news/20200122/1038614.shtml，最后访问日期：2020年2月3日。

③ 前瞻产业研究院：《2019年中国光伏发电行业市场现状及发展趋势分析 531政策推动精细化、高质量转变》，https://bg.qianzhan.com/trends/detail/506/200106－53129df5.html，最后访问日期：2020年2月3日。

④ 中电联：《2019—2020年度全国电力供需形势分析预测报告》，http://guangfu.bjx.com.cn/news/20200122/1038614.shtml，最后访问日期：2020年2月3日。

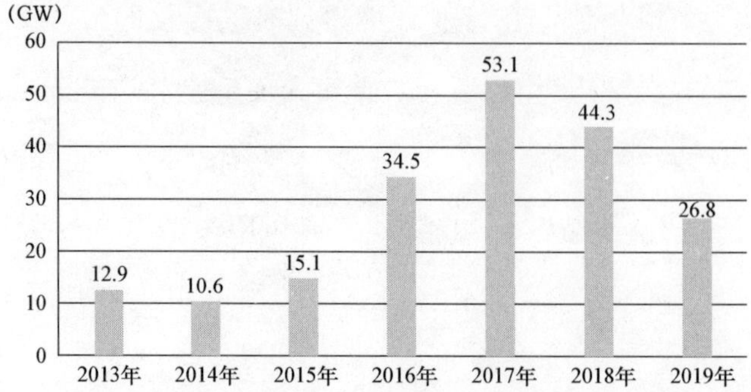

图 1-5　2013—2019 年中国光伏发电新增并网装机容量统计情况

据国家能源局统计数据显示，2013 年以来，我国光伏发电累计装机容量增长迅速。2013 年，全国光伏发电累计装机容量仅为 19.42GW，截至 2019 年底，全国光伏发电累计装机已达到 204.68GW①（见图 1-6）。

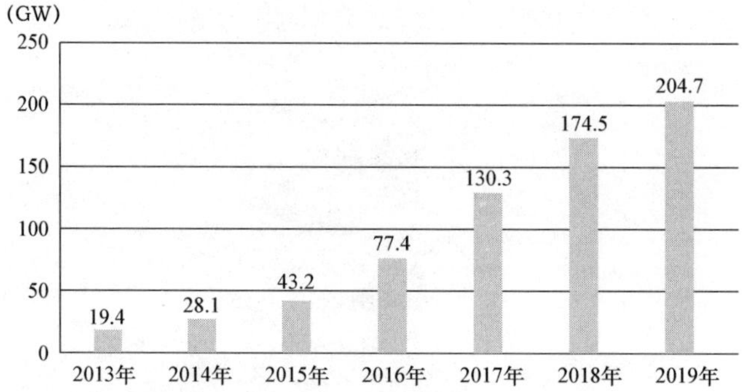

图 1-6　2013—2019 年中国光伏发电累计装机容量统计情况

中国光伏发电量持续提升。据国家能源局统计数据显示，2013 年以来，我国光伏发电量增长迅速。2013 年，全国光伏发电量仅为 90 亿 kW·h，到 2018 年，全国光伏发电量达到 1 775 亿 kW·h，同比增长 50%；平均利用小时数 1 115 小时，同比增加 37 小时。截至 2019 年 9 月底，全国光伏发电量已达到 1 715 亿 kW·h（见图 1-7）。

① 国家能源局：《2019 年全国电力工业统计数据》，http://www.chinapower.com.cn/bigdata-year/20200121/1295716.html，最后访问日期：2020 年 2 月 3 日。

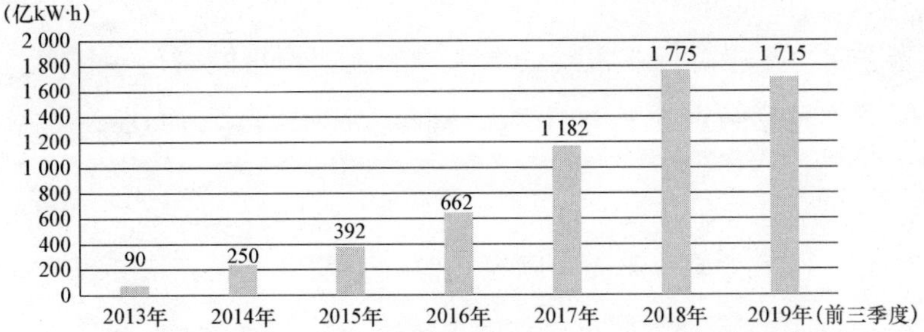

图 1-7 2013—2019 年前三季度中国光伏发电量统计情况

3. 风电与光伏发电结构性增长空间较大

同其他类型可再生能源利用水平相比，目前我国风电与光伏发电规模仍低于水力发电。截至 2019 年 9 月底，全国可再生能源发电量达 14 371 亿 kW·h，同比增长约 11%。其中，水电 8 938 亿 kW·h，同比增长 7.9%，占总体的 62.2%；风电 2 914 亿 kW·h，同比增长 8.9%，占总体的 20.3%；光伏发电 1 715 亿 kW·h，同比增长 28.1%，占总体的 11.9%；生物质发电 804 亿 kW·h，同比增长 19.4%，占总体的 5.6%。[①] 同其他新能源或可再生能源相比，风电与光伏发电仍有较大的发展空间。

4. 风电与光伏发电消纳好转，但补贴拖欠仍然严重

随着我国风电、光伏等新能源电力装机的迅速增长，各类电源之间、电源与电网之间的矛盾愈加突出。部分地区电源结构失衡，系统调峰能力不足，影响新能源消纳；部分地区尤其是“三北”地区本地用电需求增长放缓，消纳市场总量不足，导致电源装机过剩问题突出；部分地区电网发展滞后，新能源送出和跨省跨区消纳受限；再加上风电、光伏发电的电价高、发电不稳定的特点，使得电网企业对于风电和光伏发电的接受度普遍不高。因此，从

① 前瞻产业研究院：《2019 年中国光伏发电行业市场现状及发展趋势分析 531 政策推动精细化、高质量转变》，https://bg.qianzhan.com/trends/detail/506/200106-53129df5.html，最后访问日期：2020 年 2 月 3 日。

2010 年开始的相当长一段时间内，风电、光伏发电的消纳矛盾十分突出，“弃风、弃光”成为新能源行业发展的老大难问题。严重的时候，甘肃、新疆等地区的弃风、弃光率甚至超过 30%，对于新能源行业的发展造成了很大的阻碍。

2017 年，国家发展改革委、国家能源局下发《解决弃水弃风弃光问题实施方案》，要求各地区和有关单位高度重视可再生能源电力消纳工作，采取有效措施提高可再生能源利用水平，推动解决弃水弃风弃光问题取得实际成效。随后，2018 年底国家发展改革委、国家能源局印发《清洁能源消纳行动计划（2018—2020 年）》，明确提出：2018 年，清洁能源消纳取得显著成效；2019 年，确保全国弃风率低于 10%（力争控制在 8%左右），弃光率低于 5%；到 2020 年，基本解决清洁能源消纳问题。在政府的强力推动和电网、发电等各类主体的共同努力下，“弃风、弃光”问题持续改善。2019 年 5 月 10 日，《国家发展改革委 国家能源局关于建立健全可再生能源电力消纳保障机制的通知》（发改能源〔2019〕807 号）发布，为进一步有效解决风电、光伏等可再生能源发电消纳问题提供了更加系统的方案。

为促进可再生能源的开发利用，国家对于风电、光伏等可再生能源给予电价补助，并先后出台了多项政策措施。按照国家发展改革委的有关规定，地面光伏电站和陆上风电的标杆上网电价＝当地燃煤机组标杆上网电价＋国家可再生能源发展基金补贴。目前，国家已经先后公布了七批纳入可再生能源电价附加资金补助目录的项目。据财政部统计，自 2012 年第一批项目列入可再生能源电价附加资金补助目录开始到 2019 年为止，财政部累计安排补贴资金超过 4 500 亿元。但是，由来已久的可再生能源补贴拖欠已经给风电和光伏投资企业带来了巨额的“应收账款”，使得整个行业不堪重负。根据有关专家的估计，如果中国现行的可再生能源固定电价政策不变，那么到 2020 年，中国可再生能源补贴缺口将从 2016 年的 500 亿元增至 2 000 亿元。因此，要实现风电、光伏等可再生能源行业的健康发展，一方面要通过降低成本等途径加快电价补贴退坡的速度、实现平价上网，另一方面也要努力解决长期存在的巨额补贴拖欠问题。

第二节　《可再生能源法》及新能源项目主要法律规范

一、《可再生能源法》及其主要内容

改革开放以来，我国经济发展突飞猛进，但是环境污染问题和资源紧缺问题日益严峻。为了改善环境和减少对传统化石燃料的依赖，加快风电、光伏等可再生能源的开发和利用是我国在能源发展领域的必然选择。而制定一部促进和规范可再生能源开发利用的法律成为时代的需要，可再生能源法也就应运而生。

《可再生能源法》于2005年2月28日通过，自2006年1月1日起施行。2009年12月26日，修改后的《可再生能源法》通过并公布，自2010年4月1日起施行。《可再生能源法》的颁布与实施，弥补了我国能源法律体系在可再生能源方面的立法不足，让可再生能源开发利用有法可依，该法成为我国可再生能源领域最基本的法律依据。《可再生能源法》的主要内容包括以下几方面。

（一）总量目标制度

可再生能源产业作为一种新兴产业，在我国尚处于商业化发展的初期阶段。为了克服可再生能源产业商业化的困难，政府对可再生能源产业的促进作用是必不可少的。我国《可再生能源法》第四条明确提出，要求制定可再生能源发展的总量目标。通过设置一个总目标的方式，不仅能保证可再生能

源在能源市场有一定的规模，也显示了国家支持和鼓励发展可再生能源产业的态度，给投资者提供了清晰和明确的投资预期，能够大大提升投资者的热情。在可再生能源产业商业化的早期阶段，总量目标制度是可再生能源法律制度的基础和关键。

（二）全额保障性收购制度

我国《可再生能源法》第十四条规定了电网企业要全额收购其电网覆盖范围内的可再生能源电力，并为可再生能源电力企业提供上网服务。全额保障性收购是指电网企业根据国家确定的上网标杆电价和保障性收购利用小时数，结合市场竞争机制，通过落实优先发电制度，在确保供电安全的前提下，全额收购规划范围内的可再生能源发电项目的上网电量。

强制上网制度是实现全额保障性收购的前提。强制上网制度是指要求电网公司接受并销售符合技术要求和安全标准的可再生能源电力的制度。由于开发技术水平和可再生能源本身的特点，可再生能源的开发成本和并网成本相对较高，市场竞争力远低于常规能源电力。全额保障性收购制度的建立，为我国可再生能源电力的发展打开了市场，在一定程度上克服了可再生能源电力市场缺乏竞争力的弱点。“为了提高可再生能源电力企业在电力能源市场中的生存能力和竞争力，国外的许多国家也均规定电网企业必须为符合技术要求和安全标准的可再生能源电力企业提供上网服务。”① 强制上网制度在国外可再生能源电力方面得到了普遍的推广和应用，保障了可再生能源电力的稳定发展。

（三）分类电价制度

分类电价制度是指政府根据生产成本的不同来确定不同种类可再生能源

---

① 孙佑海：《为发展可再生能源提供有效的法律保障》，《环境保护》2005 年第 3 期，第 25 页。

电力的上网电价或招标电价。由政府来确定可再生能源电力的分类电价不仅具有权威性，便于可再生能源分类电价更好地执行，而且也能较好地体现公平性。通过分类电价制度，投资者可以在确定可再生能源电力分类电价的基础上很容易评估和计算投资的收益，在一定程度上降低了可再生能源发电的交易成本。

（四）费用补偿制度

可再生能源电力由于受到地理条件和技术水平等因素的影响，其发展初期的生产成本要远远高于传统电力的生产成本。电网企业必须以高于常规能源的上网电价收购可再生能源电力，这样就增加了电网企业的收购成本，降低了电网企业支持可再生能源电力发展的积极性。因此，《可再生能源法》规定了费用补偿制度，补偿的是电网企业购置可再生能源发电的附加成本，以便以附加价的形式通过电价征收对电网企业进行最终补偿，解决了可再生能源行业生产成本高的问题。

（五）专项基金制度

可再生能源发展专项资金制度是为处于发展初期的可再生能源产业提供资金保障的制度，它提供大量的财政支助，确保可再生能源发展活动的正常发展。修订后的《可再生能源法》把以电价附加形式征收的电价补偿纳入可再生能源发展专项基金中统一管理。“这样可再生能源专项基金的来源就涵盖了国家为可再生能源设置的年度预算资金和依法征收的电价附加，将国家责任和公民义务有机地结合起来，更好地发挥了可再生能源发展专项基金的基金效应。”①

---

① 谭建生：《实现可再生能源法律保障的若干政策建议》，《开放导报》2010 年第 2 期，第 42 页。

二、我国主要新能源产业立法进程

《可再生能源法》的通过是我国新能源和可再生能源产业发展的重要起点，它让我国可再生能源的开发利用步入了法治轨道。由于国家政策的鼓励，以风电和光伏产业为代表的新能源产业迅速发展，与之相关的法律规范也逐步丰富和完善。

总体来看，在以风电、光伏为代表的新能源产业的法律规范中，就立法层级而言，除了《可再生能源法》属于全国人大制定的法律以外，其他的相关规定基本都是各级政府部门出台的规范性文件，呈现出立法层级不高、政策出台和变化较为频繁的特点。这种现象的产生，很大程度上与新能源行业作为新兴行业，很多管理方式和做法都在不断探索和完善有关。

就行业发展而言，风电行业较光伏行业起步较早，有关法规政策制定方面也一度领先。但近年来光伏行业蓬勃发展，尤其是 2013 年《国务院关于促进光伏产业健康发展的若干意见》发布后，行业发展迅速，有关法规政策也日趋完善。从发展阶段划分，风电、光伏行业的立法进程大致可以分为以下三个阶段。

（一）起步与发展阶段：2005—2013 年

1. 风电方面

2005 年 7 月，《国家发展改革委关于风电建设管理有关要求的通知》发布，对风电项目前期工作、风电装备的技术要求进行了明确。

2006 年 1 月，《可再生能源法》开始实施后，从法律层面确立了风能资源的地位，并明确鼓励与支持风能资源的开发利用。

2009 年 7 月，《国家发展改革委关于完善风力发电上网电价政策的通知》

发布，确定了四类资源区的陆上风电标杆上网电价机制。

2011 年 8 月，国家能源局印发《风电开发建设管理暂行办法》，对风电项目的建设规划、项目前期工作、项目核准、竣工验收、运行监督等环节的项目管理和技术质量管理进行了细化的规定。

2. 光伏方面

2009 之前，中国光伏市场存在“三头在外”的现象，即材料在外、市场在外、设备在外，国内市场几乎为零。受 2008 年金融危机影响，中国光伏产品出口形势逆转，迫切需要启动国内市场。

2009 年 7 月，《财政部 科技部 国家能源局关于实施金太阳示范工程的通知》决定综合采取财政补助、科技支持和市场拉动方式，加快国内光伏发电的产业化和规模化发展。

2010 年 9 月，财政部、科技部、住房城乡建设部和国家能源局联合发布了《关于加强金太阳示范工程和太阳能光电建筑应用示范工程建设管理的通知》，要求加强示范工程建设管理，进一步扩大国内光伏发电应用规模。

2013 年 3 月，财政部决定金太阳示范工程不再进行新增申请审批，并于同年 5 月发布《财政部关于清算金太阳示范工程财政补助资金的通知》，规定没有按期完工的项目，要求“取消示范，收回预拨资金”；没有按期并网的项目，则会被暂时收回补贴资金，待并网发电后再来函申请拨付。

（二）大规模发展阶段：2013—2018 年

1. 风电方面

2013 年，国家下放了企业投资风电项目的核准权限，根据《政府核准的投资项目目录（2013 年本）》，风电站项目的核准权限全部下放至地方政府，风电行业迎来了大规模发展的阶段。

2016 年 12 月，国家发展改革委印发《可再生能源发展“十三五”规划》；

次年 7 月国家能源局印发《关于可再生能源发展“十三五”规划实施的指导意见》，为风电行业的发展提出新要求。

2016 年 12 月，国家能源局、国家海洋局出台《海上风电开发建设管理办法》，为海上风电项目开发建设管理提供了法规政策依据。

2017 年 5 月，《国家能源局综合司关于开展风电平价上网示范工作的通知》发布。在此过程中，风电标杆上网电价逐年降低，国家不断推动风电平价上网。

2. 光伏方面

2013 年 6 月，国家能源局发布了《分布式光伏发电示范区工作方案》，该方案从项目可行性分析、落实项目安装条件、工作进度安排、政策支持机制、组织实施方式、示范区选择原则等方面作出了规定。

2013 年 7 月，《国务院关于促进光伏产业健康发展的若干意见》发布，就行业发展目标、产业结构调整及光伏项目电价、补贴和财税支持等很多方面作出了明确规定。在该文件的指导原则下，后续不断出台的执行性政策和产业利好政策催生了国内光伏行业的发展热潮。

2016 年 12 月，国家能源局发布了《太阳能发展“十三五”规划》，规划到 2020 年底，太阳能发电装机达到 1.1 亿 kW 以上，其中，光伏发电装机达到 1.05 亿 kW 以上，在“十二五”基础上每年保持稳定的发展规模。

（三）加速平价上网阶段： 2018 年起至今

经历了前一阶段的大规模高速发展，风电、光伏项目装机容量突飞猛进，国家可再生能源补贴缺口不断增大，部分地区弃风、弃光现象虽有改善但仍然存在。为了应对上述问题，2018 年出台了光伏“531 新政”以及风电竞价及平价上网等政策。

1. 持续清理资源费、路条费，降低项目非技术成本

2018 年 4 月，《国家能源局关于减轻可再生能源领域企业负担有关事项的通知》印发，要求减少土地成本及不合理收费，通过绿色金融降低企业融资成本，制止纠正乱收费等增加企业负担的行为。

2019 年 5 月，《国家能源局关于 2019 年风电、光伏发电项目建设有关事项的通知》印发，明确要优化投资建设营商环境，并要求派出能源监管机构加强对有关事项的监督。

2. 推动配额制保障新能源消纳，加快补贴退坡速度，缓解财政补贴压力

2018 年 3 月，国家能源局下发《可再生能源电力配额及考核办法（征求意见稿）》，其主要目的便是通过强制手段与市场化手段结合，解决可再生能源消纳问题。

2018 年 5 月 31 日，《国家发展改革委 财政部 国家能源局关于 2018 年光伏发电有关事项的通知》（业界称为“531 新政”）发布。文件规定，暂不安排 2018 年普通光伏电站建设规模，仅安排 1 000 万 kW 左右的分布式光伏建设规模，对光伏行业造成巨大冲击。

2019 年 5 月，《国家发展改革委 国家能源局关于建立健全可再生能源电力消纳保障机制的通知》发布，明确了实行消纳保障机制的目的，要求各市场主体的售电量（或用电量）均须达到所在省级行政区域的可再生能源电力消纳责任权重，形成可再生能源电力消费引领的长效发展机制，促进清洁、低碳、安全、高效的能源体系建设。

3. 推动竞价配置资源，加速无补贴平价上网，提高行业竞争力

2019 年 1 月，《国家发展改革委 国家能源局关于积极推进风电、光伏发电无补贴平价上网有关工作的通知》发布，明确对无补贴平价上网项目提供支持政策措施。

2019 年 5 月，《国家发展改革委关于完善风电上网电价政策的通知》发布，将陆上风电标杆上网电价改为指导价，新核准的集中式陆上风电项目上网电价全部通过竞争方式确定，不得高于项目所在资源区的指导价。

2020 年 1 月 23 日，《国家能源局关于 2020 年风电、光伏发电项目建设有关事项的通知（征求意见稿）》发布，要求优先推进无补贴平价上网项目建设，对于需要国家补贴的项目要求落实规划总量控制。

三、风电、光伏相关主要法律规范

（一）风电相关主要法律规范

根据风电项目涉及的重点模块，本书将风电投资建设相关法律规范分为分类管理、项目前期与核准、项目用地、项目并网、上网电价及补贴、项目适用税收政策、行政监管等类别进行介绍。

1. 分类管理

我国对于风电项目根据项目的地理位置和开发模式进行分类管理。例如，2019 年 5 月发布的《国家发展改革委关于完善风电上网电价政策的通知》将风电项目分为陆上风电项目与海上风电项目，其中陆上风电项目分为集中式陆上风电项目和分散式风电项目，海上风电项目分为近海风电项目与潮间带风电项目，上述不同类型的风电项目需要执行不同的上网电价政策。对于海上风电项目，国家能源局和国家海洋局于 2016 年 12 月发布了《海上风电开发建设管理办法》作专门规定。此外，国家能源局于 2018 年 4 月发布了《分散式风电项目开发建设暂行管理办法》对分散式风电项目进行专门规定。根据该规定，分散式风电项目是指所产生电力可自用、也可上网且在配电系统平衡调节的风电项目，分为“自发自用、余电上网”模式与“全额上网”模式两种类型。

2. 项目前期与核准

（1）前期工作

《风电场工程前期工作管理暂行办法》规定，风电场工程前期工作按照风能资源评价、风电场工程规划、预可行性研究、可行性研究四个阶段开展工作，风电场工程前期工作经费由国家、省级政府和企业共同承担。《国家能源局关于加强风电项目开发建设管理有关要求的通知》明确规定，列入年度实施方案的风电项目应有不少于一个完整年的测风资料，测风数据有效完整率不低于90%，并应落实土地使用、环境保护、水土保持等建设条件。风电项目在核准前需取得的审批手续虽然被不断简化，但土地预审、规划选址等部分手续的取得仍是风电项目开发前期的关键性工作。

（2）项目核准权限

《政府核准的投资项目目录（2004年本）》规定，总装机容量5万kW及以上的风电站项目由国务院投资主管部门核准，其余项目由地方政府投资主管部门核准。自此，风电项目的投资审批采用的均为核准制。2013年及以后的《政府核准的投资项目目录》均概括性地规定，风电站项目的核准权限下放至地方政府。

（3）工程建设规划及年度发展计划

《国家能源局关于进一步完善风电年度开发方案管理工作的通知》明确规定，国家根据全国风电发展规划要求，按年度编制滚动实施方案，各省应根据本省风电发展规划和全国年度开发方案的要求编制各省的年度开发方案。并明确规定：纳入年度开发方案的项目，按有关管理规定享受电价补贴。风电建设项目由各省（区、市）能源主管部门确定年度建设规模，并在每年一月底前将本年度的建设规模建议及相关材料报送国家能源局，经统筹平衡后形成全国年度开发方案。

3. 项目用地

就风电项目用地而言，主要包括风机基础、升压站、管理用房用地及临时用地部分。《国土资源部 发展改革委 科技部 工业和信息化部 住房城乡建设部 商务部关于支持新产业新业态发展促进大众创业万众创新用地的意见》（国土资规〔2015〕5号）（以下简称《关于支持新产业新业态发展促进大众创业万众创新用地的意见》）中明确："光伏、风力发电等项目使用戈壁、荒漠、荒草地等未利用土地的，对不占压土地、不改变地表形态的用地部分，可按原地类认定，不改变土地用途，在年度土地变更调查时作出标注，用地允许以租赁等方式取得，双方签订好补偿协议，用地报当地县级国土资源部门备案；对项目永久性建筑用地部分，应依法按建设用地办理手续。对建设占用农用地的，所有用地部分均应按建设用地管理。"此外，《分散式风电项目开发建设暂行管理办法》和《国家林业和草原局关于规范风电场项目建设使用林地的通知》等文件对于风电用地中的特殊问题作了专门规定。风电项目用地问题的具体内容请参阅本书第二章。

4. 项目并网

（1）项目发电业务许可

根据我国的《电力监管条例》和《电力业务许可证管理规定》等相关规定，从事发电业务的，应当取得发电类电力业务许可证。2014年4月发布的《国家能源局关于明确电力业务许可管理有关事项的通知》，明确豁免"项目装机容量6MW（不含）以下的太阳能、风能、生物质能、海洋能、地热能等新能源发电项目""经能源主管部门以备案（核准）等方式明确的分布式发电项目"的电力业务许可，同时该文件简化了风能等新能源发电项目的电力业务许可证申请要求。根据《分散式风电项目开发建设暂行管理办法》第二十六条的规定，项目装机容量6MW以上的分散式风电项目仍需要办理电力业务许可证。

（2）全额保障性收购

《可再生能源法》明确“国家实行可再生能源发电全额保障性收购制度”，但由于没有具体的实施细则，导致实践中的执行效果欠佳。一些地区，尤其是新疆、甘肃、内蒙古等可再生能源资源丰富，但经济发展相对落后的地区，不少风电、光伏等可再生能源项目建成后不能并网或全额消纳，“弃风、弃光”问题严重，严重影响了可再生能源事业的发展。

2016 年 3 月，国家发展改革委发布的《可再生能源发电全额保障性收购管理办法》，要求加强可再生能源发电全额保障性收购管理工作，提出了切实的保障措施，并明确了国务院能源主管部门及派出机构履行可再生能源发电全额保障性收购的监管责任。2016 年 5 月，《国家发展改革委 国家能源局关于做好风电、光伏发电全额保障性收购管理工作的通知》发布，综合考虑电力系统消纳能力，按照各类标杆电价覆盖区域，参考准许成本加合理收益，核定了部分存在弃风、弃光地区的风电、光伏发电最低保障收购年利用小时数，从而强化了“全额保障性收购”政策的可执行性。

2019 年 5 月，《国家发展改革委 国家能源局关于建立健全可再生能源电力消纳保障机制的通知》发布，提出建立健全可再生能源电力消纳保障机制，即按省级行政区域对电力消费规定应达到的可再生能源电量比重，要求承担消纳责任的各类市场主体的售电量（或用电量）均应达到所在省级行政区域最低可再生能源电力消纳责任权重相对应的消纳量，进一步促进可再生能源消纳。

5. 上网电价及补贴

我国风电项目上网电价经历了多个发展阶段。1998—2003 年，风电上网电价由政府审批。2003—2005 年是风电电价招标和审批电价并存的阶段，即“双轨制”阶段。2006—2009 年是招标与核准方式阶段，风电项目的上网电价开始实施政府指导价，由国务院电价主管部门按照招标形成的电价确定。

2009—2018 年是固定标杆电价阶段，按照全国四类风能资源区制定相应的风电标杆上网电价。2019 年起，我国风电电价进入指导电价与平价上网阶段。随着《国家发展改革委关于完善风电上网电价政策的通知》的出台，风电项目标杆上网电价调整为指导价，为风电项目竞争性配置开展提供依据，并进一步降低了风电项目指导价格，确定了平价上网安排和日程。该通知明确了陆上已经核准项目如何继续享受补贴电价的规定：2018 年底之前核准的陆上风电项目，2020 年底前仍未完成并网的，国家不再补贴；2019 年 1 月 1 日至 2020 年底前核准的陆上风电项目，2021 年底前仍未完成并网的，国家不再补贴；自 2021 年 1 月 1 日开始，新核准的陆上风电项目全面实现平价上网，国家不再补贴。

根据前述我国对于风电项目进行分类管理的模式，我国的风电上网电价与补贴政策分陆上风电、分散式风电和海上风电等类别进行管理。风电项目上网电价与补贴政策的具体内容请参阅本书第三章。

6. 项目适用税收政策

除适用关于我国税收征管的一般性法律法规之外，为鼓励利用风力发电、促进风电行业健康发展，《财政部 国家税务总局关于风力发电增值税政策的通知》特别规定：自 2015 年 7 月 1 日起，对纳税人销售自产的利用风力生产的电力产品，实行增值税即征即退 50％的政策。《国家税务总局关于实施重点扶持的公共基础设施项目企业所得税优惠问题的通知》对居民企业经有关部门批准，从事符合《公共基础设施项目企业所得税优惠目录》规定风电项目的投资经营所得，自该项目取得第一笔生产经营收入所属纳税年度起，第一年至第三年免征企业所得税，第四年至第六年减半征收企业所得税。风电企业自经营期开始，所得税享受“三免三减半”的优惠政策。

7. 行政监管

就风电行业行政监管而言，除了适用《中华人民共和国行政处罚法》（以下简称《行政处罚法》）及项目开发、建设领域一般性行政法规外，国家层面还发布了针对电力工程、风电行业的专门性的行政监管规则，如《国家电力监管委员会关于加强风电安全工作的意见》《国家能源局综合司关于印发电力建设工程施工安全专项治理行动实施方案的通知》《国家能源局关于 2018 年度风电建设管理有关要求的通知》《国家能源局关于 2019 年风电、光伏发电项目建设有关事项的通知》等相关政策性监管文件。

（二）光伏相关主要法律规范

本书将光伏投资建设相关法律规范分为分类管理、项目审批、项目用地、项目并网、上网电价及补贴、项目适用税收政策以及行政监管等类别进行简要介绍。

1. 分类管理

与风电项目类似，我国对于光伏项目也采取分类管理的方式。例如，2019 年 4 月发布的《国家发展改革委关于完善光伏发电上网电价机制有关问题的通知》中，将光伏项目分为集中式光伏发电项目与分布式光伏发电项目，分布式光伏发电项目又可以分为工商业分布式光伏发电项目与户用光伏发电项目。此外，分布式光伏发电项目有“自发自用、余电上网”与“全额上网”两种上网模式。上述不同类型的光伏项目需要执行不同的上网电价政策。2014 年 9 月发布的《国家能源局关于进一步落实分布式光伏发电有关政策的通知》等文件对于不同类型的光伏发电项目作专门规定。

2. 项目审批

（1）项目备案制管理

《光伏电站项目管理暂行办法》（国能新能〔2013〕329 号）明确了光伏项目的备案制度，“省级能源主管部门依据国务院投资项目管理规定对光伏电站项目实行备案管理”。

(2) 项目规模控制

《光伏电站项目管理暂行办法》同时明确了对光伏电站项目的规模指导和管理，“国务院能源主管部门负责编制全国太阳能发电发展规划。根据国家能源发展规划、可再生能源发展规划，在论证各地区太阳能资源、光伏电站技术经济性、电力需求、电网条件的基础上，确定全国光伏电站建设规模、布局和各省（区、市）年度开发规模。”

为落实前述光伏电站年度规模管理，国家能源局每年下发关于当年新增光伏发电项目规模的文件。就光伏项目的指标分配而言，采用竞争方式的市场化趋势日益明显，《国家发展改革委 国家能源局关于完善光伏发电规模管理和实行竞争方式配置项目的指导意见》出台后，各地陆续出台操作办法。

3. 项目用地

就光伏项目用地而言，包括升压站、管理用房等永久性建筑用地部分以及光伏方阵占地等临时用地部分，《关于支持新产业新业态发展促进大众创业万众创新用地的意见》明确“光伏、风力发电等项目使用戈壁、荒漠、荒草地等未利用土地的，对不占压土地、不改变地表形态的用地部分，可按原地类认定，不改变土地用途”。“对项目永久性建筑用地部分，应依法按建设用地办理手续。对建设占用农用地的，所有用地部分均应按建设用地管理”。2015年末，关于光伏用地涉林审批管理，出台《国家林业局关于光伏电站建设使用林地有关问题的通知》，该通知对于适于建设光伏项目的林地类别以及审批手续予以明确规定。光伏项目用地问题的具体内容请参阅本书第二章。

4. 项目并网

(1) 项目发电业务许可

为鼓励光伏产业的发展，作为电源项目的光伏电站，行政监管从发电业务许可上予以放宽。《国家能源局关于明确电力业务许可管理有关事项的通知》明确，豁免“经能源主管部门以备案（核准）等方式明确的分布式发电项目”“项目装机容量 6MW（不含）以下的太阳能、风能、生物质能、海洋能、地热能等新能源发电项目”的电力业务许可；简化太阳能等新能源发电的发电类电力业务许可证申请要求。

（2）全额保障性收购

2016 年 5 月，《国家发展改革委 国家能源局关于做好风电、光伏发电全额保障性收购管理工作的通知》发布，该通知综合考虑电力系统消纳能力，按照各类标杆电价覆盖区域，参考准许成本加合理收益，核定了部分存在弃风、弃光地区的风电、光伏发电最低保障收购年利用小时数，从而强化了“全额保障性收购”政策的可执行性。2019 年 5 月，《国家发展改革委 国家能源局关于建立健全可再生能源电力消纳保障机制的通知》发布，提出建立健全可再生能源电力消纳保障机制，进一步促进可再生能源消纳。

5. 上网电价及补贴

自 2011 年开始，我国实行光伏项目标杆上网电价制度，《国家发展改革委关于完善太阳能光伏发电上网电价政策的通知》（发改价格〔2011〕1594 号）规定，根据项目建设核准、并网时间分别适用不同的标杆电价。2013 年 7 月，《国务院关于促进光伏产业健康发展的若干意见》发布，明确补贴原则上为二十年，以及调整可再生能源电价附加征收标准，扩大可再生能源发展基金规模。2013 年 8 月，国家发展改革委下发的《国家发展改革委关于发挥价格杠杆作用促进光伏产业健康发展的通知》，将全国分为三类太阳能资源区，分别适用不同的标杆上网电价，并规定标杆上网电价高出当地燃煤机组标杆上网电价的部分，通过可再生能源发展基金予以补贴。2019 年 4 月，《国家发展改革委关于完善光伏发电上网电价机制有关问题的通知》发布，光伏电站标杆上网电价被取代，取而代之的是市场化竞价制度下的指导价。《2019 年光伏发电项目建设工作方案》明确，除光伏扶贫、户用光伏外，其余需要国家补贴的光伏发电项目原则上均须采取招标等竞争性配置方式，通过项目业主申报、竞争排序方式优选确定国家补贴项目及补贴标准。

根据前述我国对于光伏项目进行分类管理的模式，我国的光伏上网电价与补贴政策分集中式光伏电站项目、工商业分布式光伏项目和户用分布式光伏项目等类别进行管理。光伏项目上网电价与补贴政策的具体内容请参阅本书第三章。

6. 项目适用税收政策

根据《中华人民共和国企业所得税法》以及《公共基础设施项目企业所得税优惠目录（2008年版）》的相关规定，太阳能发电新建项目享受企业所得税“三免三减半”优惠政策。

7. 行政监管

就光伏行业行政监管而言，除了适用《行政处罚法》《建设行政处罚程序暂行规定》《建设领域违法违规行为稽查工作管理办法》《建设领域违法违规行为举报管理办法》等建设领域一般性行政法规外，国家层面还根据光伏行业特性制定有专门行政监管规则，比如《光伏电站项目管理暂行办法》《分布式光伏发电项目管理暂行办法》以及对于业内项目收购产生重大影响的《国家能源局关于规范光伏电站投资开发秩序的通知》等监管文件。

第二章
新能源项目开发建设法律风险管理

新能源项目在整个开发建设过程中，涉及项目前期、项目核准/备案、用地手续办理、工程建设和验收等众多环节，项目投资方应密切关注各个环节的法律风险。考虑到风电、光伏项目是当下技术最成熟和应用范围最广的两种新能源项目，因此本书主要就风电和光伏项目有关法律问题进行论述。同时如无特殊说明，本章所指的风电、光伏项目仅指陆上风电项目和地面集中式光伏电站项目。

2014年以来，国家陆续出台一系列简政放权等文件，风电、光伏项目前期开发需取得的主要批文及行政许可事项也陆续得到调整、变更。特别是国务院发布《企业投资项目核准和备案管理条例》（国务院令第673号）并自2017年2月1日起施行后，部分前置审批、备案的程序都变为平行办理甚至取消，对风电、光伏项目核准/备案程序产生重大影响。虽然如此，项目投资方仍需依法办理诸多手续，以确保项目依法合规。

相比传统能源项目，风电、光伏项目普遍占地范围较大，且涉及土地类型复杂，各地规定亦不统一，项目用地风险一直是风电、光伏项目开发建设过程中合规性风险的重中之重，项目投资方应密切关注并及时办理项目用地所需的用地手续，避免违法用地情形的发生。

风电、光伏项目的工程建设关系到项目的上网电价和电费收入，直接影响到项目的投资回报，项目参与各方需对项目工程建设全过程法律风险进行管控，保证项目的顺利进行与收益的取得。

第一节　项目开发建设流程

自2004年《国务院关于投资体制改革的决定》发布以来，我国开始逐步对企业投资项目的审批制度进行改革，在放宽投资领域的同时，不断精简项目审批手续，为企业投资营造日益灵活的市场环境。同时，我国将计划体制下对企业投资过度干预的管理制度进行了改革，按照“谁投资、谁决策、谁受益、谁承担风险”的原则，落实企业投资自主权，颁布了政府核准的投资项目目录，对投资目录之外的项目实行备案制。

项目合规性是项目开发建设、运营、融资以及后续转让等交易的基础。本节针对风电、光伏项目的开发建设，以项目合规性为主线，在剔除已取消、已变更的审批文件的基础上，收集整理了我国现阶段风电、光伏项目在核准/备案前、开工前及投运前所需办理的重要支持性文件及有关法律依据，并就相关法律风险进行提示与分析，供项目投资方在开展风电、光伏项目前期工作时作为参考。

一、项目核准/备案前开发手续的取得

2014年以来，《国家发展改革委 中央编办关于一律不得将企业经营自主权事项作为企业投资项目核准前置条件的通知》（发改投资〔2014〕2999号）、《国务院办公厅关于印发精简审批事项规范中介服务实行企业投资项目网上并联核准制度工作方案的通知》（国办发〔2014〕59号）、《国务院关于印发清理

规范投资项目报建审批事项实施方案的通知》（国发〔2016〕29号）等文件陆续出台，《企业投资项目核准和备案管理条例》颁布和实施，风电、光伏项目核准/备案所需的各项支持性文件也陆续得到调整、变更。例如，2014年12月31日《国家发展改革委　中央编办关于一律不得将企业经营自主权事项作为企业投资项目核准前置条件的通知》明确，银行贷款承诺、融资意向书、可行性研究报告审查意见、电网接入意见等均不再作为企业投资项目核准的前置条件。再如，《国家能源局关于深化能源行业投融资体制改革的实施意见》（国能法改〔2017〕88号）第（七）条，“精简能源投资项目核准前置许可。能源投资项目核准只保留选址意见和用地（用海）预审作为前置条件，除法律法规明确规定的，各级能源项目核准机关一律不得设置任何项目核准的前置条件，不得发放同意开展项目前期工作的‘路条’性文件”，即前期工作批复文件亦不再是风电项目核准前的支持性文件。又如，《国务院办公厅关于全面开展工程建设项目审批制度改革的实施意见》（国办发〔2019〕11号）中明确调整部分审批时序，环境影响评价、节能评价等评估评价和取水许可等事项在开工前完成即可，即环境影响评价文件无须在核准前取得。

根据目前规范性文件的规定，风电项目核准前应取得项目列入建设规划及年度发展计划文件（以下简称“列入年度开发计划”）、建设项目用地预审与选址意见书、水土保持批复和社会稳定风险评估批复。光伏项目采用备案制，相比于采用核准制的风电项目而言，各地主管部门对备案前应取得的支持性文件规定不一，通常更为简化，具体应根据相应投资主管部门的要求办理。

（一）风电项目核准前开发手续的取得

1. 项目列入年度开发计划的文件

《风电开发建设管理暂行办法》（国能新能〔2011〕285号）第九条规定，

国务院能源主管部门依法对地方规划进行备案管理，各省（区、市）风电场工程年度开发计划内的项目经国务院能源主管部门备案后，方可享受国家可再生能源发展基金的电价补贴。《国家能源局关于进一步完善风电年度开发方案管理工作的通知》（国能新能〔2015〕163 号）规定，纳入年度开发方案的项目，按有关管理规定享受电价补贴。《政府核准的投资项目目录（2016 年本）》规定，风电站由地方政府在国家依据总量控制制定的建设规划及年度开发指导规模内核准。

根据前述规范性文件的规定，风电项目由地方政府在国家依据总量控制制定的建设规划及年度开发指导规模内核准，但仍应确定项目是否已纳入年度开发方案，避免发生地方政府投资主管部门超规模核准的情形。风电项目若未纳入年度规模管理，则无法执行当年度标杆上网电价，无法享受上网补贴。如经地方政府投资主管部门核准的项目并未被纳入国家的年度计划，根据上述规定，该项目将不能享受国家可再生能源发展基金的电价补贴。

列入年度开发方案对风电项目取得电价及补贴至关重要，若项目未纳入年度开发计划，即便取得相应核准文件，也存在无法取得补贴的风险，故项目投资方应在核准前确保项目已纳入年度开发计划，确保项目能取得相应的核准文件以及避免地方发改部门超规模核准。

2. 建设项目用地预审与选址意见书

（1）项目用地预审意见

最新修订并于 2020 年 1 月 1 日施行的《中华人民共和国土地管理法》（以下简称《土地管理法》）第五十二条规定："建设项目可行性研究论证时，自然资源主管部门可以根据土地利用总体规划、土地利用年度计划和建设用地标准，对建设用地有关事项进行审查，并提出意见。"《中华人民共和国土地管理法实施条例》（以下简称《土地管理法实施条例》）第二十二条第一项规定："具体建设项目需要占用土地利用总体规划确定的城市建设用地范围内的国有建设用地的，按照下列规定办理：（一）建设项目可行性研究论证时，由土地行政主管部门对建设项目用地有关事项进行审查，提出建设项目用地预审报告；可行性研究报告报批时，必须附具土地行政主管部门出具的建设项目用地预审报告。”第二十三条第一项规定：“能源、交通、水利、矿山、军事设施等建设项目确需使用土地利用总体规划确定的城市建设用地范围外的土地，涉及农用地的，按照下列规定办理：（一）建设项目可行性研究论证时，由土地行政主管部门对建设项目用地有关事项进行审查，提出建设项目用地预审报告；可行性研究报告报批时，必须附具土地行政主管部门出具的建设项目用地预审报告。”

虽然根据 2014 年 12 月 31 日《国家发展改革委 中央编办关于一律不得将企业经营自主权事项作为企业投资项目核准前置条件的通知》（发改投资〔2014〕2999 号），可行性研究报告审查意见不再作为企业投资项目核准的前置条件，但是取得用地预审意见仍作为核准的前置条件。

《建设项目用地预审管理办法》第五条第二款规定，需核准的建设项目在项目申请报告核准前，由建设单位提出用地预审申请。同时，第十四条及第十五条分别规定，预审意见是有关部门审批项目可行性研究报告、核准项目申请报告的必备文件；未经预审或者预审未通过的，不得批复可行性研究报告、核准项目申请报告。针对风电项目，《风电场工程建设用地和环境保护管理暂行办法》第七条还明确规定，项目建设单位申报核准项目时，必须附省级国土资源管理部门预审意见；没有预审意见或预审未通过的，不得核准建设项目。为此，用地预审意见不仅是后期申请项目用地的前置文件，也是项目核准的必备文件之一。但对于光伏项目，其采用备案制，根据《建设项目用地预审管理办法》的规定，可在取得备案文件后，进行土地预审。

（2）项目选址意见书

根据现行《中华人民共和国城乡规划法》（以下简称《城乡规划法》）的

要求，仅以划拨方式提供国有土地使用权的项目，需在核准前取得选址意见书，但实践中以出让方式获得土地使用权的，往往也被要求在办理用地手续前取得选址意见书。

根据《国土资源部关于严格土地利用总体规划实施管理的通知》（国土资发〔2012〕2号）的规定，强化建设项目用地规划审查，凡不符合法律规定和土地利用总体规划的，不得通过建设项目用地预审。根据《城乡规划法》第二条的规定，风电项目的建设还需符合人民政府已制定的城市总体规划、镇总体规划、乡规划和村庄规划，否则，风电项目存在无法取得项目选址意见、建设用地规划许可证和建设工程规划许可证的风险。

在对风电项目进行规划选址时，应避让国家明令禁止或限制建设风电项目的生态红线区域。目前，《国家林业和草原局关于规范风电场项目建设使用林地的通知》（林资发〔2019〕17号）已经明确将自然遗产地、国家公园、自然保护区、森林公园、湿地公园、地质公园、风景名胜区、鸟类主要迁徙通道和迁徙地以及沿海基干林带和消浪林带等区域划为风电场项目禁止建设区域。此外，根据《生态保护红线划定指南》的规定，生态保护红线是指在生态空间范围内具有特殊重要生态功能、必须强制性严格保护的区域，是保障和维护国家生态安全的底线和生命线，通常包括具有重要水源涵养、生物多样性维护、水土保持、防风固沙、海岸生态稳定等功能的生态功能重要区域，以及水土流失、土地沙化、石漠化、盐渍化等生态环境敏感脆弱区域。关于生态红线的具体范围，生态环境部、国家发展改革委将会同有关部门将各省（区、市）生态保护红线划定方案报国务院审批后，由各省（区、市）人民政府发布实施，故项目单位需在选址前咨询当地人民政府。如风电项目涉及上述用地及生态保护红线的，必须重新确定选址，否则将引发停建拆除等严重后果。

(3) 用地预审意见与选址意见书合二为一

根据《自然资源部关于以“多规合一”为基础推进规划用地“多审合一、

多证合一”改革的通知》（自然资规〔2019〕2号），建设项目用地预审意见与建设项目选址意见书合并，自然资源主管部门统一核发建设项目用地预审与选址意见书，不再单独核发建设项目选址意见书、建设项目用地预审意见。

3. 水土保持批复文件

虽然现行《中华人民共和国水土保持法》（以下简称《水土保持法》）及《中华人民共和国水土保持法实施条例》中均未将水土保持批复文件明确规定为项目核准的前置条件，但是《开发建设项目水土保持方案编报审批管理规定》对此进行了规定。《开发建设项目水土保持方案编报审批管理规定》第二条规定：“凡从事有可能造成水土流失的开发建设单位和个人，必须编报水土保持方案。其中，审批制项目，在报送可行性研究报告前完成水土保持方案报批手续；核准制项目，在提交项目申请报告前完成水土保持方案报批手续；备案制项目，在办理备案手续后、项目开工前完成水土保持方案报批手续。”风电项目的风机基础开挖和道路施工需进行大量的土方作业，可能造成水土流失，水土保持批复文件为项目核准前即需要取得的支持性文件，明确项目实施过程中应采取的水土保持措施。而针对光伏项目，水土保持批复文件在项目备案后开工前取得即可。

依据《水土保持法》第二十七条规定，依法应当编制水土保持方案的风电、光伏项目中的水土保持设施，应当与主体工程同时设计、同时施工、同时投产使用；项目竣工验收，应当验收水土保持设施；水土保持设施未经验收或者验收不合格的，生产建设项目不得投产使用。项目水土保持设施未经验收或者验收不合格即投产使用的，依据《水土保持法》第五十四条规定，由县级以上人民政府水行政主管部门责令停止生产或者使用，直至验收合格，并处5万元以上50万元以下的罚款。

4. 社会稳定风险评估文件

根据2012年印发的《国家发展改革委重大固定资产投资项目社会稳定风险评估暂行办法》，各地均制定了具体的评估办法，如浙江、江苏、山东、海南、福建、新疆等地，项目投资方应根据项目当地的要求，对项目的社会稳定风险进行评估。

在实践中，即使当地未要求进行社会稳定风险评估，项目公司也需要关注项目开发建设可能导致的社会稳定风险，尤其对于国有企业而言，仍建议提前做好相应评估，确定项目的社会稳定风险可控，否则一旦在项目建设过程中出现阻工、抗议等影响社会稳定的事件，将极大影响项目的开发建设进程。

另外，根据《土地管理法》第四十七条的规定，县级以上地方人民政府拟申请征收土地的，应当开展拟征收土地现状调查和社会稳定风险评估，听取被征地的农村集体经济组织及其成员、村民委员会和其他利害关系人的意见。风电项目的风机基础、升压站和综合楼用地为永久用地，需进行征地并转为建设用地，通常而言风电项目征地面积较大，社会稳定风险评估文件不可或缺。2016年2月3日发布的《国务院关于第二批清理规范192项国务院部门行政审批中介服务事项的决定》已将此项社会稳定风险评估报告由中介机构提供编制修改为申请人可按要求自行编制，也可委托有关机构编制，不必委托特定中介机构提供服务。

（二）光伏项目备案前开发手续的取得

《光伏电站项目管理暂行办法》第十四条规定："省级能源主管部门依据国务院投资项目管理规定对光伏电站项目实行备案管理。"即自2013年8月29日起光伏发电项目已由核准制改为备案制。光伏项目改为备案制后，根据《建设项目用地预审管理办法》的规定，可在取得备案文件后进行土地预审。

根据《城乡规划法》的规定，仅需要有关部门批准或者核准且以划拨方式提供国有土地使用权的建设项目才需要办理规划选址手续，光伏项目采用备案制并不需要有关部门批准或者核准，且大部分项目以出让方式解决用地，原则上无须办理规划选址手续。根据《开发建设项目水土保持方案编报审批管理规定》的规定，在项目备案后开工前取得水土保持批复文件即可。严格来说，光伏项目在备案前无须办理土地预审、规划选址意见和水土保持批复等手续。

实践中，对于光伏项目的备案程序和文件要求，各省级地方政府的规定不尽相同。虽然根据上文分析，光伏项目在备案前无须办理用地预审、规划选址意见及水土保持批复等手续，但通常而言，光伏电站项目的投资主体提出备案申请时，一般应提供项目实施方案（主要包括规划选址、太阳能资源测评、建设规模、建设条件论证、电力送出条件和电力消纳分析）、项目场址使用或租用协议、省级电网企业出具的并网审核意见、项目单位营业执照及其他相关文件，但前述文件无须主管部门审批，不属于通常理解的开发手续范畴。分布式光伏发电项目的备案和建设流程则相对简便，明确免除规划选址、土地预审等支持性文件。

二、项目核准/备案

风电、光伏项目在取得项目核准/备案前置文件后，方可申请办理项目核准/备案文件。项目投资主体在申请办理项目核准/备案手续时，应关注审批部门的审批权限，避免越权审批。在取得项目核准/备案文件后，应在规定的时间内开工和竣工，避免项目核准/备案文件失效，如核准/备案事项在核准/备案后发生重大变化时，还需要及时向原审批机关提出申请，获得审批机关的准许。

1. 风电项目的核准文件

(1) 风电项目的核准

风电项目的核准权限经历了一个下放的过程。根据《政府核准的投资项目目录（2004年本）》，关于风电站的核准，总装机容量5万kW及以上项目由国务院投资主管部门核准，其余项目由地方政府投资主管部门核准。之后，2011年8月25日《国家能源局关于印发风电开发建设管理暂行办法的通知》（国能新能〔2011〕285号）第十六条规定："风电场工程项目按照国务院规定的项目核准管理权限，分别由国务院投资主管部门和省级政府投资主管部门核准。"

从2013年开始，风电项目的核准权限下放至地方政府。2013年5月15日《国务院关于取消和下放一批行政审批项目等事项的决定》（国发〔2013〕19号）中明确，企业投资风电站项目核准权限从国家发展改革委下放地方政府投资主管部门。在随后的《政府核准的投资项目目录（2014年本）》和《政府核准的投资项目目录（2016年本）》中，风电项目均由地方政府核准。在实践中，具体的项目核准机关，在不同时期、不同省份，情况均有不同。如江苏、山西等地均已实际将审批权下放，由当地市级发改部门进行项目核准。因此，在项目前期开发阶段应向相关政府部门进行咨询，明确项目核准机关的层级和权限，避免主管部门超越权限进行核准。

《国家能源局关于2018年度风电建设管理有关要求的通知》（国能发新能〔2018〕47号）和《国家能源局关于2019年风电、光伏发电项目建设有关事项的通知》（国能发新能〔2019〕49号），均明确今后风电项目除分散式风电项目外需通过竞争性配置方式确定开发主体。

(2) 核准文件内容

风电项目的核准文件通常会写明目标项目的名称、建设地址、建设装机容量、项目计划总投资额、资金来源、建设时间、核准文件有效期、核准文件的延期等内容。

（3）核准文件的效力

《企业投资项目核准和备案管理条例》第十二条规定："项目自核准机关作出予以核准决定或者同意变更决定之日起 2 年内未开工建设，需要延期开工建设的，企业应当在 2 年期限届满的 30 个工作日前，向核准机关申请延期开工建设。核准机关应当自受理申请之日起 20 个工作日内，作出是否同意延期开工建设的决定。开工建设只能延期一次，期限最长不得超过 1 年。国家对项目延期开工建设另有规定的，依照其规定。"《风电开发建设管理暂行办法》第十九条规定："项目核准后 2 年内不开工建设的，项目原核准机构可按照规定收回项目。风电场工程开工以第一台风电机组基础施工为标志。"同时，《企业投资项目核准和备案管理条例》第十八条规定："实行核准管理的项目，企业未依照本条例规定办理核准手续开工建设或者未按照核准的建设地点、建设规模、建设内容等进行建设的，由核准机关责令停止建设或者责令停产，对企业处项目总投资额 1‰以上 5‰以下的罚款；对直接负责的主管人员和其他直接责任人员处 2 万元以上 5 万元以下的罚款，属于国家工作人员的，依法给予处分。"因此，风电项目取得核准文件后，应在核准文件有效期内开工建设，如无法在核准有效期内开工建设的，应在核准有效期内申请延期，并在延期后的有效期内开工建设，避免核准文件超期失效。风电项目核准后若超过两年未开工建设也未按规定取得延期批复文件，或者在延期后的有效期内仍未开工的，均可能发生项目核准文件失效的风险，同时可能遭受行政处罚。

2. 光伏项目的备案文件

（1）光伏项目的备案

《政府核准的投资项目目录（2004 年本）》制定时国内光伏发电尚未启动，因此 2004 年的投资目录中并未将光伏发电项目纳入核准目录。虽然按照法律法规规定，光伏发电项目未纳入核准目录则采用备案即可，但在实务操作中，国内早期的光伏发电项目，不管是光伏电站项目招标还是金太阳工程，其项目投资审批采用的都是核准制。2013年8月29日国家能源局颁布的《光伏电站项目管理暂行办法》（国能新能〔2013〕329号）明确规定："省级能源主管部门依据国务院投资项目管理规定对光伏电站项目实行备案管理。"自此，光伏电站项目管理已由核准制进入了备案制时代。

根据《企业投资项目核准和备案管理条例》及《企业投资项目核准和备案管理办法》的规定，除国务院另有规定的，实行备案管理的项目按照属地原则备案，备案机关及其权限由省、自治区、直辖市和计划单列市人民政府规定。即地面光伏电站项目具体的备案机关由各省级政府制定的本行政区域内的项目备案管理办法予以明确。目前，大部分省份已将备案权限进一步下放至地（市）或县（区）级。

针对工商业分布式光伏发电项目，《国家能源局关于印发分布式光伏发电项目管理暂行办法的通知》（国能新能〔2013〕433号）第十条规定："省级及以下能源主管部门依据国务院投资项目管理规定和国务院能源主管部门下达的本地区分布式光伏发电的年度指导规模指标，对分布式光伏发电项目实行备案管理。具体备案办法由省级人民政府制定。"另外，《国家能源局关于进一步落实分布式光伏发电有关政策的通知》（国能新能〔2014〕406号）明确："建立简便高效规范的项目备案管理工作机制。各级能源主管部门要抓紧制定完善分布式光伏发电项目备案管理的工作细则，督促市县（区）能源主管部门设立分布式光伏发电项目备案受理窗口，建立简便高效规范的工作流程，明确项目备案条件和办理时限，并向社会公布。"即工商业分布式光伏发电项目的备案权限可下放至市县（区）能源主管部门，具体备案办法由省级人民政府制定。目前，大部分省份分布式光伏电站的备案权限已下放到了县（区）一级。

针对户用分布式光伏电站项目，《国家能源局关于印发分布式光伏发电项目管理暂行办法的通知》（国能新能〔2013〕433号）第十二条规定："对个人利用自有住宅及在住宅区域内建设的分布式光伏发电项目，由当地电网企业直接登记并集中向当地能源主管部门备案。不需要国家资金补贴的项目由省级能源主管部门自行管理。"《国家能源局关于进一步落实分布式光伏发电有关政策的通知》（国能新能〔2014〕406号）明确："对个人利用住宅（或个人所有的营业性建筑）建设的分布式光伏发电项目，电网企业直接受理并网申请后代个人向当地能源主管部门办理项目备案。"即户用分布式光伏电站项目可直接并网，由电网企业进行登记，并由电网企业集中代个人向当地能源主管部门办理项目备案。

（2）备案文件内容

光伏项目的备案文件通常会写明目标项目的名称、建设地址及面积、总装机规模、上网方式、项目估算总投资额等内容。

3. 严禁买卖核准/备案文件、擅自变更投资主体等

针对风电项目，根据《企业投资项目核准和备案管理办法》第七条"项目核准机关对项目进行的核准是行政许可事项"的规定，风电项目的核准为行政许可事项。又根据《中华人民共和国行政许可法》（简称《行政许可法》）第九条"依法取得的行政许可，除法律、法规规定依照法定条件和程序可以转让的外，不得转让"的规定，依法取得的行政许可，除法律、法规规定依照法定条件和程序可以转让的外，不得转让。同时，《风电发展"十三五"规划》第四部分第（五）点规定，国家规范风电项目投资开发秩序，杜绝企业违规买卖核准文件、擅自变更投资主体等行为。除不得实施买卖核准文件、擅自变更投资主体等行为外，《企业投资项目核准和备案管理条例》第十一条规定："企业拟变更已核准项目的建设地点，或者拟对建设规模、建设内容等作较大变更的，应当向核准机关提出变更申请。"风电项目核准时的股权结构、建设位置等内容有较大变更的，也应向核准机关提出申请。

针对光伏项目，依据《国家能源局关于进一步加强光伏电站建设与运行管理工作的通知》（国能新能〔2014〕445 号）第六点“禁止买卖项目备案文件及相关权益，已办理备案手续的光伏电站项目，如果投资主体发生重大变化，应当重新备案”的规定，备案后未并网的光伏项目投资主体不得变更，如的确需变更投资主体的，需征得原备案部门的同意并重新备案。另外，《国家能源局关于规范光伏电站投资开发秩序的通知》（国能新能〔2014〕477 号）中明确：“申请光伏电站项目备案的企业应以自己为主（作为控股方）投资开发为目的，能够按照规划和年度计划及时开展项目建设。对于不以自己为主投资开发为目的，而是以倒卖项目备案文件或非法转让牟取不当利益为目的的企业，各级能源主管部门应规定其在一定期限内不能作为投资主体开发光伏电站项目。在光伏电站前期工作中企业间正常的技术服务和商业合作应依法合规进行。出于正当理由进行项目合作开发和转让项目资产，不能将政府备案文件及相关权益有偿转让。已办理备案手续的项目的投资主体在项目投产之前，未经备案机关同意，不得擅自将项目转让给其他投资主体。项目实施中，投资主体发生重大变化以及建设地点、建设内容等发生改变，应向项目备案机关提出申请，重新办理备案手续。”

《国家能源局关于印发新建电源项目投资开发秩序监管报告（新能源部分）及工作要求的通知》（国能监管〔2015〕384）明确倒卖项目开展前期工作批复文件（俗称“路条”）和项目核准/备案文件以及擅自变更项目重大事项的行为涉嫌违法，并要求对倒卖“路条”及核准/备案文件等违法违规行为，采取责令限期整改、将出让方投资主体纳入不良信用记录、取消可再生能源电价补贴、依法给予行政处罚并予公开通报等方式处理，对涉嫌犯罪的，依法移送司法机关。

项目公司应尽量在项目核准/备案前确定投资开发主体，报主管部门核准/备案后，根据核准/备案文件的要求开展建设、开发工作。项目开发建设过程中确需变更项目投资主体或项目公司股权发生重大调整的，应按照核准/备案的相关规定，及时办理变更手续，待核准/备案机关许可后再进行股东变更。另外，虽然风电、光伏项目倒卖“路条”、核准/备案文件以及擅自变更项目重大事项已经被国家能源局和各省、市发改委所明令禁止，但项目并网后的股权转让是正常的商业行为，因此可以在项目并网后再收购，变更投资主体。

三、其他支持性文件的取得

在取得核准/备案文件后，还需要办理其他项目合规性手续，此类手续散见于各项专门法规文件之中，虽然不再作为风电项目核准、光伏项目备案的前置程序，但仍然对项目的合法性有着重要的影响。因此项目主体必须按规定取得相关支持性文件，才能使项目合法、合规。

1. 环境影响评价

《中华人民共和国环境影响评价法》（以下简称《环境影响评价法》）第二十五条规定：“建设项目的环境影响评价文件未依法经审批部门审查或者审查后未予批准的，建设单位不得开工建设。”《国务院办公厅关于全面开展工程建设项目审批制度改革的实施意见》（国办发〔2019〕11号）又重申明确调整部分审批时序，环境影响评价、节能评价等评估评价和取水许可等事项在开工前完成即可。即，目前而言，环境影响评价批复文件不是项目核准/备案的前置文件，但应确保在项目开工前办理完毕，否则不得开工。

根据《环境影响评价法》的规定，我国对建设项目的环境影响评价实行分类管理。具体针对风电、光伏项目，《建设项目环境影响评价分类管理名录（2018）》明确，涉及环境敏感区的总装机容量5万kW及以上的风电项目需编制环境影响报告书，其他风电项目和地面光伏电站项目需编制环境影响报告表，分布式光伏项目仅需要填报环境影响登记表。

《环境影响评价法》第二十四条规定："建设项目的环境影响评价文件经批准后，建设项目的性质、规模、地点、采用的生产工艺或者防治污染、防止生态破坏的措施发生重大变动的，建设单位应当重新报批建设项目的环境影响评价文件。"风电、光伏项目如果在办理环评批复后，建设地点比如风机机位等发生调整的，作为建设单位的项目业主需要及时重新办理环境影响评价批复文件。

如未办理环境影响评价手续或未经批准或未经原审批部门重新审核同意擅自开工的，依据《环境影响评价法》第三十一条的规定，可由县级以上生态环境主管部门责令停止建设，并根据违法情节和危害后果，处建设项目总投资额百分之一以上百分之五以下的罚款，并可以责令恢复原状。

另外，风电、光伏项目办理环境影响评价手续并开工建设后，依据《中华人民共和国环境保护法》(以下简称《环境保护法》) 第四十一条的规定，建设项目中防治污染的设施，应当与主体工程同时设计、同时施工、同时投产使用。风电、光伏项目建成投运前，应依法合规地完成项目环保设施验收。依据《建设项目环境保护管理条例》第十七条、第十九条和第二十三条的规定，编制环境影响报告书和报告表的风电、光伏项目，作为建设单位的项目业主需对配套建设的环境保护设施进行验收，其配套建设的环境保护设施经验收合格，方可投入生产或者使用，未经验收或者验收不合格的，不得投入生产或者使用，否则由县级以上环境保护行政主管部门责令限期改正，处以罚款，造成重大环境污染或者生态破坏的，责令停止生产或者使用，或者报经有批准权的人民政府批准，责令关闭。

需要注意的是，依据《建设项目环境保护管理条例》第十七条的规定，自 2017 年 10 月 1 日起，建设项目环保设施竣工验收主体已由环保主管部门转为建设单位，建设单位需自行组织验收，其中分布式光伏项目仅需要填报环境影响登记表，无须进行环保验收。

2. 压覆矿产资源审批手续

《中华人民共和国矿产资源法》第三十三条规定：“在建设铁路、工厂、水库、输油管道、输电线路和各种大型建筑物或者建筑群之前，建设单位必须向所在省、自治区、直辖市地质矿产主管部门了解拟建工程所在地区的矿产资源分布和开采情况。非经国务院授权的部门批准，不得压覆重要矿床。”对于风电、光伏项目，特别是光伏项目是否属于前述规定的大型建筑物或者建筑群，实践中存在争议，也有大量的项目未办理压覆矿产资源审批手续。但为了避免项目开建后压覆重要矿床导致项目停建、侵权、拆迁或产生其他纠纷，项目公司应在开工前取得压覆矿批复，明确不压覆重要矿床后再进行建设，尤其在山西、陕西、内蒙古等矿产资源较丰富的地区。

3. 文物保护和考古许可

《中华人民共和国文物保护法》第二十九条规定：“进行大型基本建设工程，建设单位应当事先报请省、自治区、直辖市人民政府文物行政部门组织从事考古发掘的单位在工程范围内有可能埋藏文物的地方进行考古调查、勘探。”

在实践中，部分地区主管部门并未要求风电、光伏项目必须进行考古调查、勘探，但对于存在文物概率较大的地区，如陕西、河南等地，当地则要求必须办理相关的文物和考古批复，甚至将取得文物和考古批复作为项目核准/备案的前置文件。审批部门一般为当地文物局，对于未设立文物局的地区，可能由当地广电局负责审批。

4. 获得建设规模指标（光伏项目）

《光伏电站项目管理暂行办法》（国能新能〔2013〕329 号）明确了对光伏电站项目的规模指导和管理，其第九条规定：“各地区按照国务院能源主管部门下达的年度指导性规模指标，扣除上年度已办理手续但未投产结转项目的规模后，作为本地区本年度新增备案项目的规模上限。”即各地方政府及能源主管部门将根据国家下达的指导规模确定本地的具体指导规模。2016年国家能源局鼓励各省（区、市）发展改革委（能源局）建立招标、优选等竞争性方式配置光伏电站项目的机制，促进光伏发电技术进步和上网电价下降。从2016年开始，光伏电站的建设规模指标将根据光伏电站的投资主体、基本情况、上网电价、建设进度、电网接入落实情况等进行竞争性配置取得。已取得备案文件的光伏项目，如果未能取得建设规模指标，将无法列入可再生能源电价附加资金补助目录，而无法获得补贴。

对于屋顶分布式光伏项目，根据《国家发展改革委 国家能源局关于完善光伏发电规模管理和实施竞争方式配置项目的指导意见》（发改能源〔2016〕1163号）规定，“利用固定建筑物屋顶、墙面及附属场所建设的光伏发电项目以及全部自发自用的地面光伏电站项目不受年度规模限制，各地区可随时受理项目备案，项目投产后即纳入国家可再生能源发电补贴范围。”屋顶分布式光伏发电项目不占用规模指标，随时并网，投产后即纳入国家可再生能源发电补贴范围。但2018年5月31日《国家发展改革委 财政部 国家能源局关于2018年光伏发电有关事项的通知》（发改能源〔2018〕823号）明确规定，“考虑今年分布式光伏已建情况，明确各地5月31日（含）前并网的分布式光伏发电项目纳入国家认可的规模管理范围，未纳入国家认可规模管理范围的项目，由地方依法予以支持。”即2018年5月31日后，分布式光伏发电项目也应取得建设规模指标，否则无法获得国家补贴。

根据财政部、国家发展改革委、国家能源局2020年1月20日印发的《可再生能源电价附加补助资金管理办法》的规定，纳入可再生能源国家补贴的项目范围按新增项目和存量项目分别进行管理，对于新增项目需纳入当年可再生能源发电补贴总额范围内，方能获得可再生能源电价附加补助资金。

5. 建设用地规划许可证（含建设用地批准书）

（1）建设用地批准书

根据《土地管理法》第四十四条的规定，建设占用土地，涉及农用地转为建设用地的，应当办理农用地转用审批手续。

《建设用地审查报批管理办法》第五条规定，在土地利用总体规划确定的城市建设用地范围外单独选址的建设项目使用土地的，在取得项目用地预审意见后，用地单位需持该意见及其他审批文件，向土地所在地的市、县国土资源主管部门提出用地申请。第二十二条规定，以有偿使用方式提供国有土地使用权的，由市、县国土资源主管部门与土地使用者签订土地有偿使用合同，并向建设单位颁发《建设用地批准书》。土地使用者缴纳土地有偿使用费后，依照规定办理土地登记。以划拨方式提供国有土地使用权的，由市、县国土资源主管部门向建设单位颁发《国有土地划拨决定书》和《建设用地批准书》，依照规定办理土地登记。

完成建设用地批准手续是项目永久用地合法性的首要证明及重要节点，项目投资方至少应在完成用地批准手续后，才能实际动工用地，未经批准非法占用土地的，可能遭受罚款、限期拆除、没收新建建筑物和其他设施等行政处罚，情节严重的，还可能涉及刑事责任。

（2）建设用地规划许可证

《城乡规划法》第三十七条第一款规定，在城市、镇规划区内以划拨方式提供国有土地使用权的建设项目，经有关部门批准、核准、备案后，建设单位应当向城市、县人民政府城乡规划主管部门提出建设用地规划许可申请，由城市、县人民政府城乡规划主管部门依据控制性详细规划核定建设用地的位置、面积、允许建设的范围，核发建设用地规划许可证。建设单位在取得建设用地规划许可证后，方可向县级以上地方人民政府土地主管部门申请用地，经县级以上人民政府审批后，由土地主管部门划拨土地。第三十八条第二款规定，以出让方式取得国有土地使用权的建设项目，建设单位在取得建设项目的批准、核准、备案文件和签订国有土地使用权出让合同后，向城市、县人民政府城乡规划主管部门领取建设用地规划许可证。

风电、光伏项目完成核准/备案，通过划拨、出让取得国有土地使用权后，均应办理建设用地规划许可证，而且建设用地规划许可证是办理后续建设工程规划许可证、施工许可证以及不动产权属证书的前提条件。

（3）建设用地规划许可证与建设用地批准书合二为一

《国务院办公厅关于全面开展工程建设项目审批制度改革的实施意见》（国办发〔2019〕11号）颁布后，自然资源主管部门已将建设用地规划许可证和建设用地批准书合并，统一核发新的建设用地规划许可证，不再单独核发建设用地批准书。以划拨方式取得国有土地使用权的，建设单位向所在地的市、县自然资源主管部门提出建设用地规划许可申请，经有建设用地批准权的人民政府批准后，市、县自然资源主管部门向建设单位同步核发建设用地规划许可证和国有土地划拨决定书。以出让方式取得国有土地使用权的，建设单位在签订国有建设用地使用权出让合同后，市、县自然资源主管部门向建设单位核发建设用地规划许可证。

6. 建设工程规划类许可证

《城乡规划法》第四十条规定："在城市、镇规划区内进行建筑物、构筑物、道路、管线和其他工程建设的，建设单位或者个人应当向城市、县人民政府城乡规划主管部门或者省、自治区、直辖市人民政府确定的镇人民政府申请办理建设工程规划许可证。"第六十四条规定："未取得建设工程规划许可证或者未按照建设工程规划许可证的规定进行建设的，由县级以上地方人民政府城乡规划主管部门责令停止建设；尚可采取改正措施消除对规划实施的影响的，限期改正，处建设工程造价百分之五以上百分之十以下的罚款；无法采取改正措施消除影响的，限期拆除，不能拆除的，没收实物或者违法收入，可以并处建设工程造价百分之十以下的罚款。”

风电、光伏项目工程应取得建设工程规划许可证，且取得建设工程规划许可证是取得建筑工程施工许可证的前提。如未取得建设工程规划许可证，还存在工程被要求停工，以及被认定为违章建筑予以没收或拆除、处以罚款等行政处罚和施工合同被认定无效的风险。

风电、光伏项目建设完成后，依据《城乡规划法》第四十五条规定，由县级以上地方人民政府城乡规划主管部门按照国务院规定对建设工程是否符合规划条件予以核实，未经核实或者经核实不符合规划条件的，建设单位不得组织竣工验收。同时，建设单位应当在竣工验收后六个月内向城乡规划主管部门报送有关竣工验收资料。实践中，办理完规划验收手续，方能办理项目的不动产权属证书。

7. 施工许可证

《中华人民共和国建筑法》（以下简称《建筑法》）第七条规定：“建筑工程开工前，建设单位应当按照国家有关规定向工程所在地县级以上人民政府建设行政主管部门申请领取施工许可证；但是，国务院建设行政主管部门确定的限额以下的小型工程除外。”《建设工程质量管理条例》第五十七条规定：“建设单位未取得施工许可证或者开工报告未经批准，擅自施工的，责令停止施工，限期改正，处工程合同价款百分之一以上百分之二以下的罚款。”

风电、光伏项目在工程开工建设前应取得建筑工程施工许可证，否则存在被责令停工和被行政处罚的风险。

8. 其他或有支持性文件

（1）洪水影响评价审批文件

《中华人民共和国防洪法》第三十三条规定：“在洪泛区、蓄滞洪区内建设非防洪建设项目，应当就洪水对建设项目可能产生的影响和建设项目对防洪可能产生的影响作出评价，编制洪水影响评价报告，提出防御措施。洪水影响评价报告未经有关水行政主管部门审查批准的，建设单位不得开工建设。在蓄滞洪区内建设的油田、铁路、公路、矿山、电厂、电信设施和管道，其洪水影响评价报告应当包括建设单位自行安排的防洪避洪方案。建设项目投入生产或者使用时，其防洪工程设施应当经水行政主管部门验收。在蓄滞洪区内建造房屋应当采用平顶式结构。”

在洪泛区、蓄滞洪区内建设非防洪风电、光伏项目，需要办理洪水影响评价审批文件，并根据审批文件要求实施相应的防洪措施。项目投运前，防洪工程设施还应经水行政主管部门验收。

（2）民用机场安全环境保护意见

《民用机场管理条例》第四十七条规定：“县级以上地方人民政府审批民用机场净空保护区域内的建设项目，应当书面征求民用机场所在地地区民用航空管理机构的意见。”

在民用机场净空保护区域内建设风电、光伏项目，特别是风电项目，需办理民用机场安全环境保护意见。

（3）使用林地审核同意书/林木采伐许可证

《中华人民共和国森林法实施条例》（以下简称《森林法实施条例》）第十六条规定：“勘查、开采矿藏和修建道路、水利、电力、通讯等工程，需要占用或者征收、征用林地的，必须遵守下列规定：（一）用地单位应当向县级以上人民政府林业主管部门提出用地申请，经审核同意后，按照国家规定的标准预交森林植被恢复费，领取使用林地审核同意书。用地单位凭使用林地审核同意书依法办理建设用地审批手续。占用或者征收、征用林地未经林业主管部门审核同意的，土地行政主管部门不得受理建设用地申请。……（三）用地单位需要采伐已经批准占用或者征收、征用的林地上的林木时，应当向林地所在地的县级以上地方人民政府林业主管部门或者国务院林业主管部门申请林木采伐许可证。”

风电、光伏项目用地使用林地的，需办理使用林地审核同意书。

(4) 使用草地审核同意书

根据《中华人民共和国草原法》(以下简称《草原法》) 第三十八条的规定，进行矿藏开采和工程建设，应当不占或者少占草原；确需征收、征用或者使用草原的，必须经省级以上人民政府草原行政主管部门审核同意后，依照有关土地管理的法律、行政法规办理建设用地审批手续。

根据《草原征占用审核审批管理办法》第六条的规定："矿藏开采和工程建设确需征用或使用草原的，依照下列规定的权限办理：(一) 征用、使用草原超过七十公顷的，由农业部审核；(二) 征用、使用草原七十公顷及其以下的，由省级人民政府草原行政主管部门审核。"但是，由于国家机构调整，《矿藏开采、工程建设征收、征用或者使用七十公顷以上草原审核办事指南》(国家林业和草原局公告 2018 年第 9 号) 明确说明，"原由中华人民共和国农业部承办的'矿藏开采、工程建设征收、征用或者使用七十公顷以上草原审核'行政许可事项，调整为由国家林业和草原局承办"。

因此，风电、光伏项目用地使用草地的，需办理使用草地审核同意书。

9. 电网接入和本地消纳意见

针对风电、光伏项目，在实践中，各电网公司须根据国家能源局及省级能源主管部门的监管，以及所在地区风电、光伏电站年度实施计划，协调落实接网条件、完成接入系统审核工作。项目取得电网公司电网接入意见是后续风电、光伏项目办理并网发电手续的前置条件。因此，风电、光伏项目建设应尽早取得电网接入意见，尽量在开发前期就取得电网接入意见，否则即便项目建成也存在无法接入电网并网发电的风险。

对于分散式风电，《国家能源局关于分散式接入风电开发的通知》(国能新能〔2011〕226 号)、《国家能源局关于加快推进分散式接入风电项目建设有关要求的通知》(国能发新能〔2017〕3 号) 均明确要求分散式风电项目应就近接入电网并在本地消纳，应严格执行“就近接入、在配电网内消纳”的原则。该通知同时要求各供电公司对各自供电区域内的分散式接入风电项目规划方案出具意见函，对于规划内的项目应及时确保项目接入电网。因此，分散式风电项目还应取得电网企业出具的本地消纳意见。如分散式风电项目未取得电网企业出具的电量本地消纳意见，将存在无法全额消纳的风险。

第二节　项目用地法律问题

风电、光伏等新能源项目普遍占地范围较大，且涉及土地类型复杂、用途多样，加之各省各地也存在不同规定，项目用地相关事项一直是风电、光伏及其他新能源项目开发建设过程中容易产生项目合规性风险的主要根源。

一、项目用地概述

根据《土地管理法》的规定，国家编制土地利用总体规划，规定土地用途，将土地分为农用地、建设用地和未利用地，具体土地分类情况详见《土地利用现状分类》GB/T 21010 - 2017。《国家发展改革委 国家能源局关于积极推进风电、光伏发电无补贴平价上网有关工作的通知》（发改能源〔2019〕19号）规定，为推进平价上网，风电、光伏项目应优先利用未利用地。

虽然各地在项目用地管理和执法尺度上均存在一定的差异，但风电、光伏项目升压站、综合楼及风电项目风机基础的用地应按建设用地进行管理；光伏项目的光伏阵列、风电项目的吊装平台及施工道路等用地按照不改变原用地性质进行管理，可通过租赁的方式解决用地；风电、光伏项目的进场、检修道路用地，严格而言，均应符合建设用地的要求，不过实践中亦存在利用农村道路或其他现有道路，通过“以偿代征”模式解决用地；如果项目用地涉及林地、草地、永久基本农田、生态保护区等各类特殊用地的，还需先行办理相应的审批手续。

风电、光伏项目在建设过程中，项目投资方应依法办理相应的用地手续，并密切关注项目土地手续的办理情况，避免违法用地情形的发生。

二、项目永久用地

一直以来，我国的项目建设需要使用土地的，均须依法申请使用国有土地，[①] 取得方式通常为划拨和出让。建设占用土地，涉及农用地转为建设用地的，应当办理农用地转用审批手续；涉及征收农用地的，应由有权批准部门在批准农用地转用时，同时办理征地审批手续。因此，项目升压站、综合楼、风电项目风机基础等永久用地部分，原则上均应按照建设用地进行管理，一般而言，其取得流程如图 2-1 所示。

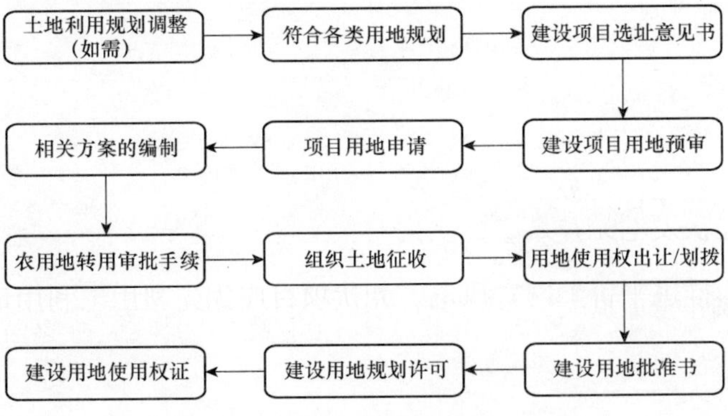

图 2-1　项目永久用地取得流程

① 2019 年修订并于 2020 年 1 月 1 日施行的《土地管理法》已经允许集体经营性建设用地入市，因此目前项目建设除申请使用国有土地外，还可以尝试利用集体经营性建设用地。

1. 项目用地应符合土地利用规划

根据《国土资源部关于严格土地利用总体规划实施管理的通知》(国土资发〔2012〕2号)的规定，强化建设项目用地规划审查，凡不符合法律规定和土地利用总体规划的，不得通过建设项目用地预审。因此，若项目用地不符合土地利用总体规划、城市总体规划、村庄和集镇规划及其他专项规划等事项，则需报经原批准单位批准后，相应调整土地利用规划，如涉及永久基本农田、耕地等特殊区域时，也应当相应调整规划。

如需调整土地利用总体规划的，应由原批准机关审批。根据《土地管理法实施条例》第八条的规定，审查批准机关具体如表2-1所示。

表2-1 调整土地利用总体规划的审查批准机关

规划种类	编制部门	审查部门	批准部门
全国土地利用总体规划	国务院土地行政主管部门会同国务院有关部门编制	—	国务院
省、自治区、直辖市的土地利用总体规划	省、自治区、直辖市人民政府组织本级土地行政主管部门和其他有关部门编制	—	国务院
省、自治区人民政府所在地的市、人口在100万以上的城市以及国务院指定的城市的土地利用总体规划	该市人民政府组织本级土地行政主管部门和其他有关部门编制	省、自治区人民政府	国务院
其他土地利用总体规划	人民政府组织本级土地行政主管部门和其他有关部门编制	—	逐级上报省、自治区、直辖市人民政府批准
乡(镇)土地利用总体规划	乡(镇)人民政府编制	—	逐级上报省、自治区、直辖市人民政府或者省、自治区、直辖市人民政府授权的设区的市、自治州人民政府批准

2. 项目选址和用地预审是项目核准/备案阶段的重要文件

虽然严格根据我国现行《城乡规划法》的要求，仅需要有关部门批准或者核准且以划拨方式提供国有土地使用权的建设项目，需在核准前取得选址意见书，划拨用地以外的建设项目不需要申请选址意见书。但实践中，对于很多风电、光伏项目永久用地，由于其涉及农用地转用、征地等相关批准事项，相关部门通常也要求事先取得选址意见书，甚至将其作为提出用地预审的前提，而且，投资方在进行大额投资之前也需要确定项目是否符合相关规划要求，故项目投资方仍需积极向项目地主管部门进行咨询。

根据《建设项目用地预审管理办法》(中华人民共和国国土资源部令第 68 号）的规定，需备案的建设项目在办理备案手续后，需核准的建设项目在项目申请报告核准前，建设单位需提出用地预审申请，由国土资源主管部门依法对建设项目涉及的土地利用事项进行审查。因此，光伏项目在取得有权发改部门的备案文件后，风电项目在项目申请报告核准前，项目投资方应以项目公司名义提出用地预审申请。申请用地预审的项目建设单位，应当提交下列材料：（一）建设项目用地预审申请表；（二）建设项目用地预审申请报告，内容包括拟建项目的基本情况、拟选址占地情况、拟用地是否符合土地利用总体规划、拟用地面积是否符合土地使用标准、拟用地是否符合供地政策等；（三）审批项目建议书的建设项目提供项目建议书批复文件，直接审批可行性研究报告或者需核准的建设项目提供建设项目列入相关规划或者产业政策的文件。同时，《风电场工程建设用地和环境保护管理暂行办法》第七条还明确规定，项目建设单位申报核准项目时，必须附省级国土资源管理部门预审意见；没有预审意见或预审未通过的，不得核准建设项目。

《国务院办公厅关于全面开展工程建设项目审批制度改革的实施意见》（国办发〔2019〕11 号）发布后，已经可以将选址意见书和土地预审申请合并办理，由自然资源主管部门统一核发建设项目用地预审与选址意见书，不再单独核发建设项目选址意见书和建设项目用地预审意见。

3. 风电光伏项目可通过划拨或出让方式取得项目用地

除了出让方式之外，《关于支持新产业新业态发展促进大众创业万众创新用地的意见》规定，新产业项目用地符合《划拨用地目录》的，可以划拨供应。而发（变）电主厂房设施及配套库房设施、新能源发电工程电机，厢变、输电（含专用送出工程）、变电站设施，资源观测设施等属于《划拨用地目录》的范畴。因此，风电、光伏项目永久用地部分，在依法转为国有建设用地后，可以采用划拨方式获得土地使用权。

除通过划拨或出让方式直接取得国有土地使用权外，对于分散式风电，依据《分散式风电项目开发建设暂行管理办法》第十三条的规定，分散式风电项目开发主体还可租用其他单位建设用地开发分散式风电项目。

4. 项目涉及农用地转用的，应避免占用永久基本农田

根据《土地管理法》第四十四条的规定，建设占用土地，涉及农用地转为建设用地的，应当办理农用地转用审批手续。

实践中，尤其需要关注审批的主体，避免审批主体不适格而导致用地瑕疵。根据《土地管理法》的规定，需要征用永久基本农田的、需要征用永久基本农田以外的耕地超过三十五公顷的以及需要征用其他土地超过七十公顷的，均需要报请国务院批准。在土地利用总体规划确定的城市和村庄、集镇建设用地规模范围内，为实施该规划而将农用地转为建设用地的，按土地利用年度计划分批次由原批准土地利用总体规划的机关批准。在已批准的农用地转用范围内，具体建设项目用地可以由市、县人民政府批准。其他建设项目占用土地，涉及农用地转为建设用地的，由省、自治区、直辖市人民政府批准。

对于分散式风电项目，依据《分散式风电项目开发建设暂行管理办法》（国能发新能〔2018〕30号）第十三条第二款的规定，不得占用永久基本农田。

因此，项目投资方应重点关注各类土地属性，合理规划用地，避免出现占用永久基本农田等需要国务院审批的事项，继而增加审批难度，影响项目进程。

5. 应完成建设用地批准手续并取得建设用地规划许可证

根据《建设用地审查报批管理办法》第五条的规定，在土地利用总体规划确定的城市建设用地范围外单独选址的建设项目使用土地的，在取得项目用地预审意见后，用地单位需持该意见及其他审批文件，向土地所在地的市、县国土资源主管部门提出用地申请。

完成建设用地批准手续是项目永久用地合法性的首要证明及重要节点，项目投资方至少应在完成用地批准手续后，才能实际动工用地，未经批准非法占用土地的，可能遭受罚款、限期拆除、没收新建建筑物和其他设施等行政处罚，情节严重的，还可能涉及刑事责任。

同时，项目用地必须符合用地规划，否则根据《城乡规划法》第三十九条等相关规定，对未取得建设用地规划许可证的建设单位批准用地的，县级以上人民政府有权撤销有关批准文件；占用土地的，项目投资方应当及时退回；给当事人造成损失的，项目投资方应当依法给予赔偿。

《国务院办公厅关于全面开展工程建设项目审批制度改革的实施意见》（国办发〔2019〕11 号）颁布后，自然资源主管部门已将建设用地规划许可证、建设用地批准书合并，统一核发新的建设用地规划许可证，不再单独核发建设用地批准书。以划拨方式取得国有土地使用权的，建设单位向所在地的市、县自然资源主管部门提出建设用地规划许可申请，经有建设用地批准权的人民政府批准后，市、县自然资源主管部门向建设单位同步核发建设用地规划许可证、国有土地划拨决定书。以出让方式取得国有土地使用权的，建设单位在签订国有建设用地使用权出让合同后，市、县自然资源主管部门向建设单位核发建设用地规划许可证。

三、项目承包租赁用地

《关于支持新产业新业态发展促进大众创业万众创新用地的意见》规定，光伏、风力发电等项目使用戈壁、荒漠、荒草地等未利用土地的，对不占压土地、不改变地表形态的用地部分，可按原地类认定，不改变土地用途，在年度土地变更调查时作出标注，用地允许以租赁等方式取得。《国土资源部 国务院扶贫办 国家能源局关于支持光伏扶贫和规范光伏发电产业用地的意见》（以下简称《关于支持光伏扶贫和规范光伏发电产业用地的意见》（国土资规〔2017〕8号）又进一步为光伏复合项目用地提供了更多机会，明确了光伏复合项目场内道路用地可按农村道路用地管理；利用农用地布设的光伏方阵可不改变原用地性质；采用直埋电缆方式敷设的集电线路用地，实行与项目光伏方阵用地同样的管理方式。不过实践中，风电、光伏项目用地的问题仍较为复杂。

1. 承包租赁用地的前提

首先，根据《关于支持新产业新业态发展促进大众创业万众创新用地的意见》及《关于支持光伏扶贫和规范光伏发电产业用地的意见》的规定，能够通过承包租赁等方式取得用地的部分，仅针对风电、光伏项目中不占压土地、不改变地表形态的用地部分。根据风电、光伏项目的用地实际情况，光伏阵列、风电项目的吊装平台及施工道路等用地，通常可按原地类认定，不改变土地用途和原有的用地性质，通过租赁方式解决用地，但不得占用永久基本农田。

其次，从光伏项目角度而言，若光伏项目涉及农用地承包、租赁的，项目应被认定为光伏复合项目，项目性质一般均体现在备案文件中。不过，部分地区（如宁夏）明文要求光伏复合项目必须编制土地复合利用方案，在项目所在地发展改革部门、自然资源部门报备，故项目投资方应关注当地对于复合项目的具体要求。

最后，在项目运营过程中，应保证光伏项目满足复合项目的要求，对农用地进行返租或通过其他方式保证农业生产，避免项目所涉农用地抛荒、撂荒。项目完成后不再使用临时用地的，还应及时按照批准的土地复垦方案及时组织复垦，确保被压占破坏土地恢复原土地使用现状。

2. 用地方式及风险点

（1）直接发包

直接发包，即由村集体直接向项目投资方进行发包的一种用地方式。

首先，企业需要明确目标土地的所有权人，并且与正确的发包方签订土地承包合同。与不当的主体签订土地承包合同，可能会导致土地发包无效，引发争议，并可能严重影响项目进程。

其次，直接发包过程中还需要关注是否履行民主决策程序。《中华人民共和国农村土地承包法》（以下简称《农村土地承包法》）第五十二条明确规定："发包方将农村土地发包给本集体经济组织以外的单位或者个人承包，应当事先经本集体经济组织成员的村民会议三分之二以上成员或者三分之二以上村民代表的同意，并报乡（镇）人民政府批准。"未经过民主决策程序即对外发包的，项目用地将存在瑕疵，可能会导致土地发包无效。因此，项目投资方应认真履行民主决策程序，取得村民会议成员或村民代表三分之二以上的同意，并明确表示放弃优先权。

最后，还需要注意以转让方式流转农村土地经营权虽为农村土地承包经营权的流转方式之一，但《农村土地承包法》第三十四条规定："经发包方同意，承包方可以将全部或者部分的土地承包经营权转让给本集体经济组织的其他农户，由该农户同发包方确立新的承包关系，原承包方与发包方在该土地上的承包关系即行终止。"同时，《农村土地承包经营权流转管理办法》第三十五条第一款规定："本办法所称转让是指承包方有稳定的非农职业或者有稳定的收入来源，经承包方申请和发包方同意，将部分或全部土地承包经营权让渡给其他从事农业生产经营的农户，由其履行相应土地承包合同的权利和义务。转让后原土地承包关系自行终止，原承包方承包期内的土地承包经营权部分或全部灭失。”由此可见，严格意义上，农村土地承包人只能将土地转让给其他从事农业生产的农户，无法直接转让给项目公司。若企业想获得土地承包经营权的转让，则需要承包人自愿将土地经营权交回村集体，再由村集体履行前述的直接发包程序。

（2）租赁方式

当项目土地已经被村集体发包给集体内的村民或单位后，项目投资方可以通过租赁的方式取得项目土地的经营权。

首先，企业需确定项目土地的承包人。如果得知承包人委托发包方流转其承包土地的，企业需要求发包方提供承包人的书面委托书，其中载明委托事项、权限和期限，并有承包人的签名或盖章。若承包人系将转包、出租方式流转而得的土地实行再流转的，项目投资方应当要求其取得原承包方的同意。

其次，在签订土地租赁合同过程中，项目投资方应注意租赁期限不应长于 20 年。在达成租赁合意后，应督促承包人及时根据《农村土地承包法》第三十六条的规定向发包方备案，并取得本集体经济组织成员放弃优先权的声明。签订合同后，分别提交发包方和乡（镇）人民政府的农村土地承包管理部门备案，并申请登记以对抗第三人。

最后，需注意的是，虽然租赁用地时并未明确要求必须取得发包人的书面同意，但鉴于《最高人民法院关于审理涉及农村土地承包纠纷案件适用法律问题的解释》（法释〔2005〕6 号）第二十一条规定，“承包方未依法登记取得土地承包经营权证等证书，即以转让、出租、入股、抵押等方式流转土地承包经营权，发包方请求确认该流转无效的，应予支持。但非因承包方原因未登记取得土地承包经营权证等证书的除外。”因此，若承包方未依法取得相关承包经营权证书即进行转包、出租的，则可能导致流转无效，村集体等权利人可能据此提出侵权主张，故仍建议项目投资方提前核查土地承包经营权证，并取得村集体的书面同意文件。

（3）转包方式

《农村土地承包经营权流转管理办法》第三十五条第二款规定："转包是指承包方将部分或全部土地承包经营权以一定期限转给同一集体经济组织的其他农户从事农业生产经营。转包后原土地承包关系不变，原承包方继续履行原土地承包合同规定的权利和义务。接包方按转包时约定的条件对转包方负责。承包方将土地交他人代耕不足一年的除外。"该条第五款规定："出租是指承包方将部分或全部土地承包经营权以一定期限租赁给他人从事农业生产经营。出租后原土地承包关系不变，原承包方继续履行原土地承包合同规定的权利和义务。承租方按出租时约定的条件对承包方负责。"

转包与租赁的最大区别在于针对的主体及期限不同，即转包仅针对"同一集体经济组织的其他农户"，而租赁可以针对其他从事农业生产经营的主体；转包期限应在农村土地经营权剩余时限内，而租赁最长时限为《中华人民共和国合同法》（以下简称《合同法》）规定的二十年，且不超过土地承包经营权剩余期限。不过，实践中的确会遇到项目公司与村民签署转包协议的情况，但严格意义而言，项目投资方不应直接通过转包村民土地的方式获取项目用地，即便名为转包协议，实质上仍应按照土地租赁的规定进行处理。

四、项目道路及送出线路用地

风电、光伏项目的进场、检修道路及送出线路是项目整体不可或缺的部分，进场与检修道路大体可以分为项目场内与场外两部分，场内道路还包含光伏方阵场内道路、风电场内道路和其他场内道路。根据现行规定，道路所处的位置不同，用地规则也不同，需要分别进行分析。

1. 光伏方阵场内道路属于光伏方阵用地

根据《光伏发电站工程项目用地控制指标》（国土资规〔2015〕11号）第3.1项“光伏方阵用地包括组件用地、逆变器室及箱变用地、方阵场内道路用地等”的规定，光伏方阵场内道路属于光伏方阵用地。因此，光伏方阵场内道路应适用光伏方阵用地的相关规定。

结合《关于支持光伏扶贫和规范光伏发电产业用地的意见》的规定，项目投资方需要区分光伏项目的具体类型：

（1）对于普通项目而言，普通光伏项目使用未利用地的，光伏方阵用地部分可按原地类认定，用地允许以租赁等方式取得，其他用地部分应当办理建设用地审批手续；使用农用地的，所有用地均应当办理建设用地审批手续。

（2）对于光伏扶贫及复合项目而言，利用农用地布设光伏方阵可不改变原用地性质。

2. 光伏方阵外的其他场内道路应按照项目性质区分管理

根据《关于支持光伏扶贫和规范光伏发电产业用地的意见》的规定，对于普通项目而言，光伏阵列区以外的道路原则上均应当按照建设用地管理并办理相关的手续。而光伏扶贫项目与光伏复合项目场内道路可按农村道路用地管理，根据《土地利用现状分类》GB/T 21010－2007的规定，农村道路属于农用地，故无须另行办理建设用地转用手续。

3. 进场道路尽量使用原有农村道路，合作共建时需关注道路性质

根据《土地管理法》及《光伏发电站工程项目用地控制指标》《电力工程项目建设用地指标（风电场）》等规定，风电、光伏项目对进场道路、运营期检修道路等严格来说应为永久用地，需要按照建设用地进行管理。不过，实践中存在较多采用租用、共用农村道路、防火通道等作为进场、检修通道的做法。如前所述，农村道路为农用地，故使用原有农村道路时，仅需支付相应的使用费，但项目投资方应注意核查农村道路手续是否完备，签订道路使用协议的主体是否享有权利等。

如项目进场道路采用新建道路的方式，则首先需要明确道路的性质，一般而言，新建道路可以作为农村道路或农村公路。若为农村道路，其权利主体通常为村集体，项目公司应当与村集体签署合作共建协议，并由其按照《国土资源部关于促进农业稳定发展农民持续增收推动城乡统筹发展的若干意见》的要求办理设施农用地备案手续；若为农村公路，则权利主体一般为乡级人民政府或县级人民政府交通局等有关部门，项目公司应与其签署合作共建协议，并及时核查农村公路项目的审批文件和权属资料。此外，建设农村公路可能涉及征地问题，项目投资方应确保政府部门已针对公路用地完成征地工作。

在实际使用过程中，项目公司应及时足额支付道路使用费，因项目建设运营等原因导致道路受损的，需按照协议要求和法律规定进行修复，避免发生争议。

4. 场外送出线路用地原则上应当按照建设用地管理，但各地存在“以偿代征”政策

根据《土地管理法》及《光伏发电站工程项目用地控制指标》《电力工程项目建设用地指标（风电场）》等规定，风电、光伏项目送出线路杆塔基础用地为永久用地，应按照建设用地管理，其面积按基础外轮廓尺寸计算，涉及农用地的，还需办理农用地转用手续。

不过，在实践层面存在“以偿代征”的模式，即一次性给予相应补偿，不再另行组织征地。但是，采用此种模式的前提是项目当地存在明确的规定，或项目地发展改革委、自然资源部门明确以书面函件的方式予以确认或批复。例如，2008 年 5 月 1 日起实施的《江苏省电力保护条例》规定，“架空电力线路走廊（包括杆、塔基础）和地下电缆通道建设不实行征地，电力建设单位应当对杆、塔基础用地的土地承包经营权人或者建设用地使用权人给予一次性经济补偿”。《甘肃省人民政府办公厅批转省发改委关于加快甘肃电网发展若干意见的通知》（甘政办发〔2009〕86 号）规定，“对输电线路走廊（包括杆、塔基础）占地只作一次性经济补偿，不办理征地手续”。《青海省发展改革委等部门关于加快我省电网建设若干政策措施的通知》（青政办〔2010〕145 号）规定，“对输电线路杆塔基础占用的点状用地，给予一次性补偿，并不再办理征地手续”。

对于送出线路用地是否可以采取“以偿代征”的模式，项目公司应根据实际情况，对当地的规定进行调研，必要时直接向发展改革委及自然资源部门进行咨询。

五、项目特殊用地

林地、草地、永久基本农田等特殊区域均受特殊保护，风电、光伏项目占用此类特殊区域时，除了应按照规定办理建设用地手续，或签署相关租赁协议之外，还须在此之前履行额外的审批手续，否则不仅项目可能遭到拆除，同时项目公司还可能遭受行政处罚，甚至承担刑事责任，故应当予以高度重视。

1. 项目涉及林地时须取得使用林地审核同意书

根据《中华人民共和国森林法》（以下简称《森林法》）、《森林法实施条例》等相关规定，风电、光伏项目涉及林地的，包括临时使用林地的，均应先行取得林业部门核发的使用林地审核同意书，之后再向国土部门提出用地申请，并经作为最终审核主体的国务院林业主管部门或省、自治区、直辖市人民政府林业主管部门审核同意后，按照国家规定的标准预交森林植被恢复费，领取使用林地审核同意书，之后再向国土部门提出用地申请。未办理林地批复擅自占用林地的，不仅可能遭受行政处罚，还可能承担刑事责任。

审核流程可结合《森林法实施条例》第十六条的规定，项目投资方应当向县级以上人民政府林业主管部门提出用地申请，经审核同意后，按照国家规定的标准预交森林植被恢复费，领取使用林地审核同意书。具体审核主体如表 2-2 所示。

表 2-2　项目申请使用林地审核主体

占用林地事项	最终审核主体
占用或者征收、征用防护林林地或者特种用途林林地面积 10 公顷以上	国务院林业主管部门审核
用材林、经济林、薪炭林林地及其采伐迹地面积 35 公顷以上	
其他林地面积 70 公顷以上	
占用或者征收、征用重点林区的林地	
占用或者征收、征用林地面积低于上述规定数量的	省、自治区、直辖市人民政府林业主管部门审核

审核内容则需分析项目拟用林地是否涉及限制或禁止占用的林地类型。根据《建设项目使用林地审核审批管理办法》的规定，不同保护等级林地的限制使用情况如表 2-3 所示。

表 2-3　不同保护等级林地的限制使用情况

林地保护等级	Ⅰ级	Ⅱ级	Ⅲ级	Ⅳ级
限制使用情况	项目不得使用Ⅰ级保护林地	项目送出线路等线路工程不得使用Ⅱ级保护林地中的有林地	项目送出线路等线路工程在国务院确定的国家所有的重点林区内的，不得使用Ⅲ级以上保护林地中的有林地	无限制

另外，根据《国家林业局关于光伏电站建设使用林地有关问题的通知》（林资发〔2015〕153 号）的规定，光伏电站的电池组件阵列禁止使用有林地、疏林地、未成林造林地、采伐迹地、火烧迹地，以及年降雨量 400 毫米以下区域覆盖度高于 30%的灌木林地和年降雨量 400 毫米以上区域覆盖度高于 50%的灌木林地。根据《国家林业和草原局关于规范风电场项目建设使用林

地的通知》（林资发〔2019〕17号）的规定，风机基础、施工和检修道路、升压站、集电线路等，禁止占用天然乔木林（竹林）地、年降雨量400毫米以下区域的有林地、一级国家级公益林地和二级国家级公益林中的有林地。在通知下发之前已经核准但未取得使用林地手续的风电场项目，要重新合理优化选址和建设方案，加强生态影响分析和评估，不得占用年降雨量400毫米以下区域的有林地和一级国家级公益林地，避让二级国家级公益林中有林地集中区域；2019年2月26日前已经核准但未取得使用林地手续的风电场项目，要重新合理优化选址和建设方案，加强生态影响分析和评估，不得占用年降雨量400毫米以下区域的有林地和一级国家级公益林地，需避让二级国家级公益林中有林地集中区域。

临时使用林地的期限一般不超过两年，并不得在临时使用的林地上修建永久性建筑物。建设项目临时占用林地期满后，用地单位应当在一年内恢复被使用林地的林业生产条件。

此外，项目投资方应特别注意，用地单位需要采伐已经批准占用或者征收、征用的林地上的林木时，应当向林地所在地的县级以上地方人民政府林业主管部门或者国务院林业主管部门申请林木采伐许可证。否则会受到行政机关的处罚，严重的将可能涉嫌“盗伐、滥伐林木罪”，承担刑事法律责任。

2. 项目涉及草地时须取得使用草地审核同意书

《草原征占用审核审批管理办法》第五条规定：“矿藏开采、工程建设和修建工程设施应当不占或少占草原。除国家重点工程项目外，不得占用基本草原。”风电、光伏项目在开发建设过程中，应尽量避免占用基本草原。

根据《草原法》《草原征占用审核审批管理办法》等相关规定，风电、光伏项目涉及草地的，则应先行取得草原行政主管部门核发的使用草地审核同意书，之后再向国土部门提出用地申请，未办理草地批复擅自占用草地的，不仅可能遭受行政处罚，还可能承担刑事责任。

就审核主体而言，根据《草原法》《草原征占用审核审批管理办法》《矿藏开采、工程建设征收、征用或者使用七十公顷以上草原审核办事指南》（国家林业和草原局公告 2018 年第 9 号）的规定，具体权限划分为：（1）征用、使用草原超过七十公顷的，由国家林业和草原局审核；（2）征用、使用草原七十公顷及其以下的，由省级人民政府草原行政主管部门审核。

3. 项目不得非法占用永久基本农田

永久基本农田作为风电、光伏项目建设的红线，一旦占用永久基本农田，需涉及编制永久基本农田环境保护方案、组织踏勘论证以及后续的调规、农用地转用手续的办理工作，项目投资方应尽量避让，提前修改项目选址，否则后续的用地风险极大，并且非法占用基本农田 5 亩以上即可构成非法占用农用地罪，项目投资方必须重点关注。

首先，根据《土地管理法》《基本农田保护条例》规定的“永久基本农田保护制度”，国家对永久基本农田存在更为严格的审批和使用要求，征收永久基本农田时需报国务院批准，程序极为烦琐。

其次，2017 年 9 月国土资源部、国务院扶贫办、国家能源局联合印发的《关于支持光伏扶贫和规范光伏发电产业用地的意见》（国土资规〔2017〕8 号）在“总体要求”中规定光伏项目“禁止以任何方式占用永久基本农田”，该要求符合《土地管理法》规定的“永久基本农田保护制度”，并在《关于支持光伏扶贫和规范光伏发电产业用地的意见》文中进行了重申。根据国家能源局、国务院扶贫办印发的《光伏扶贫电站管理办法》（国能发新能〔2018〕29 号）的规定，县级政府负责落实村级扶贫电站的建设场址和用地，场址土地不得占用基本农田。

此外，根据《分散式风电项目开发建设暂行管理办法》（国能发新能〔2018〕30 号）第十三条第二款的规定，分散式风电项目不得占用永久基本农田。

4. 项目应避免涉及生态敏感区域

对于各类敏感区域，国家层面均有针对性地出台了相关规定，对项目选址、审批手续等事项提出了要求，故一旦项目涉及前述任何一类敏感区域时，均需提前进行论证，否则构成违法用地。

对于湿地，风电、光伏建设项目应当不占或者少占湿地，经批准确需征收、占用湿地并转为其他用途的，必须按照“先补后占、占补平衡”的原则，依法办理相关手续。

对于湿地公园，我国明确禁止擅自征收、占用国家湿地公园的土地，确需征收、占用的，应当在征求省级林业主管部门的意见后，方可依法办理相关手续，由省级林业主管部门报国家林业和草原局备案。

对于自然保护区，在自然保护区的核心区和缓冲区内，不得建设任何生产设施。在自然保护区的实验区内，不得建设污染环境、破坏资源或者景观的生产设施；建设其他项目，其污染物排放不得超过国家和地方规定的污染物排放标准。在自然保护区的实验区内已经建成的设施，其污染物排放超过国家和地方规定的排放标准的，应当限期治理；造成损害的，必须采取补救措施。在自然保护区的外围保护地带建设的项目，不得损害自然保护区内的环境质量；已造成损害的，应当限期治理。

对于风景名胜区，在风景名胜区范围内进行禁止范围以外的建设活动，应当经风景名胜区管理机构审核后，依照有关法律、法规的规定办理审批手续。

此外，对于在敏感区域进行风电、光伏项目建设，国家还专门出台相关规定予以规范。根据《国家林业局关于光伏电站建设使用林地有关问题的通知》的规定，各类自然保护区、森林公园（含同类型国家公园）、濒危物种栖息地、天然林保护工程区以及东北内蒙古重点国有林区，为光伏电站禁止建设区域。根据《国家林业和草原局关于规范风电场项目建设使用林地的通知》

的规定，自然遗产地、国家公园、自然保护区、森林公园、湿地公园、地质公园、风景名胜区、鸟类主要迁徙通道和迁徙地等区域以及沿海基干林带和消浪林带，为风电场项目禁止建设区域。

六、项目用地的相关税费

风电、光伏项目土地相关税费主要涉及耕地占用税和城镇土地使用税，虽然国家层面出台了《中华人民共和国耕地占用税法》（以下简称《耕地占用税法》）、《中华人民共和国耕地占用税暂行条例》（以下简称《耕地占用税暂行条例》）、《中华人民共和国城镇土地使用税暂行条例》（以下简称《城镇土地使用税暂行条例》）等法律法规予以规范，但尚未就风电、光伏电站项目适用的耕地占用税和城镇土地使用税的征收管理方式进行统一规定，实务中各地对于耕地占用税和城镇土地使用税的征收事宜存在不同的征收方式，项目投资方需予以注意。

1. 耕地占用税

《耕地占用税法》《耕地占用税暂行条例》均规定，占用耕地建房或者从事非农业建设的单位或者个人，为耕地占用税的纳税人。耕地占用税以纳税人实际占用的耕地面积为计税依据，按照规定的适用税额一次性征收。占用林地、牧草地、农田水利用地、养殖水面以及渔业水域滩涂等其他农用地建房或者从事非农业建设的，比照规定的标准征收耕地占用税。土地管理部门凭耕地占用税完税凭证或者免税凭证和其他有关文件发放建设用地批准书。

《中华人民共和国耕地占用税暂行条例实施细则》规定，经申请批准占用耕地的，纳税人为农用地转用审批文件中标明的建设用地人；农用地转用审批文件中未标明建设用地人的，纳税人为用地申请人。未经批准占用耕地的，纳税人为实际用地人。实际占用的耕地面积，包括经批准占用的耕地面积和未经批准占用的耕地面积。

对于光伏项目而言，绝大部分的占地为光伏阵列用地，虽然《耕地占用税法》第十二条第二款规定，占用该法规定的农用地建设直接为农业生产服务的生产设施的，不缴纳耕地占用税，但对于复合光伏项目的阵列用地是否属于免征耕地占用税的范围，并无明确规定。实践中，部分省份已经对复合光伏项目的阵列用地征收耕地占用税，比如，2015 年 7 月发布的《内蒙古自治区财政厅 地方税务局关于明确光伏发电耕地占用税政策的通知》（内财税〔2015〕915 号），规定单位和个人从事集中式地面并网光伏电站建设占用耕地或其他农用地的，无论永久占地还是租赁占地，均形成了建房或从事非农业建设的事实，应当征收耕地占用税。

因此，若风电、光伏项目实际占用耕地、林地、牧草地、农田水利用地、养殖水面以及渔业水域滩涂等其他农用地，项目公司应为耕地占用税的纳税主体，无论占用耕地的行为是否获得审批。

2. 城镇土地使用税

《城镇土地使用税暂行条例》规定，在城市、县城、建制镇、工矿区范围内使用土地的单位和个人，为城镇土地使用税的纳税人，应当依照条例缴纳城镇土地使用税。城镇土地使用税以纳税人实际占用的土地面积为计税依据，依照规定税额计算征收。按年计算、分期缴纳，缴纳期限由省、自治区、直辖市人民政府确定。土地占用面积的组织测量工作，由省、自治区、直辖市人民政府根据实际情况确定。

对于风电、光伏项目，项目“实际占用的土地面积”的判断标准，现行国家税收法规未明确规定，但部分地区出具地方性文件对城镇土地使用税进行了细化规定，比如，《内蒙古自治区财政厅 自治区地方税务局关于明确光伏发电企业城镇土地使用税政策适用问题的通知》（内财税〔2017〕2010 号），明确“如果土地性质属于农用地或未利用地，且被实际用于种养殖、水土保持、植被恢复、荒漠化治理、盐碱化治理工作的，可按条例中‘直接用于农、林、牧、渔业的生产用地’免征土地使用税”。“对光伏发电企业的光伏板阵列基座、升压站、变电站、厂区道路等生产用地，以及办公用地、生活用地，应照章征收土地使用税”。综上可知，除建设用地外，光伏方阵仅需要缴纳“光伏板阵列基座”所占的土地即光伏支架基础用地对应的城镇土地使用税，而无须对整个光伏方阵的投影面积土地征收城镇土地使用税，但上述规定仅适用于内蒙古自治区范围内的光伏电站项目。

城镇土地使用税的税额，往往与当地市政建设状况、经济发展程度等条件有关，税务主管部门具有较大自由裁量权，其税额可能因项目所在地不同存在数十倍的差距。因此，项目投资方在与当地政府签订合作协议或招商协议时，需明确项目用地是否需要缴纳城镇土地使用税，并明确项目用地测算方式，就相关税收事项进行约定，争取较低税额。

七、项目违法用地的法律责任和后果

在项目选址、建设全过程中，项目投资方均需关注前述各类项目用地审批流程，了解其报送、最终审批的主体，明确需要准备和提交的材料，避免违法用地。未经批准违法用地，不仅可能遭遇民事侵权索赔，而且项目还可能遭到拆除，同时项目投资方还可能遭受行政处罚，甚至承担刑事责任。

1. 违法用地可能遭遇民事索赔

实践中，由于用地问题而导致的侵权案件十分常见，并且项目业主、施工方等主体均有可能承担侵权责任。例如，“(2014) 石民初字第 150 号”案中，法院即认定施工单位在某项目施工中将土地权利人依法取得使用权证的草原毁损，应当停止侵害并就相关经济损失予以赔偿。而业主在未取得合法的土地使用权的情况下将工程交由施工单位施工，故构成共同侵权，应承担连带赔偿责任。因此，风电、光伏项目相关各方主体，均应关注项目用地手续，提前作出应对，避免遭受损失。

建设用地中常见的侵权行为主要表现为未批先建，擅自占用他人土地，或超出批准范围进行开发建设。在此情形下，若土地权利人提出侵权主张，则项目公司需要承担民事赔偿责任，还可能需要将土地恢复原状，影响项目建设。

租赁用地中最常见的风险在于项目公司与不享有权利的主体签署用地协议，比如使用集体用地时并未与村集体协商，而是直接与乡镇政府签署用地协议。在此情形下，乡政府或镇政府并非土地权利人，其无权直接处分集体土地，一旦村集体进行索赔，项目公司则需要承担民事侵权责任。此外，项目公司签署用地协议时如未履行相关民主程序，也极易引发争议。

实践中，项目公司还可能涉及因征地补偿而引发的次生诉讼，即土地权利人与政府就征地补偿事宜产生争议，常常也会以项目公司作为被告提起侵权之诉，并可能通过阻工等方式干扰项目建设，导致工期延误，无法顺利并网。还可能出现多名权利人就同一地块主张权利的情形。在此情形下，项目公司需尽快完成用地手续的办理工作，取得用地批复和用地规划许可，否则亦可能承担赔偿责任。

2. 违法用地可能遭遇行政处罚

行政责任是项目公司在实践中因违法用地而承担的主要责任，具体而言，非法占用土地的，由县级以上人民政府自然资源主管部门责令退还非法占用的土地，对违反土地利用总体规划擅自将农用地改为建设用地的，限期拆除在非法占用的土地上新建的建筑物和其他设施，恢复土地原状，对符合土地利用总体规划的，没收在非法占用的土地上新建的建筑物和其他设施，可以并处罚款；对非法占用土地单位的直接负责的主管人员和其他直接责任人员，依法给予处分。

由此可见，此类处罚轻则罚款，重则限期拆除、没收，实践中因违法用地被拆除、没收的项目并不鲜见。例如，原国土资源部曾公示内蒙古某能源公司违法占用耕地建设光伏电厂案，该案经原土默特右旗国土局下达责令停工通知书，责令退还违法占用的土地、没收地上建筑物并处罚款849.47万元，同时，土默特右旗公安局追究该公司法定代表人刑事责任。[①] 此外，在宁夏、青海、山西、河北、河南、福建等地均存在类似案例，故项目投资方应予以必要关注。

此外，需要注意的是，一旦发生违法用地情形，项目所在地市、县的国土资源主管部门有权将相关情况通知同级能源主管部门，并逐级上报国家能源局，将项目投资主体纳入能源领域失信主体名单，组织实施联合惩戒，并有可能影响后续投资。

3. 违法用地可能遭受刑事处罚

严重违法用地则要承担刑事责任，其主要表现为非法占用农用地罪。《中华人民共和国刑法》（以下简称《刑法》）第三百四十二条规定："违反土地管理法规，非法占用耕地、林地等农用地，改变被占用土地用途，数量较大，造成耕地、林地等农用地大量毁坏的，处五年以下有期徒刑或者拘役，并处或者单处罚金。"实践中，已存在据此判决行为人承担刑事责任的相关案例，如德阳市中级人民法院在"（2018）川06刑终151号"案中，认定被告人李某未经有权机关批准，在集体土地上修建光伏发电钢结构大棚，造成农用地损毁17.792亩，已构成非法占用农用地罪，判处其有期徒刑2年零8个月，并处罚金150 000元。再如，会理县人民法院在"（2018）川3425刑申2号"案中查明，某新能源公司在未办理使用林地手续的情况下，擅自改变林地用途，在林地上搭建光伏板修建光伏电站，最终法院认定该公司负责人徐某依

① 详见自然资源部网站，http://www.mnr.gov.cn/gk/tzgg/201508/t20150805_1991528.html。

法构成非法占用农用地罪。

前述案件中，项目投资方均未充分关注项目用地手续，对于相关刑事责任的了解也不深入，以致构成刑事犯罪而不自知。因此，项目投资方应重视对于非法占用农用地罪等相关刑事责任的理解与分析，避免遭受刑事处罚。

首先，必须提示项目公司及相关负责人注意，非法占用农用地罪采用双罚制，即项目公司、单位负责人均可构成非法占用农用地罪。

其次，构成非法占用农用地罪，需满足“数量较大，造成耕地、林地等农用地大量毁坏”等条件，最高人民法院就此作出了规定，具体如下：

（1）对于非法占用耕地，根据《最高人民法院关于审理破坏土地资源刑事案件具体应用法律若干问题的解释》（法释〔2000〕14 号）第三条的规定可知，非法占用耕地“数量较大”，是指非法占用基本农田 5 亩以上或者非法占用基本农田以外的耕地 10 亩以上；非法占用耕地“造成耕地大量毁坏”，是指行为人非法占用耕地建窑、建坟、建房、挖沙、采石、采矿、取土、堆放固体废弃物或者进行其他非农业建设，造成基本农田 5 亩以上或者基本农田以外的耕地 10 亩以上种植条件严重毁坏或者严重污染。

（2）对于非法占用林地，根据《最高人民法院关于审理破坏林地资源刑事案件具体应用法律若干问题的解释》（法释〔2005〕15 号）第一条的规定，造成原有植被或种植条件严重毁坏或严重污染，并具有下列情形之一的，即构成犯罪（见表 2-4）。

表 2-4　破坏林地资源构成犯罪的情形

防护林地、特种用途林地	其他林地	各林地总和
达到 2.5 亩以上	—	超过 5 亩
达到 2.5 亩以上	达到 5 亩以上	—
—	达到 5 亩以上	超过 10 亩
达到 5 亩以上	—	—
—	达到 10 亩以上	—

（3）对于非法占用草地，根据《最高人民法院关于审理破坏草原资源刑事案件应用法律若干问题的解释》（法释〔2012〕15号）第二条的规定，非法占用草原，改变被占用草原用途，数量在20亩以上的，或者曾因非法占用草原受过行政处罚，在3年内又非法占用草原，改变被占用草原用途，数量在10亩以上的，即满足数量较大而构成非法占用农用地罪。

（4）对于多次实施非法占用农用地行为依法应当追诉且未经处理的，则应当按照累计的数量、数额处罚。

第三节　项目建设与验收法律风险防范

风电、光伏等新能源项目与其他项目不同，其建设进度关系到项目的上网电价和电费收入，直接影响到项目的投资回报，因而突击抢建较为普遍。而且项目投资方中有很多是新进入该行业的中小企业，风险管控相对粗放，项目公司普遍对项目建设进度及能否及时并网发电比较关注，而对于项目建设和验收的其他方面则疏于管理，导致项目的工程招标和采购、合同管理、工程建设和验收以及工程款支付和结算等各方面存在法律风险。

一、工程招标和采购管理法律风险防范

风电、光伏项目投资主体多元，既有国有大型能源企业，也有相当一部分是民营中小企业。部分民营项目投资主体对国家招标投标法律规定理解不到位，认为民营投资项目无须履行招标投标程序，部分法定必须招标项目未履行招标投标程序，或未按要求履行招标投标程序即对外进行发包。即使项目投资主体为国有性质的，也存在未经批准即采用邀请招标，过分强调最低价中标，以及与中标人进行实质性谈判，未按照招标投标文件订立中标合同

等不合法、不规范的做法。最终可能导致项目对外发包的工程合同无效，即使合同有效，也会对工程合同的履行产生不利影响。

1. 风电、光伏项目属于法定必须招标项目范围

根据《中华人民共和国招标投标法》（以下简称《招标投标法》）第三条的规定，在我国境内进行大型基础设施、公用事业等关系社会公共利益、公众安全的项目，全部或者部分使用国有资金投资或者国家融资的项目以及使用国际组织或者外国政府贷款、援助资金的项目包括项目的勘察、设计、施工、监理以及与工程建设有关的重要设备、材料等的采购，必须进行招标。具体范围和规模标准，由国务院发展计划部门会同国务院有关部门制定，报国务院批准。

针对法定必须招标项目的范围，国家发展改革委发布并经国务院批准的《必须招标的工程项目规定》进行了细化，全部或者部分使用国有资金投资或者国家融资的项目包括：使用预算资金 200 万元人民币以上，并且该资金占投资额 10%以上的项目；使用国有企业事业单位资金，并且该资金占控股或者主导地位的项目。使用国际组织或者外国政府贷款、援助资金的项目包括：使用世界银行、亚洲开发银行等国际组织贷款、援助资金的项目；使用外国政府及其机构贷款、援助资金的项目。即使风电、光伏项目大部分为民营企业投资的，不属于全部或者部分使用国有资金投资或者国家融资的项目和使用国际组织或者外国政府贷款、援助资金的项目，但根据国家发展改革委发布并经国务院批准的《必须招标的基础设施和公用事业项目范围规定》（发改法规规〔2018〕843 号）的规定，风电、光伏项目为电力、新能源等能源基础设施项目，属于大型基础设施、公用事业等关系社会公共利益、公众安全的项目，达到法定规模标准的，仍属于法定必须招标项目。

对于法定必须招标项目的规模，根据《必须招标的工程项目规定》的规定，项目规模达到下列标准之一的，属于法定必须招标项目：（一）施工单项合同估算价在400万元人民币以上；（二）重要设备、材料等货物的采购，单项合同估算价在200万元人民币以上；（三）勘察、设计、监理等服务的采购，单项合同估算价在100万元人民币以上。如果同一项目中合并进行的勘察、设计、施工、监理以及与工程建设有关的重要设备、材料等的采购，合同估算价合计达到上述规定标准的，也必须招标。分包项目为暂估价的，达到上述规模标准的，也必须招标。

如风电、光伏项目采用工程总承包方式发包的，参考《房屋建筑和市政基础设施项目工程总承包管理办法》（建市规〔2019〕12号）第八条的规定，工程总承包项目范围内的设计、采购或者施工中，有任一项属于依法必须进行招标的项目范围且达到国家规定规模标准的，应当采用招标的方式选择工程总承包单位。

为此，风电、光伏项目无论是国有还是民营投资，只要达到法定规模标准的，均属于法定必须招标项目，项目的勘察设计、施工和重要设备、材料的采购，项目业主应依法进行招标。未达到法定规模标准的，项目业主可自行选择招标投标、竞争性谈判、询比价或单一来源采购等方式进行发包。

2. 招标项目应依法履行招标程序

我国招标方式分为公开招标和邀请招标，根据《中华人民共和国招标投标法实施条例》（以下简称《招标投标法实施条例》）第七条的规定，按照国家有关规定需要履行项目审批、核准手续的依法必须进行招标的项目，其招标范围、招标方式、招标组织形式应当报项目审批、核准部门审批、核准，项目审批、核准部门应当及时将审批、核准确定的招标范围、招标方式、招标组织形式通报有关行政监督部门。项目投资主体应按照项目审批、核准部门审批、核准确定的招标范围、招标方式、招标组织形式进行招标。如项目审批、核准部门未明确招标方式的，非国有资金占控股或者主导地位的依法必须进行招标的项目，项目投资主体可自行选择采用公开招标或邀请招标的方式进行工程招标采购。但根据《招标投标法实施条例》第八条的规定，国有资金占控股或者主导地位的依法必须进行招标的项目，应当公开招标，虽然该条同时还规定了可进行邀请招标的情形，但是否属于可进行邀请招标的情形，需由项目审批、核准部门或行政监督部门进行认定，除明确认定为可进行邀请招标的外，均应采用公开招标的方式进行工程招标。

根据《招标投标法》第六十六条规定，涉及国家安全、国家秘密、抢险救灾或者属于利用扶贫资金实行以工代赈、需要使用农民工等特殊情况，不适宜进行招标的项目，按照国家有关规定可以不进行招标。另外，根据《招标投标法实施条例》第九条的规定，有下列情形之一的，可以不进行招标：（一）需要采用不可替代的专利或者专有技术；（二）采购人依法能够自行建设、生产或者提供；（三）已通过招标方式选定的特许经营项目投资人依法能够自行建设、生产或者提供；（四）需要向原中标人采购工程、货物或者服务，否则将影响施工或者功能配套要求；（五）国家规定的其他特殊情形。对于风电、光伏项目，项目投资方为最大限度地控制投资和对项目进行管控，可能会选择由项目公司的母公司或关联公司负责建设项目，在这种情况下，项目实施主体不是作为采购人的项目公司，并不属于“采购人依法能够自行建设、生产或者提供”情形，采购人仍应当进行招标。

风电、光伏项目未经批准即采用邀请招标或不招标，根据《招标投标法》第四十九条和《招标投标法实施条例》第六十四条等规定，对于依法必须进行招标的项目而不招标的，招标人可能被责令限期改正，处项目合同金额5‰以上10‰以下的罚款；对于依法应当公开招标而采用邀请招标的，招标人可能被责令限期改正，处10万元以下的罚款，同时单位直接负责的主管人员和其他直接责任人员还可能被处分。

此外，根据《最高人民法院关于审理建设工程施工合同纠纷案件适用法律问题的解释》第一条的规定，建设工程必须进行招标而未招标的，所签订的工程合同无效。

3. 评标办法应科学合理，避免过分强调低价中标

根据我国现行招标投标法律法规的规定，评标方法包括经评审的最低投标价法、综合评估法或者法律、行政法规允许的其他评标方法。对于风电、光伏项目，招标人出于成本控制考虑，往往强调低价中标，采取的评标办法多为“经评审的最低价法”。作为应对，承包人或供货商可能会采取“低价中标、高价索赔”的报价策略以增加中标机会，在合同履行过程中通过索赔来调增合同价款。风电、光伏项目通常采用固定价格合同，投标人承担几乎所有的风险，一旦合同签订，低价中标的承包单位往往以各种理由提出索赔费用，否则就可能面临亏损的风险，同时以停工、缓工为要挟，迫使建设单位调增合同价款；如承包单位的调价要求最终被拒绝，承包单位还可能以延迟供货、降低货物或服务的质量来控制成本，容易导致合同履行过程中发生争议，造成合同履行困难，影响项目工期和工程质量，并最终导致建设单位经济损失。

招标人应根据招标项目特点采取不同的评标办法。对于具有通用技术、性能标准或者招标人对其技术、性能没有特殊要求的招标项目，可以采用经评审的最低投标价法。在采购成套设备或复杂工程时，如仅对报价进行比较，往往不能反映投标产品之间的性能差别、投标方案优劣，因此也就无法对投标文件作出合适的评价，无法选择最适合的投标人。在此情况下，应综合考虑投标报价以及技术指标等因素，采用综合评估法进行评标。

对于异常低价的投标，招标人或评标委员会可书面要求投标人出具报价不低于成本的书面说明，避免出现投标人为中标而低于成本价进行投标的行为，同时还应注意投标人低价中标后违约的风险，在合同中约定相应的违约责任。

4. 规范招标行为，不得实施多轮竞价、实质性谈判等不规范行为

根据《招标投标法》《招标投标法实施条例》的规定，招标人的招标行为和投标人的投标行为应依法进行，不得实施与法律法规相悖的招标投标行为。同时《招标投标法实施条例》第五十七条规定，招标人和中标人应当依法签订书面中标合同，中标合同的标的、价款、质量、履行期限等主要条款应当与招标文件和中标人的投标文件内容一致，招标人和中标人不得再行订立背离合同实质性内容的其他协议。但实践中，招标人为最大限度地压低合同价格，在招标过程中进行多轮竞价，或为使投标人作出让利，招标人、中标人就价格、工期、质量等实质性内容进行谈判，并订立背离招标文件、投标文件实质性内容的协议的不规范行为也时有发生。

多轮竞价、实质性谈判后所签订的合同，往往合同价格较低，在合同履行过程中，可能导致承包人合同履约困难，承包人会以各种理由进行费用索赔，同时以停工、缓工为要挟，形成工程结算纠纷等隐患。如发承包双方就工程款结算发生纠纷后，发包人的压价行为还存在因违反法律强制性规定而无效，仍需要以承包人的投标价进行结算的风险。

招标人与中标人进行工期、价格等实质性谈判，不按照招标投标文件订立合同的，还可能被处以行政处罚。根据《招标投标法实施条例》第七十五条的规定，可由行政监督部门责令改正，并可处中标项目金额5‰以上10‰以下的罚款。

5. 招标人应提供充分和准确的报价基础资料

根据《建设工程工程量清单计价规范》GB 50500 - 2013 的规定，全部使用国有资金投资或国有资金投资为主的工程建设项目，施工项目的招标必须采用工程量清单计价。采用工程量清单方式招标，工程量清单必须作为招标文件的组成部分，其准确性和完整性由招标人负责。招标文件中的工程量清单标明的工程量是投标人投标报价的基础，竣工结算的工程量按发承包双方在合同中约定应予计量且实际完成的工程量确定。

风电、光伏项目工期通常较紧，且项目在实施过程中容易发生变更，招标时往往无施工图纸，招标人编制准确的工程量清单难度较大。相对于招标人，投标人的报价经验更丰富，如果招标人编制的工程量清单不准确，可能被投标人利用进行不平衡报价，从而导致最终结算价格被抬高，招标人利益受到损害。另外，如果发包人提供的工程量清单不准确，即使合同约定采用固定总价结算的，该固定总价通常也仅限于发包人提供的工程量清单内的工程量，工程量清单数量以外的工程量，承包人还有权要求发包人另行支付费用。

风电、光伏项目工程总承包项目招标，通常采用固定价格合同，而投标人准确报价的前提条件是招标人能提供充分和准确的报价基础资料。参照《房屋建筑和市政基础设施项目工程总承包管理办法》第九条的规定，招标人在招标文件中应提供明确的发包人要求，需列明项目的目标、范围、设计和其他技术标准，包括对项目的内容、范围、规模、标准、功能、质量、安全、节约能源、生态环境保护、工期、验收等的明确要求，并明确发包人应提供的资料和条件，包括发包前完成的水文地质、工程地质、地形等勘察资料，以及可行性研究报告、方案设计文件或者初步设计文件等。如发包人未提供前述资料，可能导致承包人的投标报价缺乏报价基础，容易导致合同履行过程中发生争议。

实践中，中标合同签订后，在履行过程中承包人往往以项目发生变更或工程量增加等为由，主张对合同价格进行调增，双方可能因报价基础资料不完备或不准确而对项目是否发生变更产生争议，进而无法对合同价款是否应调整达成一致意见。为减少此类纠纷，发包人在招标时应明确项目需求，并确保提供的项目基础资料充分和准确，以便发承包双方能准确判断项目的工作内容，以及在实施过程中是否发生变更。

二、工程合同管理法律风险防范

合同管理是项目建设的重要组成部分，风电、光伏项目的建设需对外签订众多工程相关的设计、设备材料采购和工程施工等合同。合同当事人需关注合同相对方主体是否适格，合同工作范围、合同工期、质量、价款以及双方的其他权利义务的约定是否完善，以及合同文件和资料的管理等内容。如合同管理不到位、不规范，将引发诸多的法律风险。为有效地避免合同纠纷，合同各方当事人应做好合同管理法律风险的防范工作。

1. 承包人应具备法定的资质条件

根据《建筑法》《建设工程质量管理条例》的规定，风电、光伏项目的设计单位和施工单位应分别具有与工程规模相适应的设计和施工资质。

如风电、光伏项目采用工程总承包方式发包的，根据《关于培育发展工程总承包和工程项目管理企业的指导意见》(建市〔2003〕30 号）的规定，工程总承包单位应具有工程勘察、设计或施工总承包资质。此后《住房城乡建设部关于进一步推进工程总承包发展的若干意见》(建市〔2016〕93 号）又明确工程总承包单位应具有工程设计资质或者施工资质，将工程勘察资质排除在工程总承包资质之外。但《房屋建筑和市政基础设施项目工程总承包管理办法》对工程总承包单位的资质条件进行了调整，该办法第十条规定，工程总承包单位应当同时具有与工程规模相适应的工程设计资质和施工资质，或者由具有相应资质的设计单位和施工单位组成联合体。这就意味着，如果类似的要求在各行业全面施行，仅具有施工资质或设计资质的企业可能将无法单独承接风电、光伏项目的 EPC 工程总承包业务。

招标人应确保项目设计、施工或工程总承包合同的承包人具有法定的资质条件，如项目承包人不具有法定资质条件，存在借用资质、未取得资质或者超越资质等级的情形的，依据《最高人民法院关于审理建设工程施工合同纠纷案件适用法律问题的解释》第一条的规定，所签订的工程合同无效。

2. 对合同相对方资信和履约能力进行调查

风电、光伏等新能源项目，特别是光伏项目，技术难度不大，同时项目投资主体对建设成本考量较多，中小企业的市场份额较大。对于中小企业，特别是首次合作的合同相对方，无法准确知晓其履约能力。而合同相对方具有合同所需的履约能力是合同得到适格履行的前提条件。建议合同主体在签约之前，自行通过适当的法律、财务尽职调查，对合同相对方的资信和履约能力进行核查。对于履行期限长、金额大等容易产生争议的合同，建议在签约前委托专业的律师、会计师对合同相对方进行专项尽职调查。

在尽职调查过程中，需特别注意合同相对方是否存在重大诉讼纠纷或严重违法失信情况。具体可通过中国裁判文书网（http://wenshu.court.gov.cn）等官方网站，以及无讼案例（http://itslaw.com）等第三方平台检索合同相对方的涉诉信息；通过中国执行信息公开网（http://zxgk.court.gov.cn）、信用中国（https://www.creditchina.gov.cn）等网站检索合同相对方的执行失信、行政处罚等情况。

若合同相对方存在严重失信情况，建议终止或谨慎交易；若存在部分涉诉信息，多为原告且金额不大，在总体风险可控的情况下通常仍可缔约，但承包人需谨慎垫资，发包人需严格控制付款进度，并可再要求合同相对方提供适当的担保措施。

3. 明确约定合同权利义务等内容

合同各方当事人应当遵循公平、合理原则确定各方的权利和义务，合同权利义务确定并生效后，对当事人具有法律约束力，当事人各方均应当遵循诚实信用原则适格履行。风电、光伏项目工程合同发承包双方的主要合同义务分别为根据合同约定完成价款支付和工程建设，为此需约定工作范围、价款结算和支付以及双方的其他权利义务。风电、光伏项目情况各异，通常工期要求较紧、在实施过程中还容易发生变更，导致合同约定内容无法完全适应工程的实际情况，容易在合同履行过程中产生争议。

风电、光伏项目通常采用固定价格合同，具体可分为固定总价合同和固定单价合同，为避免发生纠纷，应明确约定合同的工作范围和风险范围。

对于固定总价合同，如果承包范围不变，则合同总价不予调整，但如果实际施工范围超出约定承包范围，仍应调整合同价格。合同工作范围应当约定明确与具体，避免对固定总价所包含的工作内容发生争议，从而引发结算争议。对于承包人而言，应尽量在合同中避免出现“包括但不限于”“除……以外，全部由承包人负责”等内容，特别需明确约定发承包双方各自的工作范围，谨慎约定将政策处理、项目手续办理等工程承包以外的工作作为承包人的工作范围。

对于固定单价合同，一般采用综合单价模式，综合单价包含人工费、材料费、施工机具费、企业管理费和利润，以及部分风险费用。因此，合同中应明确综合单价包含的风险范围以及组价明细。如果没有约定风险范围或者风险范围约定不明，或未约定综合单价的组价明细，人机材价格调整后，发承包双方无法直接对综合单价进行调整，可能引发结算争议。同时，合同中应避免直接约定合同价格一律不予调整或类似内容，该类约定可能会因未约定明确的风险系数，或采用无限风险的表述，而被司法机关认为未约定风险，或约定的风险不合理，导致风险承担的约定无效。

此外，合同主体还应关注工期和进度、工程款支付、验收和结算、缺陷责任与保修、安全、健康、环境以及索赔和争议解决等条款是否完善。

4. 垫资承包项目和预收购项目合同的法律风险防控

新能源行业属于资金密集型行业，实践中部分风电、光伏项目的投资方因缺乏项目建设资金，会要求承包人垫资。一旦承包人大量垫资后，若发包人无力支付工程款且担保措施不足，可能导致承包人垫资难以全额收回，造成承包人垫资本金和利息的损失。即使承包人发现继续垫资存在巨大风险，但如中途解除合同，项目处于未完工状态，无法产生售电收益，承包人的垫资将更难以收回。本着能让发包人在项目完工且并网发电后能取得稳定的收益，以偿还承包人的垫资的目的，承包人只能选择不解除承包合同，继续垫资，但发包人无法偿还的垫资有可能随着垫资的增加而增加，导致风险进一步扩大。

垫资施工后，部分垫资项目的垫资本可以通过预收购方式进行融资获得清偿，但由于项目本身的问题或政策问题，导致预收购交易受阻，继而使得发包人无力向承包人支付款项。在实践中，项目投资方容易变现的资产通常优先抵质押给预收购方和融资机构，同时鉴于地位的不平等性，承包人一般又难以要求发包人提供担保，故发生违约时，在没有任何担保的情况下，发包人并无实际可供执行的财产，即便获得胜诉，亦难以回款，导致承包人的合法权益遭受极大的损害。

对于垫资项目，在项目开工前，承包人需要对发包人的资信进行全面调查，对于资信情况不佳的企业，应当要求发包人提供适格担保，包括但不限于其他公司的保证担保、房产、车辆、设备的抵押，股权、应收账款质押等，并且担保方式不能过于单一，同时优先选取容易变现的资产。垫资不利时应及时停工或采取其他措施主张权利。在垫资过程中实时监控发包人的资信情况，资信不良或担保情况变化时，适时要求追加担保增信，在项目建成后还可以合理行使建设工程优先受偿权。

5. 规范合同文件和工程资料管理

风电、光伏等新能源项目相对于传统能源电力项目，具有投资主体多样、项目周期短的特点。部分中小企业，特别是光伏项目的发承包方，对项目合同文件和工程资料签署、收发文、存档等管理不重视，未建立完整的合同文件和工程档案管理制度，文件档案管理工作较为混乱，部分项目在发生纠纷时，无法提供完整的文件档案材料。

首先，应确保合同相对方的签字人员已获得相应的授权。在合同有约定授权人员的情况下，需注意合同中约定的签字人员以及其授权权限。在合同未约定授权人员的情况下，要求合同相对方提供书面的授权文件，明确合同相对方的签字人员具有相应的权限，而且要求在授权人员发生变更后及时提交新的授权文件予以变更。

其次，建议各方配备资料档案专员，由专人负责工程档案资料的收集管理工作，做好档案的台账；建立完善的工程档案管理制度，明确档案收集、归档、借阅、移交等流程及权限，并在工程管理过程中严格执行，确保工程管理过程中的任何书面资料及时归档，特别是档案原件的保管和归档；并做好档案交接工作，发生人员调动或离职时，及时完成档案资料的交接工作，做好合同文件和工程资料的移交，移交中需特别关注移交资料原件的完备性。

6. 避免合同全部或部分无效

风电、光伏等新能源项目，如存在应招标未招标情况、承包人不具有法定资质条件、未办理建设工程规划许可证，合同实质性内容与招投标文件内容不一致，或存在其他违反法律法规强制性规定情形的，所签订的合同将全部或部分无效。

如合同部分无效的，根据《合同法》第五十六条的规定，不影响其他部分效力的，其他部分仍然有效。如合同全部无效的，《合同法》第五十八条明确规定，“合同无效或者被撤销后，因该合同取得的财产，应当予以返还；不能返还或者没有必要返还的，应当折价补偿。有过错的一方应当赔偿对方因此所受到的损失，双方都有过错的，应当各自承担相应的责任”。同时，依据《中华人民共和国担保法》规定，担保合同为从合同，如果主合同无效，担保合同均无效，担保人无过错的，将免于承担责任，即使担保人有过错的，其承担民事责任的部分，也不应超过债务人不能清偿部分的三分之一。对于垫资承包的风电、光伏项目的承包人，为确保垫资款的回款，要求发包人为主合同的履行提供相应担保的，一旦主合同无效，担保合同也无效，虽然承包人仍能参照合同约定向发包人主张所垫付的工程款，但垫资款债权将缺乏担保，导致回款困难。

实践中，还经常存在发承包双方签订合同的实质性内容与招投标文件内容不一致的情形。《最高人民法院关于审理建设工程施工合同纠纷案件适用法律问题的解释（二）》（法释〔2018〕20号）第十条规定："当事人签订的建设工程施工合同与招标文件、投标文件、中标通知书载明的工程范围、建设工期、工程质量、工程价款不一致，一方当事人请求将招标文件、投标文件、中标通知书作为结算工程价款的依据的，人民法院应予支持。"另行签署与招投标文件实质性内容不一致的合同，不能作为结算依据，当事人可请求将招标文件、投标文件、中标通知书作为结算工程价款的依据，容易产生结算争议。

三、工程建设和验收法律风险防范

风电、光伏项目具有工期任务紧、项目占地广、建设程序复杂、政策不确定性大、环境干扰因素多等特点，项目业主为转移风险，通常将项目以EPC工程总承包的方式发包给有经验的承包商，承包人负责项目的设计（E）、采购（P）及施工（C），直至通过试运行验收合格后，将项目移交业主方。但在建设过程中会受到许多未知因素的影响，且风电、光伏项目投资主体多样，大部分工程建设参与方风险管控意识较弱，导致项目从开工至竣工均可能面临各方面的法律风险，有必要采取有效措施对风险进行管理和控制。

1. 及时办理项目所需的手续

风电、光伏项目涉及的手续繁多，具体可分为项目开发手续和项目建设手续，如不及时办理，将使项目存在合规性风险。

项目开发手续主要有风电项目列入年度开发方案、光伏项目取得建设规模指标，项目备案/核准文件、用地预审和规划选址、水土保持、环境影响评价、用地批准、并网或其他用林（草）审批文件等。对于项目备案/核准文件、水土保持、用地预审和规划选址及并网手续等核准备案前置手续，涉及项目能否并网发电及取得电费，项目业主通常会根据要求进行办理。对于环境影响评价、建设用地规划许可证（建设用地批准书）以及不动产权属证书等不影响项目发电的手续，项目业主普遍存在延迟办理或不办理的情形。

项目建设手续主要有施工许可证、建设工程规划许可证、建设工程规划验收、消防备案/验收等。建设工程应取得建设工程规划许可证，同时建设工程开工建设前还应取得建筑工程施工许可证，且取得建设工程规划许可证是取得建筑工程施工许可证的前提。项目建设完成后，还需要及时办理建设工程规划验收和消防备案/验收手续，通过规划验收是办理项目的不动产权属证书的前提。风电、光伏项目属于电力项目，因为主管部门行政职权划分的原因，建设主管部门对于电力项目的建设工程规划许可证和施工许可证的办理监管不足，实践中大量的风电、光伏项目未办理施工许可证和建设工程规划许可证就开工，存在工程被要求停工，以及被认定为违章建筑予以没收或拆除、处以罚款等行政处罚和施工合同被认定无效的风险。

虽然前述项目手续的法定办理主体通常为项目业主，但实践中也存在通过合同约定交由承包人负责项目手续办理的情形。为此，各方应根据合同约定或法律规定及时办理项目手续，确保项目手续齐全，前期未办理的，还应及时进行补办，避免影响到项目建设。

2. 强化对项目工期的管理

风电、光伏项目与其他电力项目相比，项目投资主体对项目的开工和/或并网时间更为关注，要求也更为苛刻。如工程管理不到位，造成工期延误的，不仅会引发承包人的工期索赔及业主的发电量损失的反索赔，还可能会导致项目无法取得预期的上网电价，给项目业主造成巨大的电费损失，甚至导致整个项目达不到预期的投资回报率，预收购方终止预约收购，或项目投资方终止整个项目。

近年来，我国风电、光伏发电持续快速发展，技术水平不断提升，成本已显著降低，风电、光伏指导/标杆电价持续下调。在目前国家大力推动风电、光伏竞价/平价上网的情形下，如果项目未能在核准有效期内开工或规定的并网时间内并网，项目是否能够顺利锁定电价将存在极大的不确定性。

对于风电项目，根据《企业投资项目核准和备案管理条例》《企业投资项目核准和备案管理办法》的规定，应在 2 年核准期内开工建设，否则不得执行该核准期内对应的标杆电价，甚至会导致核准文件失效，无法获得补贴。对于陆上风电项目，根据《国家发展改革委关于完善风电上网电价政策的通知》（发改价格〔2019〕882 号）的规定，2018 年底之前核准的存量项目，需要在 2020 年底前完成并网，2019 年 1 月 1 日至 2020 年底前核准的新增项目，需要在 2021 年底前完成并网，否则国家不再补贴。对于海上风电项目，根据《国家发展改革委关于完善风电上网电价政策的通知》（发改价格〔2019〕882 号）和《关于促进非水可再生能源发电健康发展的若干意见》（财建〔2020〕4 号）的规定，存量海上风电项目需要在 2021 年底前全部机组完成并网，否则国家不再补贴。

对于光伏项目，根据《国家能源局关于 2019 年风电、光伏发电项目建设有关事项的通知》（国能发新能〔2019〕49 号）的规定，即使取得建设规模指标，仍应在申报的预计投产时间所在的季度末之前全容量建成并网，逾期未建成并网的，每逾期一个季度并网电价补贴降低 0.01 元/kW·h，在申报投产所在季度后两个季度内仍未建成并网的，取消项目补贴资格。

为此，风电项目的开工时间和并网时间，光伏项目的并网时间对项目能否取得预期上网电价至关重要。项目各方主体在项目建设过程中对项目开工、建设进度和并网时间要严格把控，确保项目能尽早开工、尽早并网，以便能取得核准/备案文件和政府发布的电价文件规定的预期电价。

3. 强化对工程质量和验收的管控

风电、光伏等新能源项目，如果缺乏对工程质量和验收的管理，不仅会导致项目出现质量问题，增加项目修复、返工费用及项目建设成本，还将影响项目的发电效率，降低整个项目的投资回报率，而且还会导致出现质量问题后对责任难以界定，影响后续的质量索赔。

首先，项目各方主体需对到货的设备材料在合同约定的检验期内进行检验，如合同未约定检验期的，应及时进行检验，检验后如有质量问题，应在合同约定的异议期内或及时提出异议。部分项目业主为控制项目质量，会指定主要设备材料的品牌和供应商，甚至自行采购或提供主要设备材料。对于发包人的甲供设备材料，参建各方往往疏于检验，未经检验就在工程项目中使用，使用后如发生质量问题，可能无法界定是甲供设备材料自身的质量问题还是承包人违规或野蛮施工导致设备材料损坏，从而引发质量争议。其次，项目建设过程中，项目业主应委托监理单位及时对每个分部分项工程和隐蔽工程进行中间验收，如存在质量问题，应及时要求承包人修复。再次，在项目建成后，还需要对项目进行试运行和验收，确保其发电效率等主要性能参数满足合同约定，项目经建设单位、施工单位、设计单位、监理单位等参建主体竣工验收合格后，方能投入使用，避免未经验收擅自使用。最后，建设项目中环境保护、水土保持、防洪等设施，还需做到与主体工程同时设计、同时施工、同时投产使用，并严格按照经批准的环评报告、水土保持批复和洪水影响评价报告进行配套设施设计、建设和验收，经验收合格后，方能投入使用。

4. 强化对工程安健环的管理

风电、光伏等新能源项目，特别是风电项目，通常项目地理位置较偏远、地质条件较复杂、施工条件恶劣、交通运输条件差，项目各方主体应根据《中华人民共和国安全生产法》《建设工程安全生产管理条例》《环境保护法》等法律法规，强化对项目安全生产、职业健康和环境保护的管理，落实相关责任制度，避免发生安全生产和环境污染事故。

在安全生产管理方面，首先，应配置充足的安全管理人员，并确保安全管理人员需取得相应的安全生产管理资格，对项目建设过程中的安全生产事项进行监督管理，特别需避免迟报、漏报、谎报或瞒报安全生产事故。其次，项目安全文明施工措施费应单独计列，单独支付，及时足额向承包人或分包人支付，避免安全文明施工措施费不足无法落实相应的措施，导致发生安全生产事故。最后，发包人、承包人、分包人、监理单位、设计单位如存在合同关系的，应签订安全生产协议，明确各方的安全生产责任及违反安全生产责任的违约责任。

在环境保护管理方面，风电、光伏等项目需要进行土方开挖可能造成水土流失，风电项目风机工作时可能会产生噪声，对环境造成影响。为此，项目业主应根据《环境影响评价法》《水土保持法》等法律法规的规定，依法办理环境影响评价、水土保持方案的批复，明确项目需采取的环境保护措施和水土保持措施，并确保承包人按照前述批复意见落实相应的环境保护措施和水土保持措施，避免发生环境污染和水土流失事件。

5. 强化对工程分包商的管控

风电、光伏等新能源项目，违法转分包的情形较为普遍，项目业主除选定具有相应资质的承包人，确保承包人具有建设项目的能力外，还需要对承包人的分包行为进行管控，承包人的分包行为，特别是分包商的选择，需获得发包人的认可，避免转包和违法分包影响到项目建设。

承包人转包或违法分包往往会产生工程质量和安全隐患，而根据《建筑法》《建设工程质量管理条例》的规定，承包人需和转分包人就工程质量对项目业主承担连带责任，根据《建设工程安全生产管理条例》的规定，建设工程实行施工总承包的，由总承包单位对施工现场的安全生产负总责。根据《最高人民法院关于审理建设工程施工合同纠纷案件适用法律问题的解释》第四条的规定，非法转包和违法分包合同为无效合同，承包人在向发包人承担赔偿责任后，可能无法依据转分包合同向转分包人进行索赔。同时，根据《最高人民法院关于审理建设工程施工合同纠纷案件适用法律问题的解释》第二十六条的规定，转分包人为实际施工人，可突破合同相对性，直接起诉项目业主，增加项目业主被诉的风险。

承包人转分包后，特别是层层转分包的情形下，容易引发工程款拖欠，导致农民工欠薪而围堵政府部门、项目业主，发生群体事件，影响工程进度。另外，根据2020年5月1日起施行的《保障农民工工资支付条例》第二十九条、第三十条的规定，如果转分包人未足额支付农民工工资的，由承包人先行清偿，再依法进行追偿，承包人存在工程款超付的风险，同时项目业主还应以未结清的工程款为限先行垫付被拖欠的农民工工资。

四、工程款支付和结算法律风险防范

风电、光伏等新能源项目是资金密集型项目，项目业主的融资能力是决定工程款能否及时支付的重要因素，融资能力不足加上项目可再生能源补贴资金拖欠严重，导致工程款拖欠较为普遍，常常需要工程承包商进行垫资。为解决项目业主融资能力不足的问题，部分项目通过预收购的方式，先行签订预约收购协议，建成后再由收购方进行收购并负责支付承包人所垫付的工程款，预收购成功与否对工程付款至关重要。如果项目业主不能按时足额支付工程款，将影响承包人的资金周转，不仅会引起承包人的索赔，还会发生停窝工影响项目建设，导致项目无法在要求工期内并网发电，影响项目上网电价和电费收益。

无法及时完成结算是工程款拖欠的又一因素，部分项目业主在收到承包人提交的结算送审资料后，拖延工程价款结算工作，甚至项目并网发电数年后仍未完成结算，造成工程结算款和质保款的拖延。风电、光伏项目较多采用 EPC 工程总承包的方式进行发包，且大部分项目采用固定总价或单位装机容量固定单价的方式进行计价，虽然合同价款结算相对于传统电力项目而言较为简单，但如果合同的结算条款约定不明，或者固定总价合同中途解除的情况下，也易引发结算纠纷。

工程价款支付和结算通常是最容易发生争议的环节，无论对于发包人还是承包人，均需要高度重视有关法律风险防范工作。

1. 加强工程款支付的风险管理

工程合同签订后，发包人应依据合同约定的支付进度和支付方式向承包人支付工程款，具体可以采用按时间支付、按进度支付、按里程碑节点支付等方式。

通常来说，工程合同应明确约定发包人工程款的付款时间、付款条件，确保发包人支付的工程款能覆盖承包人对下游供应商和分包商的付款。如果付款时间、付款条件约定不明确，则容易产生付款争议，发包人有可能借此拖延付款，还不利于承包人追究发包人的逾期付款责任。同时，工程合同还应明确约定发包人的支付方式，是现金、电汇还是承兑汇票等，避免因付款方式和贴息成本的承担发生争议。

对于承包人，首先应尽量约定发包人以现金或电汇的方式支付工程款，除非特殊情况，一般不宜接受商业承兑汇票作为付款方式；其次，如发包人逾期支付工程款的，应及时书面告知发包人，或通过工程例会对存在逾期付款的情况，以及逾期付款需承担的责任和会导致承包人停工的后果进行明确，并留存往来函件及会议纪要，作为发生争议后进行索赔或主张工期顺延的依据和证据；最后，如经多次催告后，发包人仍逾期付款的，承包人可视情况解除合同，并要求发包人赔偿损失。

2. 重视预收购失败后发包人无力付款的风险

因风电、光伏项目在核准/备案后并网前不得擅自变更投资主体的特殊性规定，部分项目采用预收购模式提前锁定收购方。承包人垫资施工后，其工程款本可以通过预收购方的融资或收购获得清偿，但由于项目本身的问题或政策问题，导致项目暂停或预收购交易受阻，继而使得发包人无力向承包人支付款项。实践中，鉴于地位的不平等性，发包人通常已将资产抵质押给预收购方或融资机构，承包人一般难以要求发包人提供担保，故发生违约时，在没有任何担保的情况下，发包人并无实际可供执行的财产，即便获得胜诉，亦难以回款，承包人的合法权益将遭受极大的损害。

针对上述风险，对于承包人，首先，在签约前应关注项目核准/备案及相关支持性文件的办理情况，确保项目具备开工条件或至少不存在颠覆性风险；其次，应对预收购方进行必要的尽职调查，确保预收购方具有良好的资金实力和行业背景，防止出现预收购方随意放弃项目收购的情况；最后，承包人还应密切关注项目的进展情况，特别是土地取得和融资等手续办理情况，一旦出现影响预收购的事宜，应及时采取减损措施，避免垫付资金随着项目的推进逐渐增多，造成损失进一步扩大。

3. 关注合同结算条款约定不明确的风险

工程经竣工验收合格后，发承包双方应及时依据工程合同约定进行结算，并支付工程结算款，但因工程合同结算条款约定不明确或不完善，可能导致双方无法及时完成结算，甚至引发工程款结算纠纷。

工程合同中应明确约定结算适用的计价标准和结算方式，对于约定的计价标准应当列明版本、发布主体等相关信息，防止产生歧义。如工程合同中未约定具体的计价标准，结算时无法确定是固定价格还是可调价格，或者虽然约定适用的定额，但未说明版本，将使得各方对于结算存在不同的理解，结算难以完成，继而产生结算争议，增加诉累。

工程合同中还应明确约定施工过程中发生合同范围外或设计变更的工程量的计价标准和结算方式。如工程合同未明确约定合同范围外工程或设计变更后工程价款结算方式，发包人可能以合同为固定总价为由，主张合同范围外或设计变更的工程量已包含在合同固定总价内，无须再另行支付工程款。同时，承包人也可能通过要求另行组价，或采取不平衡报价方式获得额外利益，使得发包人遭受损失。为避免纠纷，双方应及时通过工程变更单、签证单等方式对实际发生的合同范围外或设计变更的工程量的计价进行明确。

工程合同中还应明确约定工程结算流程。首先，约定工程竣工验收后，承包人提交结算报告的期限，承包人逾期提交结算报告的，应承担相应的违约责任。其次，约定发包人收到承包人的结算报告后的审核期限，逾期未审核的需承担相应的工程款利息，避免发包人的结算审核久拖不决。最后，需尽量避免合同中约定对己方明显不利的默示条款，如收到对方函件后约定期限内不回复视为同意等。

4. 关注固定总价合同中途解约的结算风险

如工程合同约定采用固定总价方式进行结算的，承包人完成合同约定的工作内容，应获得金额确定的工程价款，除发生合同约定的可予以调整的情形，合同结算价格通常不予调整。但如果工程合同中途解约后，承包人仅完成合同约定的部分工作内容，如何结算？实务中存在不同的结算方式，通常按照已完工程占整个工程的比例计算承包人应得到的工程款的比例，但整个工程的利润并非均匀分布，按此方式进行结算的结果可能对发承包一方不利。而且，如果合同未约定组价明细，且合同约定固定总价无法适用的，可能需根据定额和信息价按实结算，通常将对发包人不利。为避免出现此类情形，发承包双方可在缔约过程中明确约定组价明细，以及中途解约后已完工程的计价方式。

如非协商一致解约的，中途解约后，原承包人通常不会主动与发包人对已完工程界面和已完工程量进行确定，如果后续施工单位继续施工的，还将导致原承包人已完工程界面和已完工程量无法确定，无法完成合同结算工作，并影响后续施工单位的继续施工。为此，中途解约后，项目业主和监理单位应及时对承包人的已完工程量进行确认，作为结算的依据，原承包人已完工程量和工作界面确定后，方能通知后续施工单位进场，继续进行施工。

第三章
新能源项目投资并购法律风险管理

风电、光伏等新能源项目，受到国家政策的支持和鼓励，其中最主要的就是可再生能源项目的电价与补贴政策。在中央和地方政府的大力扶持下，风电、光伏产业蓬勃发展，装机总量不断提升。随着新能源行业的快速发展和技术的成熟，风电、光伏项目的补贴力度逐渐下降，最终将实现平价上网，这也引起了风电、光伏项目的并购热潮。目前许多中小型企业在平价上网的趋势下面临着巨大的资金压力，因此会选择将其所持有的电站项目公司的股权全部转让以实现退出或部分转让以寻求与实力相对较强的企业进行合作。

从目前的政策来看，风电行业在 2021 年底之前还将处于新一轮的抢装潮中，而光伏行业的新增装机容量可能会因补贴退坡而逐渐降低。随着平价上网政策的全面实施，风电、光伏项目都将逐步进入平稳发展期。在这种情况下，存量项目的并购将成为风电、光伏行业的主要发展趋势，行业内的龙头企业将更多依赖并购的方式获得装机容量的提升，尤其是一些实力雄厚的央企和地方国企将成为风电、光伏项目收购的主力军。之前因行业补贴等原因进入风电、光伏市场的中小型企业，一方面受到平价上网趋势及国家补贴无法及时兑付的影响，另一方面因自身专业经营能力不足，运营的现金流压力较大，未来将逐步退出。风电、光伏市场将逐步从增量市场向交易市场发展，从而进一步提升风电、光伏行业集中度。

在风电、光伏等新能源项目并购过程中，充分了解行业法规与政策的变化，尤其是电价与补贴政策，聘请专业的法律机构开展尽职调查，以及通过交易架构设计和合同条款安排有效规避法律风险，是新能源投资企业需要重点关注的问题。本章将结合我们多年来的新能源项目并购经验，就风电、光伏等新能源项目的电价与补贴政策、法律尽职调查以及并购合同要点等问题进行重点阐述。

第一节　新能源项目的电价与补贴政策

一、新能源项目电价与补贴政策概述

风电、光伏等新能源项目的电价与补贴是两个密切相关的概念，用公式表明即：风电、光伏项目电价＝当地脱硫燃煤机组标杆上网电价＋国家补贴＋地方补贴（如有）。以下将分别对风电、光伏项目的电价演变及补贴政策进行阐述。

（一）风电、光伏项目电价的演变

2009 年 7 月 20 日发布的《国家发展改革委关于完善风力发电上网电价政策的通知》（发改价格〔2009〕1906 号），确定了四类资源区的陆上风电标杆上网电价机制。2014 年 6 月 5 日发布的《国家发展改革委关于海上风电上网电价政策的通知》（发改价格〔2014〕1216 号），确定了海上风电标杆上网电价。为有效降低发电成本，推进风电产业尽快实现平价上网，2019 年 5 月 21 日发布的《国家发展改革委关于完善风电上网电价政策的通知》（发改价格〔2019〕882 号），将风电标杆上网电价调整为指导价。

光伏发电标杆上网电价的制定始于2011年7月24日发布的《国家发展改革委关于完善太阳能光伏发电上网电价政策的通知》（发改价格〔2011〕1594号）。2019年4月28日发布的《国家发展改革委关于完善光伏发电上网电价机制有关问题的通知》（发改价格〔2019〕761号），使持续多年的地面光伏电站标杆上网电价被市场化竞价制度下的指导价取代。

上述风电项目与光伏项目的电价演变过程涉及两个重要概念，即标杆上网电价及指导价。上网电价是指电网公司购买发电企业的电力和电量，在发电企业接入主网架时点的计量价格，而标杆上网电价和指导价属于上网电价的两种形式。

1. 标杆上网电价

标杆上网电价是为推进电价市场化改革，国家在经营期电价的基础上，对新建发电项目实行按区域或省平均成本统一定价的电价政策。2005年发布的《国家发展改革委关于印发电价改革实施办法的通知》（发改价格〔2005〕514号）中，附件一《上网电价管理暂行办法》第八条规定，在竞价上网前，除政府招标确定上网电价和新能源的发电企业外，同一地区新建设的发电机组上网电价实行同一价格，并事先向社会公布；原来已经定价的发电企业上网电价逐步统一。其中“同一价格”就是标杆上网电价。

风电、光伏项目的标杆上网电价与燃煤机组标杆上网电价密切相关，在风电、光伏的上网电价结构中，煤电标杆上网电价占据了重要地位。2006年1月4日国家发展改革委印发的《可再生能源发电价格和费用分摊管理试行办法》（发改价格〔2006〕7号）中规定：可再生能源发电项目上网电价高于当地脱硫燃煤机组标杆上网电价的部分、国家投资或补贴建设的公共可再生能源独立电力系统运行维护费用高于当地省级电网平均销售电价的部分，以及可再生能源发电项目接网费用等，通过向电力用户征收电价附加的方式解决。即上网电价在当地脱硫燃煤机组标杆上网电价以内的部分，由当地省级电网负担；高出部分，通过全国征收的可再生能源电价附加分摊解决。

2. 指导电价

2019年，风电、光伏项目的上网电价均由标杆价改变为指导价，指导价作为企业申报上网电价的上限，为风电、光伏项目竞争配置开展提供了依据。即通过竞价确定的电价不能高于当地资源区指导价，这为风电、光伏行业竞争设置了“天花板”，即指导电价是将来风电、光伏项目竞价的最高限价。

与指导价伴随而出的便是竞争配置制度，从2019年起，风电、光伏项目实行竞争性配置，各省根据竞争要素（包括但不限于企业能力、设备先进性、技术方案和申报电价等）自行制定竞争配置办法，并特别强调应将上网电价作为重要竞争条件，优先建设补贴强度低、退坡力度大的项目。申报电价评分权重不低于40%，是竞争要素中分数权重最大的一项，自然也是决定项目能否中标的关键，因此申报的上网电价越低，越有可能竞争成功，这也是风电、光伏项目平价（即与当地脱硫燃煤机组标杆上网电价持平）上网的一个过渡期。

（二）风电、光伏项目补贴的机理与分类

风电、光伏项目的补贴与其电价密切相关，风电、光伏项目的上网电价高出当地脱硫燃煤机组标杆上网电价的部分，由国家可再生能源发展基金进行补贴。除了国家补贴外，各地方政府也会根据当地政策对风电、光伏项目进行适当补贴。

1. 风电、光伏项目补贴的机理

在新兴产业发展初期，政府部门出台一些政策，用于培育市场，并给予一定补贴以激发市场活力，达到快速降低成本、扩大产业规模的目的，待产业发展成熟后再逐步取消补贴。目前我国的光伏、风电产业政策是成功的，

如果没有前期的政策支持，光伏发电平价上网不可能这么快实现。发展清洁能源进而平价上网，对中国而言能够使能源结构更清洁健康，并助力全民生态环境的改善。另外补贴的设计是非常关键的，上网电价补贴，是补贴终端客户，而不是补贴设备和部件供应商，这些补贴带动了产业链的创新和降本，同时使得我国清洁能源成本快速降低，以煤为主的能源结构有所改善，生态环境效益开始显现。

风电、光伏项目的补贴依据来源于《可再生能源法》，其中第二十条规定：可再生能源发电项目的上网电价高于按照常规能源发电平均上网电价计算所发生费用之间的差额，由在全国范围对销售电量征收可再生能源电价附加补偿。第二十四条规定：国家财政设立可再生能源发展基金，资金来源包括国家财政年度安排的专项资金和依法征收的可再生能源电价附加收入等。根据前述规定可以看出，风电、光伏项目的补贴来自国家可再生能源发展基金，基金由财政年度预算内安排的专项资金和全国范围征收的可再生能源电价附加两部分组成，并统筹用于补贴可再生能源价格与常规能源电价的差额以及其他领域。

可再生能源发展基金的构成及用途如图 3－1 所示。

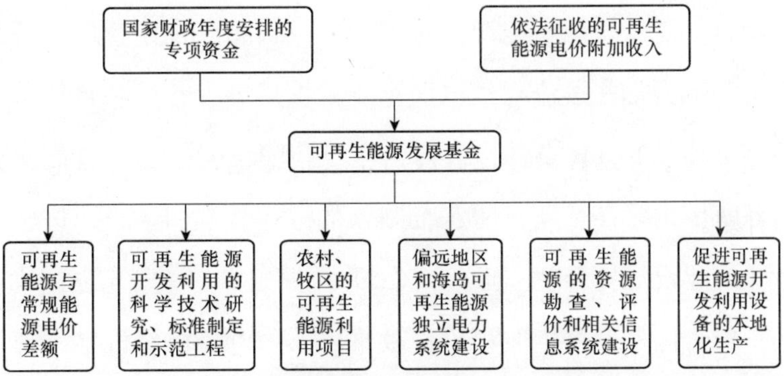

图 3-1　可再生能源发展基金的构成及用途

2. 风电、光伏项目补贴的分类

（1）国家补贴

风电、光伏项目要想获得国家补贴则需要履行一定的程序，在项目进入可再生能源补贴目录后，风电、光伏项目方能获得可再生能源电价补贴。根据《可再生能源电价附加补助资金管理暂行办法》的规定，目前可再生能源补贴目录共有七批，第一批可再生能源补贴目录于 2012 年 6 月 12 日公布，第七批可再生能源补贴目录于 2018 年 6 月 11 日公布。截至目前，国家补贴的发放情况并不理想，补贴拖欠已经成为制约风电、光伏行业发展的重要问题。

随着财政部、国家发展改革委、国家能源局于 2020 年 1 月 20 日印发的《可再生能源电价附加补助资金管理办法》的出台，《可再生能源电价附加补助资金管理暂行办法》被废止。《可再生能源电价附加补助资金管理办法》对新增项目与存量项目的补贴分别进行了规定：对于新增项目，由财政部根据补助资金年度增收水平、技术进步和行业发展等情况，合理确定补助资金当年支持的新增可再生能源发电项目补贴总额，国家发展改革委、国家能源局根据可再生能源发展规划、技术进步等情况，在不超过财政部确定的年度新增补贴总额内，合理确定各类需补贴的可再生能源发电项目新增装机规模；对于存量项目，需符合国家能源主管部门要求，按照规模管理的需纳入年度建设规模管理范围，并按流程经电网企业审核后纳入补助项目清单。而纳入补助项目清单项目的具体条件包括：（一）新增项目需纳入当年可再生能源发电补贴总额范围内；存量项目需符合国家能源主管部门要求，按照规模管理的需纳入年度建设规模管理范围内。（二）按照国家有关规定已完成审批、核准或备案；符合国家可再生能源价格政策，上网电价已经价格主管部门审核批复。（三）全部机组并网时间符合补助要求。（四）相关审批、核准、备案和并网要件经国家可再生能源信息管理平台审核通过。

（2）地方补贴

对于风电、光伏项目，除国家进行补贴外，各省级政府乃至市县级政府也会根据各地情况对其进行一定的补贴。如浙江省物价局等部门于2014年7月21日下发的《关于进一步明确光伏发电价格政策等事项的通知》（浙价资〔2014〕179号）规定：对分布式光伏发电实行按照全电量补贴的政策，电价补贴标准为0.42元/kW·h，通过可再生能源发展基金予以支付，由电网企业转付；符合《浙江省人民政府关于进一步加快光伏应用促进产业健康发展的实施意见》（浙政发〔2013〕49号）文件规定，获得国家可再生能源发展基金补贴的光伏发电项目，省再补贴0.10元/kW·h。2014年5月20日发布的《湖州市人民政府办公室关于印发鼓励支持光伏应用促进产业健康发展若干意见及三年行动方案的通知》（湖政办发〔2014〕53号）规定：加大电价补贴支持力度，在湖州市区注册的光伏发电企业，在市域内新建光伏发电项目，根据项目建成后的实际发电效果，除按政策享受国家、省有关补贴外，再按其实际发电量给予项目主营企业0.18元/kW·h的补贴。

然而，在风电、光伏项目平价上网的趋势下，地方补贴与国家补贴一样也将逐渐取消。如2017年9月18日发布的《山东省物价局关于2017年二季度风力光伏发电项目电价补贴的通知》（鲁价格一发〔2017〕87号）规定：风力、光伏发电项目省级电价补贴至2017年6月30日。2019年5月21日发布的《国家发展改革委关于完善风电上网电价政策的通知》（发改价格〔2019〕882号）规定：2018年底之前核准的陆上风电项目，2020年底前仍未完成并网的，国家不再补贴；2019年1月1日至2020年底前核准的陆上风电项目，2021年底前仍未完成并网的，国家不再补贴。自2021年1月1日开始，新核准的陆上风电项目全面实现平价上网，国家不再补贴。这些政策规定均明确了国家及各地方政府对风电、光伏项目平价上网的支持态度。

二、风电项目的电价与补贴政策

（一）风电项目电价的发展阶段

我国风电项目电价的发展历程经历了多个阶段，依次是审批电价阶段、招标和审批电价并存阶段、招标与核准阶段、固定标杆电价阶段和指导电价与平价电价上网阶段。

1. 1998—2003 年的审批电价阶段。这一阶段的上网电价由各地价格主管部门批准，报中央政府备案，由于各地情况不同，因此这一阶段的风电项目价格高低不同。

2. 2003—2005 年的招标和审批电价并存阶段。这是风电电价的“双轨制”阶段。由于这一阶段开启了风电项目特许权招标，出现了招标电价和审批电价并存的局面。2003 年国家发展改革委组织了第一期全国风电特许权项目招标，将竞争机制引入风电场开发，以市场化方式确定风电上网电价。而在省（区）项目审批范围内的项目，仍采用的是审批电价的方式。

3. 2006—2009 年的招标与核准阶段。2006 年，国家发展改革委提出风力发电项目的上网电价实施政府指导价，电价标准由国务院电价主管部门按照招标形成的电价确定。按照此法根据省级风电项目招标中标的电价为参考，确定了省内核准的上网电价，各省均不相同。

4. 2009—2018 年的固定标杆电价阶段。随着《国家发展改革委关于完善风力发电上网电价政策的通知》（发改价格〔2009〕1906 号）的出台，风电电价按照全国四类风能资源区制定相应的风电标杆上网电价。须注意的是，直至 2017 年，海上风电项目尚处于固定标杆电价与招标电价并存的阶段。

5. 2019 年起的指导电价与平价电价上网阶段。随着《国家发展改革委关于完善风电上网电价政策的通知》（发改价格〔2019〕882 号）的出台，风电项目标杆上网电价调整为指导价，作为企业申报上网电价的上限，为风电项目竞争性配置开展提供依据，并进一步降低了风电项目指导价格，确定了平价上网的节奏和日程。

（二）风电项目电价与补贴政策的变化历程

1. 陆上风电项目电价与补贴政策的变化历程

（1）2003 年 9 月 30 日发布的《国家发展改革委关于印发风电特许权项目前期工作管理办法及有关技术规定的通知》（发改能源〔2003〕1403 号），确立了风电项目特许权招标。风电特许权是指由风力资源区所在地政府或其授权公司，在对风力资源初步勘测基础上，划定一块有商业开发价值、可安装适当规模风力发电机组的风力资源区，通过招标选择业主，中标业主应按特许权协议的规定承担项目的投资、建设和经营的所有投资和风险。在特许期间，业主拥有项目的所有权和经营权，政府承诺收购该项目利用风力发出的所有电能，由所在地电网管理部门与开发商签署期限不短于项目经营期的购电合同，电价由投标报价确定。特许期一般为 20～25 年，期满后，风电项目所有资产的所有权和使用权无偿移交给当地政府或指定代理人。

（2）2006 年 1 月 4 日，国家发展改革委下发了《可再生能源发电价格和费用分摊管理试行办法》（发改价格〔2006〕7 号），规定风力发电项目的上网电价实行政府指导价，电价标准由国务院价格主管部门按照招标形成的价格确定。部分省（区、市），如内蒙古、吉林、甘肃、福建等，组织了若干省级风电特许权项目的招标，并以中标电价为参考，确定省内其他风电场项目的核准电价。

（3）2009 年 7 月 20 日发布的《国家发展改革委关于完善风力发电上网电价政策的通知》（发改价格〔2009〕1906 号），对风力发电上网电价政策进行了完善。通知规定分资源区制定陆上风电标杆上网电价，按风能资源状况和工程建设条件，决定将全国分为四类风能资源区，相应制定陆上风电标杆上网电价。陆上风电标杆上网电价对应的Ⅰ～Ⅳ类资源区分别为每 kW·h 0.51 元、0.54 元、0.58 元和 0.61 元。

(4) 2014 年 12 月 31 日发布的《国家发展改革委关于适当调整陆上风电标杆上网电价的通知》(发改价格〔2014〕3008 号)，规定对陆上风电继续实行分资源区标杆上网电价政策。将第Ⅰ类、Ⅱ类和Ⅲ类资源区风电标杆上网电价每 kW·h 降低 2 分钱，调整后的标杆上网电价分别为每 kW·h 0.49 元、0.52 元、0.56 元，第Ⅳ类资源区风电标杆上网电价维持现行每 kW·h 0.61 元。

(5) 2015 年 12 月 22 日发布的《国家发展改革委关于完善陆上风电 光伏发电上网标杆电价政策的通知》(发改价格〔2015〕3044 号) 规定，实行陆上风电上网标杆电价随发展规模逐步降低的价格政策。为使投资预期明确，陆上风电一并确定 2016 年和 2018 年标杆电价，调整后的 2016 年标杆上网电价对应的Ⅰ～Ⅳ类资源区分别为每 kW·h 0.47 元、0.50 元、0.54 元和 0.60 元；调整后的 2018 年标杆上网电价对应的Ⅰ～Ⅳ类资源区分别为每kW·h 0.44 元、0.47 元、0.51 元和 0.58 元。

(6) 2016 年 12 月 26 日发布的《国家发展改革委关于调整光伏发电陆上风电标杆上网电价的通知》(发改价格〔2016〕2729 号)，规定 2018 年 1 月 1 日以后核准并纳入财政补贴年度规模管理的Ⅰ～Ⅳ类资源区陆上风电项目上网电价分别为每 kW·h 0.40 元、0.45 元、0.49 元和 0.57 元。

(7) 2018 年 5 月 18 日发布的《国家能源局关于 2018 年度风电建设管理有关要求的通知》(国能发新能〔2018〕47 号)，明确要推行竞争方式配置风电项目并发布了 2018 年度风电项目竞争配置指导方案（试行）。该文件的发布开启了我国风电项目的竞争性资源配置模式，拉开了风电平价上网时代的序幕。

(8) 2019 年 5 月 21 日发布的《国家发展改革委关于完善风电上网电价政策的通知》(发改价格〔2019〕882 号)，明确将陆上风电标杆上网电价改为指导价。新核准的集中式陆上风电项目上网电价全部通过竞争方式确定，不得高于项目所在资源区指导价。2019 年Ⅰ～Ⅳ类资源区符合规划、纳入财政补贴年度规模管理的新核准陆上风电指导价分别调整为每 kW·h 0.34 元、0.39 元、0.43 元、0.52 元；2020 年指导价分别调整为每 kW·h 0.29 元、0.34 元、0.38 元、0.47 元。该通知明确了陆上已经核准项目如何继续享受补贴电价的规定：2018 年底之前核准的陆上风电项目，2020 年底前仍未完成并网的，国家不再补贴，即项目有 2 年的建设周期；2019 年 1 月 1 日至 2020 年底前核准的陆上风电项目，2021 年底前仍未完成并网的，国家不再补贴，即项目有 1～2 年的建设周期。自 2021 年 1 月 1 日开始，新核准的陆上风电项目全面实现平价上网，国家不再补贴。

通过对上述陆上风电项目电价政策变化的梳理，可以看出分区域核定陆上风电项目电价的方法一直延续至今，但价格经历了多次变动，补贴逐年减少（见表 3-1）。对于风电上网电价水平的确定，主要是考虑项目的资源状况、技术水平、发电成本等因素，同时根据产业技术进步和成本下降情况，对上网电价实行定期评估和下调的补贴退坡机制。

表 3-1　分区域核定陆上风电项目电价变动情况

单位：元/(kW·h)（含税）

<table>
<tr><th rowspan="3">资源区</th><th colspan="7">核准年份和电价</th></tr>
<tr><th colspan="4">标杆价</th><th colspan="3">指导价</th></tr>
<tr><th>2009—2014 年</th><th>2015 年</th><th>2016—2017 年</th><th>2018 年</th><th>2019 年</th><th>2020 年</th><th>2021 年</th></tr>
<tr><td>Ⅰ类</td><td>0.51</td><td>0.49</td><td>0.47</td><td>0.40</td><td>0.34</td><td>0.29</td><td rowspan="4">平价上网</td></tr>
<tr><td>Ⅱ类</td><td>0.54</td><td>0.52</td><td>0.50</td><td>0.45</td><td>0.39</td><td>0.34</td></tr>
<tr><td>Ⅲ类</td><td>0.58</td><td>0.56</td><td>0.54</td><td>0.49</td><td>0.43</td><td>0.38</td></tr>
<tr><td>Ⅳ类</td><td>0.61</td><td>0.61</td><td>0.60</td><td>0.57</td><td>0.52</td><td>0.47</td></tr>
<tr><td>电价演变文件</td><td>发改价格〔2009〕1906 号</td><td>发改价格〔2014〕3008 号</td><td>发改价格〔2015〕3044 号</td><td>发改价格〔2016〕2729 号</td><td colspan="3">发改价格〔2019〕882 号</td></tr>
</table>

续表

备注	1. 2015 年 1 月 1 日前核准但 2016 年 1 月 1 日以后投运的项目，执行 2015 年电价。 2. 2016 年前核准但 2017 年底前仍未开工建设的项目，执行 2016 年电价。 3. 2018 年以前核准并纳入以前年份财政补贴规模管理的项目但 2019 年底前仍未开工建设的，执行 2018 年电价。 4. 2018 年以前核准但纳入 2018 年 1 月 1 日之后财政补贴年度规模管理的项目，执行 2018 年电价。 5. 2019 年 1 月 1 日至 2019 年 6 月 30 日核准，纳入财政补贴年度规模管理的项目执行 2018 年电价。 6. 2018 年底之前核准的项目，2020 年底前仍未完成并网的，国家不再补贴。 7. 2019 年 1 月 1 日至 2020 年底前核准的项目，2021 年底前仍未完成并网的，国家不再补贴。

2. 分散式风电项目电价与补贴政策的变化历程

分散式风电项目是指所产生电力可自用，也可上网且在配电系统平衡调节的风电项目。分散式风电项目的电价与补贴政策也经历了一定的变化。

(1) 2017 年 10 月 31 日发布的《国家发展改革委 国家能源局关于开展分布式发电市场化交易试点的通知》(发改能源〔2017〕1901 号) 规定，纳入分布式发电市场化交易试点的风力发电项目建成后自动纳入可再生能源发展基金补贴范围，按照全部发电量给予度电补贴，补贴标准按当地风电上网标杆电价与燃煤标杆电价（含脱硫、脱硝、除尘电价）相减确定并适度降低。对于分布式发电市场化交易的定义，该通知中也有所规定：分布式发电市场化交易的机制是分布式发电项目单位（含个人）与配电网内就近电力用户进行电力交易；电网企业（含社会资本投资增量配电网的企业）承担分布式发电的电力输送并配合有关电力交易机构组织分布式发电市场化交易，按政府核定的标准收取“过网费”。

(2) 2018 年 4 月 3 日，国家能源局发布了《分散式风电项目开发建设暂行管理办法》，明确规定分散式风电项目申请核准时可选择“自发自用、余电上网”或“全额上网”中的一种模式。自发自用部分电量不享受国家可再生能源发展基金补贴，上网电量由电网企业按照当地风电标杆上网电价收购，其中电网企业承担燃煤机组标杆上网电价部分，当地风电标杆上网电价与燃煤机组标杆上网电价差额部分由可再生能源发展基金补贴。对未严格按照技术要求建设的分散式风电项目，国家不予补贴。由于分散式风电的上网电价与当地风电标杆上网电价相同，此处不再赘述。

（3）2019 年 5 月 21 日发布的《国家发展改革委关于完善风电上网电价政策的通知》（发改价格〔2019〕882 号），并明确规定参与分布式市场化交易的分散式风电上网电价由发电企业与电力用户直接协商形成，不享受国家补贴。不参与分布式市场化交易的分散式风电项目，执行项目所在资源区指导价。

从上述电价政策的变化来看，分散式风电项目的补贴范围逐渐缩小，目前可依据陆上风电项目指导价获得相应补贴的项目仅限于不参与分布式市场化交易的分散式风电项目中的上网部分。

3. 海上风电项目电价与补贴政策的变化历程

除与前述陆上风电项目共同的电价变化历程外，海上风电还存在特殊的电价变化历程。

（1）2014 年 6 月 5 日发布的《国家发展改革委关于海上风电上网电价政策的通知》（发改价格〔2014〕1216 号），对海上风电项目电价的确定区分了非招标的海上风电项目与通过特许权招标等市场竞争方式确定的海上风电项目。

对非招标的海上风电项目，区分近海风电和潮间带风电两种类型确定上网电价。2017 年以前（不含 2017 年）投运的近海风电项目上网电价为每 kW · h 0.85 元，潮间带风电项目上网电价为每 kW · h 0.75 元，并鼓励通过特许权招标等市场竞争方式确定海上风电项目开发业主和上网电价。通过特许权招标确定业主的海上风电项目，其上网电价按照中标价格执行，但不得高于以上规定的同类项目上网电价水平。

(2) 2016 年 12 月 26 日发布的《国家发展改革委关于调整光伏发电陆上风电标杆上网电价的通知》(发改价格〔2016〕2729 号),对于海上风电项目电价的规定与《国家发展改革委关于海上风电上网电价政策的通知》(发改价格〔2014〕1216 号)基本相同,变动的地方有两处,一处是新发布的通知取消了对海上风电项目投运时间的限制,也就是说,对于非招标的海上风电项目来说,无论海上风电项目何时投运,其电价均按照近海风电项目标杆上网电价每 kW·h 0.85 元,潮间带风电项目标杆上网电价每 kW·h 0.75 元的标准执行。另一处是新发布的通知将"特许权招标"的表述变为"招标",即国家鼓励各地通过招标等市场竞争方式确定海上风电项目的上网电价,但通过市场竞争方式形成的价格不得高于国家规定的同类海上风电标杆上网电价。

(3) 2019 年 5 月 21 日发布的《国家发展改革委关于完善风电上网电价政策的通知》(发改价格〔2019〕882 号),明确将海上风电标杆上网电价改为指导价,新核准海上风电项目全部通过竞争方式确定上网电价。对于 2019 年符合规划、纳入财政补贴年度规模管理的新核准的近海风电指导价调整为每 kW·h 0.80 元,2020 年调整为每 kW·h 0.75 元。新核准近海风电项目通过竞争方式确定的上网电价,不得高于前述指导价。对于新核准的潮间带风电项目通过竞争方式确定的上网电价,不得高于项目所在资源区陆上风电指导价。

考虑到我国海上风电起步较晚、海上风电项目对质量要求更高、建设成本较高、建设周期长,目前尚不具备平价上网的能力,上述通知对 2018 年底前已核准的海上风电项目给予了 3 年的建设期,但并网要求比对陆上项目更加严格:对 2018 年底前已核准的海上风电项目,如在 2021 年底前全部机组完成并网的,执行核准时的上网电价;2022 年及以后全部机组完成并网的,执行并网年份的指导价。这就需要开发企业慎重投资、提高建设效率,从而引导海上风电科学合理投资,实现资源高效利用,促进行业优胜劣汰。

通过对上述海上风电项目电价政策变化的梳理，可以看出近海风电项目的上网电价调整幅度较小，这是考虑到我国海上风电资源条件有限，现阶段开发成本相对较高，为保障产业平稳发展，上网电价下调不宜过大。针对新核准的潮间带风电项目，较大幅度地下调了上网电价（见表 3-2）。从全国潮间带风电资源情况看，主要分布在江苏省，且目前无更多新建资源，主要是已并网的存量项目，对潮间带风电电价的调整符合未来我国海上风电的发展方向。

表 3-2 海上风电项目电价变动情况

单位：元/(kW·h)（含税）

<table>
<tr><td rowspan="3">类型</td><td colspan="5">核准年份和电价</td></tr>
<tr><td>标杆价</td><td colspan="4">指导价</td></tr>
<tr><td>2019 年之前</td><td colspan="2">2019 年</td><td colspan="2">2020 年</td></tr>
<tr><td>近海风电项目</td><td>0.85</td><td colspan="2">0.80</td><td colspan="2">0.75</td></tr>
<tr><td rowspan="5">潮间带风电项目</td><td rowspan="5">0.75</td><td colspan="4">资源区</td></tr>
<tr><td>Ⅰ类</td><td>0.34</td><td>Ⅰ类</td><td>0.29</td></tr>
<tr><td>Ⅱ类</td><td>0.39</td><td>Ⅱ类</td><td>0.34</td></tr>
<tr><td>Ⅲ类</td><td>0.43</td><td>Ⅲ类</td><td>0.38</td></tr>
<tr><td>Ⅳ类</td><td>0.52</td><td>Ⅳ类</td><td>0.47</td></tr>
<tr><td>电价演变文件</td><td>发改价格〔2014〕1216 号
发改价格〔2016〕2729 号</td><td colspan="4">发改价格〔2019〕882 号</td></tr>
<tr><td>备注</td><td colspan="5">1. 2019 年 7 月 1 日起新核准的近海风电项目通过竞争方式确定的上网电价，不得高于上述指导价。
2. 2019 年 7 月 1 日起新核准的潮间带风电项目通过竞争方式确定的上网电价，不得高于项目所在资源区陆上风电指导价。
3. 对 2018 年底前已核准的海上风电项目，如在 2021 年底前全部机组完成并网的，执行核准时的上网电价；2022 年及以后全部机组完成并网的，执行并网年份的指导价。</td></tr>
</table>

三、光伏项目的电价与补贴政策

（一）集中式光伏电站项目电价与补贴政策

1. 2013 年 8 月 26 日发布的《国家发展改革委关于发挥价格杠杆作用促进光伏产业健康发展的通知》（发改价格〔2013〕1638 号），明确根据各地太阳能资源条件和建设成本，将全国分为三类太阳能资源区，相应制定光伏电站标杆上网电价。标杆上网电价对应的Ⅰ～Ⅲ类资源区分别为每kW·h 0.90元、0.95元和1.0元。光伏电站标杆上网电价高出当地燃煤机组标杆上网电价（含脱硫等环保电价）的部分，通过可再生能源发展基金予以补贴。分区标杆上网电价政策适用于2013年9月1日后备案（核准），以及2013年9月1日前备案（核准）但于2014年1月1日及以后投运的光伏电站项目。

2. 2015年12月22日发布的《国家发展改革委关于完善陆上风电 光伏发电上网标杆电价政策的通知》（发改价格〔2015〕3044号），明确实行光伏电站上网标杆电价随发展规模逐步降低的价格政策。为使投资预期明确，光伏发电先确定2016年标杆电价，2017年以后的价格另行制定，调整后的2016年标杆电价对应的Ⅰ～Ⅲ类资源区分别为每kW·h 0.80元、0.88元和0.98元，该标杆电价适用于2016年1月1日以后备案并纳入年度规模管理的光伏发电项目及2016年以前备案并纳入年度规模管理但于2016年6月30日以前仍未全部投运的光伏发电项目。

3. 2016年12月26日发布的《国家发展改革委关于调整光伏发电陆上风电标杆上网电价的通知》（发改价格〔2016〕2729号），明确根据当前新能源产业技术进步和成本降低情况，降低2017年1月1日之后新建光伏发电标杆上网电价，调整后的2017年标杆电价对应的Ⅰ～Ⅲ类资源区分别为每kW·h 0.65元、0.75元和0.85元，该标杆电价适用于2017年1月1日以后纳入财政补贴年度规模管理的光伏发电项目及2017年以前备案并纳入以前年份财政补贴规模管理但于2017年6月30日以前仍未投运的光伏发电项目。

4. 2017年12月19日发布的《国家发展改革委关于2018年光伏发电项目价格政策的通知》（发改价格规〔2017〕2196号），明确根据当前光伏产业技术进步和成本降低情况，降低2018年1月1日之后投运的光伏电站标杆上网电价，Ⅰ类、Ⅱ类、Ⅲ类资源区标杆上网电价分别调整为每kW·h 0.55

元、0.65元、0.75元。自2019年起，纳入财政补贴年度规模管理的光伏发电项目全部按投运时间执行对应的标杆电价，该标杆电价适用于2018年1月1日以后纳入财政补贴年度规模管理的光伏电站项目及2018年以前备案并纳入以前年份财政补贴规模管理但于2018年6月30日以前仍未投运的光伏发电项目。

5. 在经历了近几年的高速发展后，我国的光伏行业达到了产能和装机量的高峰，2017年全年新增光伏装机容量达到了史无前例的53GW。这一局面带来的直接后果便是补贴缺口的不断扩大。为了避免行业无序发展，2018年5月31日发布的《国家发展改革委 财政部 国家能源局关于2018年光伏发电有关事项的通知》(发改能源〔2018〕823号)(以下简称"531新政")规定，根据行业发展实际，暂不安排2018年普通光伏电站建设规模，在国家未下发文件启动普通电站建设工作前，各地不得以任何形式安排需国家补贴的普通电站建设。自发文之日起，新投运的光伏电站标杆上网电价每kW·h统一降低0.05元，Ⅰ类、Ⅱ类、Ⅲ类资源区标杆上网电价分别调整为每kW·h 0.50元、0.60元、0.70元。此外，该通知首次明确集中式光伏电站项目均须通过竞争性招标方式确定项目业主。招标确定的价格不得高于降价后的标杆上网电价。

"531新政"在建设规模和补贴强度上给光伏行业带来重大影响，并迅速对光伏产业产生了巨大的冲击，2018年全年我国集中式光伏新增装机容量约23GW，同比下滑31%。由于"531新政"大大影响了国内2018年下半年的需求，供应链价格大幅下滑，从硅料、硅片到电池片、组件，供应链各环节均受到较大冲击。由于国内市场需求减少，产品价格降低，光伏制造企业也受到较大影响。

6. 2018年10月9日发布的《国家发展改革委 财政部 国家能源局关于2018年光伏发电有关事项说明的通知》(发改能源〔2018〕1459号)，对

“531新政”中针对集中式光伏电站电价的调整时间延后了一个月，对于已经纳入2017年及以前建设规模范围（含不限规模的省级区域），且在2018年6月30日（含）前并网投运的普通光伏电站项目，执行2017年光伏电站标杆上网电价，属竞争配置的项目，执行竞争配置时确定的上网电价。

7. 2019年4月28日发布的《国家发展改革委关于完善光伏发电上网电价机制有关问题的通知》（发改价格〔2019〕761号），规定将集中式光伏电站标杆上网电价改为指导价。综合考虑技术进步等多方面因素，将纳入国家财政补贴范围的Ⅰ～Ⅲ类资源区新增集中式光伏电站指导价分别确定为每kW·h 0.40元、0.45元、0.55元。新增集中式光伏电站上网电价原则上通过市场竞争方式确定，不得超过所在资源区指导价。国家能源主管部门已经批复的纳入财政补贴规模且已经确定项目业主，但尚未确定上网电价的集中式光伏电站（项目指标作废的除外），2019年6月30日（含）前并网的，上网电价按照“531新政”的规定执行；7月1日（含）后并网的，上网电价按照本通知规定的指导价执行。

通过以上对集中式光伏电站电价的梳理，可以看出光伏项目的电价与并网时间密切相关，而且国家通常会以每年6月30日为节点对光电项目电价进行调整（见表3-3）。虽然目前尚无政策明确集中式光伏电站平价上网的时间，但集中式光伏电站项目补贴的逐渐减少也在为集中式光伏电站项目实现平价上网打好基础。

表3-3 集中式光伏电站电价变动情况

单位：元/(kW·h)（含税）

价格		资源区			电价演变文件	适用情形
		Ⅰ类	Ⅱ类	Ⅲ类		
电价	标杆价	0.90	0.95	1.0	发改价格〔2013〕1638号	● 2013年9月1日后备案（核准）的项目 ● 2013年9月1日前备案（核准），2014年1月1日及以后投运的项目

续表

<table>
<tr><th rowspan="2" colspan="2">价格</th><th colspan="3">资源区</th><th rowspan="2">电价演变文件</th><th rowspan="2">适用情形</th></tr>
<tr><th>Ⅰ类</th><th>Ⅱ类</th><th>Ⅲ类</th></tr>
<tr><td rowspan="6">电价</td><td rowspan="5">标杆价</td><td>0.80</td><td>0.88</td><td>0.98</td><td>发改价格〔2015〕3044号</td><td>● 2016年1月1日以后备案并纳入年度规模管理的项目
● 2016年以前备案并纳入年度规模管理，2016年6月30日以前仍未全部投运的项目</td></tr>
<tr><td>0.65</td><td>0.75</td><td>0.85</td><td>发改价格〔2016〕2729号</td><td>● 2017年1月1日以后纳入财政补贴年度规模管理的项目
● 2017年以前备案并纳入以前年份财政补贴规模管理，2017年6月30日以前仍未投运的项目</td></tr>
<tr><td>0.55</td><td>0.65</td><td>0.75</td><td>发改价格规〔2017〕2196号</td><td>● 2018年1月1日以后纳入财政补贴年度规模管理的项目
● 2018年以前备案并纳入以前年份财政补贴规模管理但于2018年6月30日以前仍未投运的项目</td></tr>
<tr><td rowspan="2">0.50</td><td rowspan="2">0.60</td><td rowspan="2">0.70</td><td>发改能源〔2018〕823号</td><td rowspan="2">● 2018年6月30日起新投运的项目</td></tr>
<tr><td>发改能源〔2018〕1459号</td></tr>
<tr><td>指导价</td><td>0.40</td><td>0.45</td><td>0.55</td><td>发改价格〔2019〕761号</td><td>● 2019年7月1日后的新增项目
● 2019年6月30日前纳入国家财政补贴规模，2019年7月1日后并网的项目</td></tr>
</table>

（二）工商业分布式光伏电站项目电价与补贴政策

分布式光伏发电项目是指在用户所在场地或附近建设运行，以用户侧自发自用为主、多余电量上网且在配电网系统平衡调节为特征的光伏发电设施。根据《国家能源局关于进一步落实分布式光伏发电有关政策的通知》（国能新能〔2014〕406号）的规定，分布式光伏发电模式可分为两种，利用建筑屋顶及附属场地建设的分布式光伏发电项目，在项目备案时可选择“自发自用、余电上网”或“全额上网”中的一种模式。“全额上网”项目的全部发电量由电网企业按照当地光伏电站标杆上网电价收购。已按“自发自用、余电上网”模式执行的项目，在用电负荷显著减少（含消失）或供用电关系无法履行的情况下，允许变更为“全额上网”模式，项目单位要向当地能源主管部门申请变更备案，与电网企业签订新的并网协议和购售电合同，电网企业负责向财政部和国家能源局申请补贴目录变更。由于工商业分布式光伏电站项目中的两种发电模式所对应的电价与补贴政策并不相同，因此本部分将对工商业分布式光伏电站项目的电价与补贴政策进行梳理，户用分布式光伏电站项目的电价与补贴政策在下一部分详述。

1. “自发自用、余电上网”模式的电价与补贴政策

（1）2013年8月26日发布的《国家发展改革委关于发挥价格杠杆作用促进光伏产业健康发展的通知》（发改价格〔2013〕1638号），明确对分布式光伏发电实行按照全电量补贴的政策，电价补贴标准为每kW·h 0.42元，通过可再生能源发展基金予以支付，由电网企业转付；其中，分布式光伏发电系统自用有余上网的电量，由电网企业按照当地燃煤机组标杆上网电价收购。对分布式光伏发电系统自用电量免收随电价征收的各类基金和附加，以及系统备用容量费和其他相关并网服务费。

通过上述规定可以看出，国家对于分布式光伏电站项目提供了更为优惠的政策，除给予全电量补贴外，还免收随电价征收的各类基金和附加以及系统备用容量费和其他相关并网服务费。

（2）2017年12月19日发布的《国家发展改革委关于2018年光伏发电项目价格政策的通知》（发改价格规〔2017〕2196号），明确2018年1月1日以后投运的、采用“自发自用、余电上网”模式的分布式光伏发电项目，全电量度电补贴标准降低0.05元，即补贴标准调整为每kW·h 0.37元。

（3）“531新政”颁布后，工商业分布式光伏发电项目也受到了一定程度的冲击，“531新政”表明2018年仅安排1 000万kW左右规模用于支持分布式光伏项目建设。考虑2018年分布式光伏已建情况，明确各地在2018年5月31日（含）前并网的分布式光伏发电项目纳入国家认可的规模管理范围，未纳入国家认可规模管理范围的项目，由地方依法予以支持。这一规定使得在2018年5月31日至2018年12月31日期间并网投运的工商业分布式光伏发电项目全电量无法获得补贴，自用部分仅按照自用电价进行结算，上网部分仅按照当地燃煤机组标杆上网电价进行结算。

(4) 2019年4月28日发布的《国家发展改革委关于完善光伏发电上网电价机制有关问题的通知》(发改价格〔2019〕761号)，明确了纳入2019年财政补贴规模，采用“自发自用、余电上网”模式的工商业分布式光伏发电项目，全发电量补贴标准调整为每kW·h 0.10元。能源主管部门统一实行市场竞争方式配置的工商业分布式项目，市场竞争形成的价格不得超过所在资源区指导价，且补贴标准不得超过每kW·h 0.10元。

2. “全额上网”模式的电价与补贴政策

与“自发自用、余电上网”模式的工商业分布式光伏发电项目不同，采用“全额上网”模式的工商业分布式光伏发电项目的电价与补贴政策与所在资源区的集中式光伏电站项目价格保持一致。《国家发展改革委关于2018年光伏发电项目价格政策的通知》(发改价格规〔2017〕2196号)与《国家发展改革委关于完善光伏发电上网电价机制有关问题的通知》(发改价格〔2019〕761号)中均对此予以了规定。也就是说，采用“全额上网”模式的工商业分布式光伏发电项目的电价与补贴政策参照集中式光伏电站的电价与补贴政策适用，此处不再赘述。但需要注意的是，由于“531新政”颁布后对分布式光伏发电项目规模进行了限制，因此与“自发自用、余电上网”的工商业分布式光伏发电项目相同，在2018年6月1日至2018年12月31日期间并网的采用“全额上网”模式的工商业分布式光伏发电项目也无法获得补贴。

通过以上对工商业分布式光伏电站项目电价与补贴政策的梳理，可以发现采用“自发自用、余电上网”模式的工商业分布式光伏发电项目的补贴已从 0.42 元/kW・h 降至 0.10 元/kW・h，且从 2019 年开始，工商业分布式项目也要实行市场竞争方式配置，即 2019 年起新增的工商业分布式光伏发电项目（包括“自发自用、余电上网”模式与“全额上网”模式）通过市场竞争形成的价格不得超过所在资源区指导价，且补贴标准不得超过每 kW・h 0.10 元（见表 3-4）。

表 3-4　工商业分布式光伏电站电价变动情况

单位：元/(kW・h)（含税）

<table>
<tr><th rowspan="2">并网投运时间</th><th colspan="2">自发自用、余电上网</th><th rowspan="2">全额上网</th><th rowspan="2">电价演变文件</th></tr>
<tr><th>自用部分</th><th>上网部分</th></tr>
<tr><td>2018 年 1 月 1 日之前</td><td>0.42＋自用电价</td><td>0.42＋当地燃煤机组标杆上网电价</td><td rowspan="4">参照集中式光伏电站电价适用
● 2018 年 6 月 1 日至 2018 年 12 月 31 日期间并网的无补贴
● 2019 年起实行市场竞争方式配置的项目补贴标准不超过 0.10 元/kW・h</td><td>发改价格〔2013〕1638 号</td></tr>
<tr><td>2018 年 1 月 1 日至 2018 年 5 月 31 日</td><td>0.37＋自用电价</td><td>0.37＋当地燃煤机组标杆上网电价</td><td>发改价格规〔2017〕2196 号</td></tr>
<tr><td>2018 年 6 月 1 日至 2018 年 12 月 31 日</td><td>自用电价</td><td>当地燃煤机组标杆上网电价</td><td>发改能源〔2018〕823 号</td></tr>
<tr><td>2019 年 1 月 1 日之后</td><td>0.10（最高上限）＋自用电价</td><td>0.10（最高上限）＋当地燃煤机组标杆上网电价</td><td>发改价格〔2019〕761 号</td></tr>
</table>

（三）户用分布式光伏电站项目电价与补贴政策

户用光伏发电是指将光伏电池板置于家庭住宅顶层或者院落内，用小功率或者微逆变器进行换流过程，并直接利用该新能源，也可将多余的电能并入电网。户用分布式光伏电站项目电价与补贴政策经历了多次变化，补贴趋势逐渐减少。

1. 2013 年 8 月 26 日发布的《国家发展改革委关于发挥价格杠杆作用促

进光伏产业健康发展的通知》（发改价格〔2013〕1638号），明确对分布式光伏发电实行按照全电量补贴的政策，电价补贴标准为每kW·h 0.42元，通过可再生能源发展基金予以支付。此处并未区分工商业分布式光伏发电项目与户用分布式光伏发电项目，因此工商业分布式光伏发电项目与户用分布式光伏发电项目的电量补贴相同。

2. 2017年12月19日发布的《国家发展改革委关于2018年光伏发电项目价格政策的通知》（发改价格规〔2017〕2196号），明确2018年1月1日以后投运的、采用“自发自用、余电上网”模式的分布式光伏发电项目，全电量度电补贴标准降低0.05元，即补贴标准调整为每kW·h 0.37元。采用“全额上网”模式的分布式光伏发电项目按所在资源区光伏电站价格执行。与《国家发展改革委关于发挥价格杠杆作用促进光伏产业健康发展的通知》（发改价格〔2013〕1638号）政策相同，2017年的通知中亦未区分工商业分布式光伏发电项目与户用分布式光伏发电项目，因此工商业分布式光伏发电项目与户用分布式光伏发电项目的电量补贴相同。

3. 2018年10月9日发布的《国家发展改革委 财政部 国家能源局关于2018年光伏发电有关事项说明的通知》（发改能源〔2018〕1459号），对“531新政”中针对户用分布式光伏电站电价的调整时间延后了一个月，对于2018年5月31日（含）之前已备案、开工建设，且在2018年6月30日（含）之前并网投运的合法合规的户用自然人分布式光伏发电项目，纳入国家认可规模管理范围，标杆上网电价和度电补贴标准保持不变。也就是说，在2018年6月30日之前并网投运的户用分布式光伏电站的补贴标准与2018年5月31日前并网投运的户用分布式光伏电站的补贴标准相同，均为0.37元/kW·h。

4. “531新政”颁布后，与工商业分布式光伏发电项目相同，户用分布式光伏发电项目也受到了一定程度的冲击，2018年7月1日至2018年12月31日期间并网投运的户用分布式光伏发电项目全电量无法获得补贴，自用部分仅按照自用电价进行结算，上网部分仅按照当地燃煤机组标杆上网电价进行结算。

5. 2019年4月28日发布的《国家发展改革委关于完善光伏发电上网电价机制有关问题的通知》（发改价格〔2019〕761号），规定纳入2019年财政补贴规模，采用“自发自用、余电上网”模式和“全额上网”模式的户用分布式光伏全发电量补贴标准调整为每kW·h 0.18元。

通过以上对户用分布式光伏电站项目电价与补贴政策的梳理，可以看出虽然户用分布式光伏电站项目的补贴也在逐步减少，但相比于工商业分布式光伏电站项目来说，国家对户用分布式光伏电站项目的支持度更高，目前对于采用“自发自用、余电上网”模式和“全额上网”模式的户用分布式光伏发电项目均实行全发电量补贴0.18元/(kW·h)（见表3-5）。

表3-5　户用分布式光伏电站电价变动情况

单位：元/(kW·h)（含税）

并网投运时间	自发自用、余电上网		全额上网	电价演变文件
	自用部分	上网部分		
2018年1月1日之前	0.42＋自用电价	0.42＋当地燃煤机组标杆上网电价	参照集中式光伏电站电价适用	发改价格〔2013〕1638号 发改价格规〔2017〕2196号
2018年1月1日至2018年5月31日	0.37＋自用电价	0.37＋当地燃煤机组标杆上网电价		发改能源〔2018〕1459号
2018年6月1日至2018年6月30日	0.37＋自用电价	0.37＋当地燃煤机组标杆上网电价		
2018年7月1日至2018年12月31日	自用电价	当地燃煤机组标杆上网电价	无补贴	发改能源〔2018〕823号
2019年1月1日之后	0.18＋自用电价	0.18＋当地燃煤机组标杆上网电价	0.18＋当地燃煤机组标杆上网电价	发改价格〔2019〕761号

第二节　项目并购法律尽职调查要点

一、项目尽职调查概述

（一）尽职调查的目的

当前，非水可再生能源发电配额制实施后，传统火电企业面临提高非水可再生能源占比的压力，纷纷并购光伏和风电等项目以提高非水可再生能源占比。另外，因长期的补贴拖欠，导致大量持有风电、光伏项目的中小企业面临巨大的现金流压力，纷纷寻求出售项目以缓解资金压力。

2019 年起，新能源行业全面推行市场化竞争配置，通过竞价上网的方式来配置风电、光伏项目，逐渐成为行业发展的新方向。2020 年 1 月 20 日，财政部、国家发展改革委、国家能源局联合发布《关于促进非水可再生能源发电健康发展的若干意见》（以下简称《意见》），自 2020 年起，所有新增可再生能源发电项目均采取“以收定支”的方式确定。同时，《意见》明确，充分保障政策延续性和存量项目合理收益，已按规定核准（备案）、全部机组完成并网，同时经审核纳入补贴目录的可再生能源发电项目，按合理利用小时数核定中央财政补贴额度。对于自愿转为平价项目的存量项目，财政、能源主管部门将在补贴优先兑付、新增项目规模等方面给予政策支持。此外，全面推行绿色电力证书交易。相对于新增项目，存量可再生能源项目补贴政策仍保持不变，更受市场主体的青睐，成为资本竞相追逐的目标。

新能源作为国家扶持的新兴产业，相关的法规、政策一直处在不断的变化中，而且异常庞杂，稍有不慎就可能没有捕捉到最新的变化或重要的要求，从而带来巨大的风险。因此，投资者在收购前，应对各方面法律风险进行整体的预估和考虑，针对风险设计好相应的收购和担保方案，并通过合同安排等方式最大限度地避免纠纷、保护自身权益。然而，在企业收购风电、光伏项目时，尤其是新进入该行业的投资者，易因内外部的各种原因对相关并购风险重视不够，未充分开展尽职调查工作，导致发生纠纷从而不能达到预先设定的目标。

不同并购项目的复杂程度和难易程度不同，企业应根据自身情况对目标公司和目标项目开展必要的尽职调查。尤其对于重大的风电、光伏并购项目而言，在正式决定收购项目之前，收购方应聘请专业的中介机构开展全面的尽职调查和风险评估工作，并形成详尽、完备的尽职调查报告以供决策参考。

（二）尽职调查的概念

1. 定义

在并购项目中，尽职调查通常是指收购方对目标公司的资产和负债情况、经营和财务情况、法律状况及目标公司面临的机会和风险进行调查。

从收购方角度出发，尽职调查中收购方希望尽可能掌握拟收购股份或者资产的全部情况，以便尽快识别风险，从而作出是否收购的决策，提高收购过程中谈判的筹码，以及减少收购完成后的潜在风险。在实践中，我们发现一些初涉并购领域的投资者盲目自信，仅凭自己对目标公司的模糊了解及初步接触印象即作出最终收购的决定，以致步入雷区并招致接二连三的麻烦和损失。尽职调查对于投资者来说具有重要意义，是其作出决策的重要依据。对一些国际化程度较高、内部控制严格的企业而言，尽职调查是企业并购中不可缺少的重要环节。

从目标公司角度出发，作为被尽职调查方，出于提高议价能力或防止项目流产的目的，目标公司往往会粉饰缺陷、掩盖瑕疵，从而在尽职调查中对企业的缺陷或风险点避免不谈或是“顾左右而言他”。过度的掩饰提高了双方的沟通成本，过度的“完美”以及不配合的态度往往会让投资者望而却步。

尽职调查对目标公司来说，是一个对自身进行体检的机会，也是与投资者进行沟通的桥梁，积极配合提供资料，并根据重要性原则适度提及自身瑕疵，有助于投资者对公司进一步了解，以便尽快作出决策。同时，目标公司亦可对投资者进行反向的尽职调查，以判断收购方是否善意，是否有支付对价的能力等。

总而言之，有效的尽职调查可以在最大限度上避免信息不对称所带来的潜在交易风险。

2. 重要性

风电、光伏等新能源项目尽职调查的重要性，主要体现在对以下几类风险的防范。

（1）政策风险

政策风险的规避主要取决于并购方对国家宏观政策的理解和把握以及对市场趋势的判断。政策主要是由政府及有关部门制定的，因而更具有特殊性。例如，在部分地区，有关部门从地方利益、政绩形象等角度考虑，对企业并购进行过多的行政干预，导致投资者前期投资顺畅，后续退出麻烦不断。

风电、光伏发电领域各项政策出台密集，尤其在开发建设流程、土地取得、电价和补贴等方面更是变化繁多，无论作为项目投资人还是收购方都应高度重视其中的风险尽职调查及防控。

（2）法律风险

我国目前并没有统一的企业并购法，相关规定散见于单列的法律法规，比如《中华人民共和国企业国有资产法》规定国有资产的转让需要事先取得国有资产管理部门的同意等。在可再生能源领域，《国家能源局关于规范光伏电站投资开发秩序的通知》（国能新能〔2014〕477号）等文件规定，不得倒卖光伏项目备案文件。而风电项目在并网投产前，未经核准机关的批准，投资主体不得变更，项目公司股权结构不得发生重大调整，否则可能被取消国家可再生能源发展基金的电价补贴。因此在风电、光伏等新能源项目尽职调查过程中，收购方还需要根据行业的特性，具体事项具体分析，及早发现相关风险。

（3）信息风险

信息风险主要是并购双方之间的信息不对称造成的。在并购过程中，收购方可能根据行业特性以及目标企业的成长性来判断收购完成后目标公司给收购方带来的利润增长，却忽视了企业本身的风险或潜在风险。上述情况将导致并购后目标公司难达预期目标。风电项目核准文件的有效期通常为2年，根据法律规定和核准文件要求，项目应在核准有效期内开工建设，否则核准文件自动失效。在具体实践中，目标公司可能存在未在有效期内开工建设的情况，并对收购方隐瞒前述事实。另外，目标公司也有可能存在粉饰报表、隐瞒对外担保等情况。如收购方不进行周密、翔实的尽职调查，则很难发现上述风险。

3. 分类

收购方在开展风电、光伏等新能源项目并购时，往往需要聘请第三方专业机构进行尽职调查，此类尽职调查主要包含三类：业务（技术）尽职调查、财务尽职调查和法律尽职调查。

业务（技术）尽职调查主要关注目标公司的业务模型、盈利模式、竞争优势、收购后的协同效应以及未来潜在的整合成本和整合风险。风电、光伏收购项目中，由于目标公司是为了目标项目的开发、建设、运营之目的而设立的公司，往往没有其他业务经营，因此在此类尽职调查中，业务尽职调查团队会将侧重点放在目标项目的情况，主要关注项目可行性研究报告内容是否符合规范要求、可行性研究报告的分析方法是否合理以及深度是否达到规范要求，风能资源评价结论是否可信、光伏电站实际发电量情况，风机选型和光伏组件、逆变器等核心部件是否符合要求，以及初步设计概算编制原则、依据和方法是否基本正确等方面。

财务尽职调查主要关注目标公司历史财务数据的真实性、可靠性，预测财务数据的依据是什么，是偏于保守还是偏于乐观，是否有表外负债等。财务尽职调查团队还会关注目标公司内控制度的健全性、目标公司的税收优惠情况、关联方以及关联交易情况、债权债务情况等。另外，在风电、光伏收购项目中，财务尽职调查团队还会对目标项目进行财务评价，主要是在国家现行财税制度、价格体系的框架内，从项目的角度出发，计算项目范围内的财务效益和费用，分析项目的盈利能力，评价项目在财务上的可行性。

法律尽职调查主要分为两方面，一般由律师团队主导。一方面是目标公司以及项目的法律情况，包括但不限于目标公司基本情况、股权交易限制情况、土地房产等资产情况、负债情况、重大合同履行情况、项目前期工作以及获得的审批许可情况、劳动人事、重大诉讼仲裁与行政处罚情况等；另一方面是目标公司以及项目的本次交易是否触发相关风险，比如是否构成买卖项目备案或核准文件，是否涉及反垄断申报等。

本书主要对法律尽职调查进行论述。

二、法律尽职调查流程

（一）前期准备

1. 确定尽职调查目标

风电、光伏等新能源项目的法律尽职调查需对目标公司和目标项目进行全面调查，以核查目标公司基本情况以及目标项目开发、建设及运营的合法合规性。在尽职调查过程中，应主要确认项目公司股权权属情况、目标项目核准/备案情况以及前期手续、开工手续、验收手续等情况，详见本书第三章第二节的“三、法律尽职调查要点”，明确了尽职调查目标之后，自然可将尽职调查范围缩小。需要注意的是，通常的法律尽职调查项目中关注的同业竞争问题、关联交易问题等并不是风电、光伏项目尽职调查的重点。

2. 拟定尽职调查计划

在开展风电、光伏等新能源项目尽职调查之前，收购方往往会通知业务尽职调查团队、法律尽职调查团队（律师）、财务尽职调查团队（会计师）会同公司高管以及并购部门人员召开协调会，拟定尽职调查初步计划，包括但不限于尽职调查清单发出时点、现场尽职调查安排、项目情况汇报机制、尽职调查报告出具时点等。

3. 签署意向协议和保密协议

并购过程中，并购双方很可能是同一行业的知名企业，双方都会担心对方在洽谈过程中不当使用和披露另一方的商业秘密，因此并购双方会签订双向义务的保密协议，并购双方互为信息披露人和信息接收人。

但是很多情况下，并购双方会将保密义务条款作为意向协议的一部分。目标公司原股东往往同时与多家潜在的收购方接洽，在接洽过程中会选定最优的一家深入洽谈。此时，收购方往往希望在一定时间内，卖方不得与第三方再行协商并购事项，因此会签订意向协议并设定排他条款；同时，收购方聘请第三方专业机构进行尽职调查时，往往要支付大额的费用，因此意向协议还会加入费用分担条款。

4. 起草尽职调查清单

确定尽职调查目标之后，收购方或其聘请的第三方机构应当起草尽职调查清单，并通过收购方将资料提前发至目标企业，要求其根据清单所列信息准备相关资料，以提高尽职调查的效率。尽职调查清单的设置应符合收购方的尽职调查要求，同时需具备全面、详尽的特点。在初步尽职调查后，如收购方律师需进一步了解目标企业及项目的情况，还会提供“尽职调查补充清单”。

5. **获取目标公司的支持**

在风电、光伏等新能源并购项目中，尽职调查工作往往需要进行得很深入。收购方律师可能会根据尽职调查情况不断要求目标公司进行资料补充，并要求目标公司派人陪同律师前往项目现场走访，甚至安排前往能源局、自然资源局、环保局等政府部门进行走访，此种情况可能会给目标公司带来不便，需要争取企业的理解和支持，在各方相互理解的基础上保证尽职调查的顺利进行。

（二）尽职调查方法

1. **审阅资料**

通过尽职调查清单等获取相关资料，并进行归类、初步分析。在资料归类以及分析过程中，通过细致认真的研读，往往会发现资料中的一些问题，例如审批文件过期，相关合同的签署主体是目标公司控股股东而非目标公司等情况。对于资料中发现的问题，律师需与目标公司人员进行沟通，请其作出合理解释，并做好记录以备后查。

2. **公开渠道查询**

在一些风电、光伏项目收购的前期，在目标公司未提供任何资料的情况下，收购方可以通过网络尽职调查了解目标公司的基本情况。即使目标公司根据尽职调查清单提供了相应资料，收购方或者其聘请的第三方中介机构也需要通过网络尽职调查对目标公司提供的资料进行验证，以判断资料是否真实、准确、完整。风电、光伏项目法律尽职调查过程中，常用的网站有：

（1）国家企业信用信息公示系统（http://www.gsxt.gov.cn/index.html）。它是国家市场监督管理总局主办的企业信息查询网站，是律师查询企业主体资格的官方渠道，该网站列明了企业的基本信息、历史沿革、分支机构、行政许可、行政处罚、异常信息等。

(2) 信用中国 (http://www.creditchina.gov.cn)。它是官方信用查询网站，可以查询到失信被执行人信息、企业经营异常信息、重大税收违法案件当事人名单、政府采购失信名单等。

(3) 中国人民银行征信中心动产融资统一登记公示系统 (https://www.zhongdengwang.org.cn)。它提供应收账款质押、应收账款转让、融资租赁等动产担保的登记和查询服务，而风电、光伏项目普遍存在融资租赁、应收账款质押等情形。

(4) 中国裁判文书网 (http://wenshu.court.gov.cn)。它是最高人民法院公布的官方查询平台，可供经办律师查询企业、自然人涉诉情况。

(5) 中国执行信息公开网 (http://zxgk.court.gov.cn)。它是最高人民法院公布的官方查询平台，可供经办律师综合查询被执行人信息及失信被执行人情况。

(6) 全国投资项目在线审批监管平台 (http://www.tzxm.gov.cn)。它是为须经核准/备案的项目提供网上申报服务，并提供相应的办事指南，经办律师可查询相关项目在开发、建设阶段所需的审批文件等信息。

如目标公司拥有商标、专利，收购方或其聘请的第三方机构还可以通过中国及多国专利审查信息查询系统 (http://cpquery.sipo.gov.cn) 进行查询。

3. 现场走访

风电、光伏等新能源项目的尽职调查，往往还需要法律尽职调查团队走访项目现场。以光伏发电项目为例，在实践中，往往会出现目标公司建设农光互补发电项目时，未批先建运维楼并对地面进行硬化。此种情况下，目标公司面临着被国土部门处罚甚至项目被拆除的风险。除此之外，部分光伏电站还可能出现光伏面板严重毁损等情况。如未进行现场走访，上述问题很难被发现。

4. 人员访谈

（1）管理层访谈

管理层访谈是尽职调查中的重要环节，管理层访谈有助于收购方获得公开信息以外的信息，且收购方能快速得到相关疑问的解答。新能源并购项目中，尽职调查团队通常很重视管理层访谈，会提前制定访谈提纲，访谈问题包括但不限于股权转让限制，目标公司融资情况，目标项目用地和房产情况（包括但不限于是否占用林地、草地；是否已办理完征地手续；送出线路的用地情况等）、电价与补贴情况、项目建设情况以及项目运维情况等。

通过管理层访谈，收购方能够快速了解目标公司的基本情况，且能与相关底稿资料交叉核对，提高信息准确度。

（2）部门走访

风电、光伏等新能源项目的尽职调查过程中，必要时尽职调查团队还应走访一些部门，深入了解项目相关情况，主要走访部门如表 3-6 所示。

表 3-6　法律尽职调查走访的主要部门

序号	部门	访谈确认事宜
1	工商部门	调取全套的工商内档资料，并了解股权质押、查封等情况
2	自然资源部门	1. 了解项目用地基本情况，是否占用基本农田、林地或草地； 2. 了解是否涉及限制或禁止建设项目的区域； 3. 了解土地和房产的抵押情况； 4. 了解风电场/光伏电站的进场道路、吊装平台临时用地手续办理情况
3	水利部门	核实项目是否需要办理洪水影响评价等手续
4	规划部门	了解项目是否符合当地的城乡发展规划，是否已经办理建设工程规划许可证等手续
5	环保部门	了解项目是否涉及生态红线等限制或禁止建设风电/光伏项目的区域，以及项目的环评情况等
6	税务部门	了解税收政策，以及目标公司税收合规情况等
7	村委会	对于村委会作为出租人的项目，核实项目用地流转的情况、土地补偿费用的支付情况以及是否履行民主决策程序等

续表

序号	部门	访谈确认事宜
8	电网公司	核实项目上网电价和交易电价、国家补贴发放情况，以及外送线路补贴发放情况，外送线路移交或回购和运维情况等
9	发改/能源部门	了解相关项目是否已取得项目建设规模指标，项目备案/核准情况等

5. 形成尽职调查报告

经过资料收集、归类、分析，并通过公开渠道查询以及人员访谈后，法律尽职调查团队对相关法律风险整理汇总，将主要法律风险在尽职调查报告中体现。对影响该并购交易的法律风险应重点提示，以便收购方对此部分法律风险进行分析，调整并购策略。对于不会直接影响交易但是会对下一步整合工作带来影响的法律风险作次要提示，使收购方能够了解并作出应对。

三、法律尽职调查要点

（一）项目公司的尽职调查要点

1. 基本情况

（1）工商登记情况

项目公司的工商登记情况是律师进行风电、光伏等新能源项目并购尽职调查的基础，因此对项目公司进行尽职调查时，应首先通过国家企业信用信息公示系统（http://www.gsxt.gov.cn/index.html）或其他公开信息网站如企查查、天眼查等对其工商基本信息进行网络查询，对项目公司进行初步了解。但需注意国家企业信用信息公示系统网站及其他公开信息网站通常存在一定的延迟性，企业进行工商变更登记后，前述网站无法及时进行信息更新，因此须进一步向项目公司索要其工商档案底稿进行核查。一般应要求项目公司自行或委托律师前往工商局调取全套企业信息登记材料。在获取项目公司的工商资料后，应注意对公司的设立及历史沿革进行梳理，对公司基本现状、股东及出资情况、股权转让情况、高管情况、公司经营情况及公司对外投资情况等重要信息进行记录。

（2）股权变动情况

在项目尽职调查过程中，应格外关注项目公司的股权变动情况，因为国家对于风电、光伏项目并网投产前的股权变动存在禁止性规定。

针对风电项目，《风电发展“十三五”规划》第四部分第（五）条规定，国家“规范风电项目投资开发秩序，杜绝企业违规买卖核准文件、擅自变更投资主体等行为”。针对光伏项目，《国家能源局关于规范光伏电站投资开发秩序的通知》（国能新能〔2014〕477 号）规定，“已办理备案手续的项目的投资主体在项目投产之前，未经备案机关同意，不得擅自将项目转让给其他投资主体。项目实施中，投资主体发生重大变化以及建设地点、建设内容等发生改变，应向项目备案机关提出申请，重新办理备案手续。”

《国家能源局关于印发新建电源项目投资开发秩序监管报告（新能源部分）及工作要求的通知》（国能监管〔2015〕384）第一条规定，对于倒卖项目开展前期工作批复文件（俗称“路条”）、倒卖项目核准（备案）文件的违法违规行为，有关省（自治区、直辖市）发展改革委（能源局）要按照“谁核准（备案）、谁负责、谁处理”的原则，责令相关投资主体限期严肃整改；对于拒不整改的，要采取公开通报、暂停或者取消相应项目可再生能源电价补贴、行政处罚以及将涉嫌犯罪的移送司法机关等多种方式，依法从重从快处理，确保发现问题得到及时、全面、彻底整改落实。由此可以看出，我国法规政策明确了禁止风电和光伏项目擅自变更投资主体的行为。

（3）股权交易限制情况

新能源行业属于资金密集型行业，所需资金量较大，通常需要通过融资解决。风电、光伏等新能源项目在融资过程中，金融机构一般会要求公司股东将项目公司的股权进行质押，在质押合同中，质权人与出质人一般会约定股权转让应提前通知并征得质权人的同意。因此在风电、光伏等新能源项目并购过程中，应关注项目公司股权质押情况，存在股权质押情形的，应仔细审核质押合同，核实是否存在股权转让限制条款。此外，还应注意核实是否存在其他股权交易限制情况，如项目公司存在多个股东的情形下，其中一个股东对外转让股权可能会涉及其他股东的优先购买权问题。

2. 资产情况

（1）土地

土地问题是风电、光伏等新能源项目并购过程中应重点关注的问题，若项目土地存在重大瑕疵，则会给项目带来颠覆性后果。在对土地问题进行核查时，应首先关注项目是否取得了土地预审文件。在获取目标项目的土地预审文件后，应进一步关注目标项目所涉土地的性质，即属于建设用地、农用地还是未利用地。对于永久性建筑，应关注目标项目是否取得了用地批准手续和国有土地使用权证书，是否履行了农用地/未利用地转为建设用地的审批手续；对于目标项目涉及林地、草地、自然保护区等特殊土地的，还应重点关注是否取得了相关部门出具的同意使用前述特殊土地的批复。对于目标项目所涉及的一些临时性建筑以及不改变土地性质的部分（如光伏符合项目中利用农用地布设的光伏方阵以及利用未利用地建设的光伏阵列等），应关注项目公司是否与相关权利主体签订了《土地承包流转合同》《租赁合同》及其他合法的土地使用合同，特别是涉及农村集体土地的，需核查是否已履行了土地承包的合法手续，并取得相关程序性文件，比如村民会议的会议记录等。

（2）房屋

风电、光伏等新能源项目中涉及的房屋主要是与目标项目相关的管理用房，管理用房属于永久性建筑，在尽职调查过程中，应关注项目公司是否取得了管理用房的房产证、是否设定了抵押，核实房屋权属，若未取得房产证，则应关注该房屋是否取得了建设用地使用权证、竣工验收文件、建设工程规划许可证等，以明确房屋建设的合法性。此外，还应核查房屋建设所使用的土地是否是临时用地，临时用地上建设房屋面临被拆除风险。

（3）固定资产

风电、光伏等新能源项目在建设过程中通常需要进行融资，在进行融资担保时，项目公司通常也会选择将公司的固定资产（包括房屋及建筑物、专用设备、通用设备、运输设备等）作为抵押物进行抵押。因此在进行尽职调查时，律师应首先向项目公司索要固定资产清单、采购合同、资产评估报告、折旧或抵押情况等文件资料，对于固定资产的法律状态进行确认，如采购手续是否完备，产权是否属于被调查企业，是否存在出租或融资租赁的情况，是否存在资产抵押和查封等其他权利负担，以及是否购买了财产保险。

（4）知识产权

对知识产权的核查主要包括对项目公司的专利及商标的核查。律师可通过国家知识产权局网站（http://www.cnipa.gov.cn）和商标局网站（http://wcjs.sbj.cnipa.gov.cn）进行网络核查，并向项目公司索要知识产权清单、公司拥有或使用的专利权、商标权的权属证书、申请文件等资料，核查知识产权的真实权属状况、实际价值、是否存在知识产权权属纠纷或争议。

在风电、光伏等新能源项目收购中，转让方往往通过出售项目公司股权的方式出售项目，而此类项目公司一般不涉及专利、商标等知识产权。

（5）租赁情况

风电、光伏等新能源项目在建设过程中，为减少用地审批手续的办理及成本的控制，对于管理用房等永久性建筑和施工临时用房，有时会采取租赁方式取得，因此律师应注意要求项目公司提供其与出租方签订的房屋租赁合同，对租赁房屋的位置、租赁面积、租赁期限、租赁用途、租金、租赁房屋是否在不动产登记部门办理了租赁备案等事项进行核查。

3. 负债情况

（1）金融机构借款

为了更准确地掌握项目公司在金融机构的借款情况，律师应注意要求项目公司提供最新版本的中国人民银行征信中心《企业信用报告》，根据《企业信用报告》可以看出项目公司是否与金融机构发生过借贷关系。若项目公司与金融机构发生过借贷关系，则应进一步要求项目公司提供借款合同及相应的担保合同，对借款金额、借款利率、借款期限、借款用途等内容进行核查。

（2）融资租赁

新能源项目尤其是风电、光伏项目建设过程中，项目公司较多采取融资租赁的方式进行融资，对于项目公司是否存在融资租赁情况，律师可通过中国人民银行征信中心动产融资统一登记公示系统（https：//www. zhongdengwang. org. cn）进行查询。根据项目公司提供的融资租赁合同及相关担保合同，对租赁物、租金、租赁期限、担保方式进行核查。此外，应关注融资租赁合同中是否约定了相应条款对承租人（项目公司）的权利进行限制，如约定承租人进行资产重组等实质性的资产处置行为，且出租人认为可能影响到本合同债务继续履行的，以及承租人在并网后一定期限内仍未纳入国家能源局能源补贴名录的，出租人有权采取包括要求承租人提供适当的担保及宣布债务全部或部分提前到期等措施。

（3）其他借款

在尽职调查过程中，还应关注项目公司是否存在其他融资途径，如保付代理、关联方借款等。

（4）为第三方设立担保的情况

在尽职调查过程中，律师应要求项目公司提供对外担保的相关文件如保证、抵押、质押合同等材料，以及项目公司提供对外担保所形成的内部决议如股东（大）会决议或董事会决议，并仔细审阅。必要时，要与项目公司相关人员进行访谈，核实对外担保情况。律师在审查对外担保情况时，应重点核查对外担保情况的合法性、对外担保是否履行了内部审批手续、是否存在关联交易、对外担保责任的金额、不履行担保义务的后果与责任等。

4. 经营性债权债务

（1）工程承包合同

在尽职调查过程中，对于在建工程项目，律师应向项目公司索要工程承包合同并详细审阅。根据《招标投标法》和《必须招标的基础设施和公用事业项目范围规定》，风电、光伏项目作为新能源项目，属于依法必须招标的项目。风电、光伏项目的勘察、设计、施工、监理以及与工程建设有关的重要设备、材料等的采购，达到一定规模标准的必须进行招标。在审阅 EPC 总承包合同或其他工程承包合同时应重点核查目标项目是否进行了招投标，可向项目公司索要招投标文件以及中标通知书等。此外，还应重点核查工程承包合同双方是否具有签订合同的主体资格，如总承包方是否具备相应的设计或者施工总承包资质。

（2）其他前期工作协议

在风电、光伏等新能源项目中，由于项目建设需要获取前期文件，如核准/备案文件、环境影响评价批复文件、水土保持批复文件、压覆矿产资源批复文件等，因此风电、光伏等新能源项目所涉及的前期工作协议通常是一些咨询协议或服务协议等，这些协议的名称可能各不相同，如项目公司与服务提供方签订《技术合同书》，约定由服务提供方编制项目环境影响评价报告表、安全预评价及条件论证和水土保持方案报告；项目公司与服务提供方签订《委托合同》，约定由项目公司委托服务提供方开展目标项目接入系统方案工作；项目公司与服务提供方签订《地质灾害危险性评估及压覆矿产资源调查合同》，约定由服务提供方就目标项目进行地质灾害危险性评估及压覆矿产资源调查工作，并提供相应报告等。在对这些协议进行审阅时，应重点核查合同签订主体的适格性、合同履行期限、合同价格等。

（3）送出共建工程委托建设协议书（如涉及）

在风电、光伏等新能源项目中，送出线路的建设是一个重要的环节，也是一个独立的环节，送出线路工程的建设也需要取得送出线路工程的核准文件。送出线路的建设或由项目公司自行建设、或由电网公司等第三方主体建设、或由项目公司与第三方主体共同建设。项目公司自行建设送出线路时，应取得送出线路建设工程的一系列前期文件，律师在尽职调查过程中应向项目公司索要相关文件进行核查；第三方主体进行送出线路工程建设时，送出线路的建设与项目公司无关，律师在尽职调查时便无须对送出线路建设工程的具体情况进行核查，但应注意对送出线路建设的主体进行核实，确保是第三方进行送出线路的建设；在项目公司与第三方共同建设送出线路时，应向项目公司索要送出共建工程委托建设协议书，并仔细审阅，核查协议书中的具体内容，并重点关注协议书中约定的双方的权利义务。

（4）能源合作协议（针对屋顶光伏）

在屋顶分布式光伏项目的建设过程中通常会由项目公司与屋顶提供方直接签订能源合作协议或由项目公司与屋顶提供方签订租赁合同、再由项目公司与用电方签订能源合作协议。在项目公司与屋顶提供方直接签订能源合作协议的情况下，屋顶提供方也是用电方；在项目公司与屋顶提供方签订租赁合同、再由项目公司与用电方签订能源合作协议的情形下，由屋顶提供方提供屋顶租赁，而用电方使用屋顶光伏项目所发电量。在审阅这些合同时，应重点关注合同中双方权利义务的约定，特别是租赁（能源管理）期限、合同提前终止导致光伏发电设备拆除的赔偿，以及合同相对方是否存在严重的违约情形，特别是出租人未履行屋顶修缮义务及用电方拖欠电费等情况。

5. 劳动人事和社会保险

律师在进行尽职调查时，应向项目公司索要在职员工清单，了解在职员工基本情况，包括但不限于在职员工的类别、人数、职位、服务年限、工资、保险等情况，重点核查项目公司提供的基本信息与实际情况是否一致。律师还应向项目公司索要劳动合同及劳动合同模板，并仔细审阅，核查劳动合同中有关工资薪金标准、奖金等福利、补贴内容、社会保险、住房公积金标准是否与国家法律、法规等相关规定一致。对于项目公司为员工缴纳社保及公积金的问题，律师在尽职调查过程中应重点关注，并向项目公司索要其为员工缴纳社保及公积金的相应文件，将其与劳动合同中的约定相比较，还应将其与当地缴纳社保与公积金的法定标准相比较，核查项目公司是否低于法定标准给员工缴纳社保及公积金。此外，律师还应关注项目公司是否存在与员工之间的劳动争议，争议所涉员工范围有多大、可能涉及的赔偿、补偿金额大小、是否已进入劳动仲裁或诉讼等。

6. 税务情况

首先，律师应要求项目公司提供其执行的税种、税率及是否享受税收优惠、财政补贴政策等信息，了解享受税收优惠的种类和金额、财政补贴的来源、归属、用途等情况。在风电、光伏项目中，由于涉及土地使用问题，还应特别关注城镇土地使用税及耕地占用税。律师在尽职调查中应核查适用的税种、税率是否符合法律法规的规定，该等税收优惠、财政补贴政策是否符合现行法律法规的规定，享受该等税收优惠、财政补贴政策是否有条件限制，是否已经取得必要的相关批准或资格，实际所享受的财政补贴与相关批文是否一致及其使用是否符合批准的方式和用途。此外，还应重点核查项目公司是否依法纳税，是否存在欠税情况，是否存在重大税收违法行为，是否存在被税务部门处罚且情节严重的情况。

7. 重大诉讼、仲裁与行政处罚

对于项目公司涉及的重大诉讼、仲裁与行政处罚，律师在尽职调查过程中可通过中国执行信息公开网（http://zxgk.court.gov.cn）查询项目公司的被执行案件信息情况及失信被执行人信息情况，通过中国审判流程信息公开网（https://splcgk. court. gov. cn）、人民法院公告网（https://rmfygg. court. gov. cn）、中国裁判文书网（https://wenshu. court. gov. cn）等网站查询项目公司的诉讼/仲裁案件，通过国家企业信用信息公示系统（http://www. gsxt. gov. cn）、信用中国（http://www. creditchina. gov. cn）等网站查询项目公司的行政处罚情况。

若项目公司存在重大诉讼、仲裁案件，则应核查涉诉案由、诉讼标的、诉讼请求，以及当事人、争议金额、争议焦点、程序进展等情况。若项目公司存在重大行政处罚案件，则应核查行政处罚事由、依据、金额、争议焦点及行政程序进展情况。

（二）项目的尽职调查要点

1. 项目基本情况

（1）基本信息

对风电、光伏等新能源项目基本情况的核查是从宏观角度全面了解项目的相关信息，对目标项目基本情况的核查应包含项目的数量、名称、位置、规模、是否取得规模指标、核准/备案时间、是否投产/并网、上网电价、是否取得补贴、是否进入补贴目录等。因此在获取目标项目基本信息时，应全面掌握项目所涉资料，对目标项目进行整体把握。

（2）风资源情况/光照情况等

风资源情况/光照情况等信息是目标项目建设的根本影响因素，风资源情况/光照情况等信息通常在目标项目的可行性研究报告中体现，可行性研究报告会由专业人员经过实地勘测后对风电场/光伏电站的风资源情况/光照情况等进行专业分析、得出专业数据，并根据目标项目的风资源情况/光照情况等对目标项目作出整体性判断。因此在尽职调查过程中，应向项目公司索要目标项目的可行性研究报告，通过可行性研究报告中的专业分析帮助律师判断目标项目的整体情况。

2. 项目规模指标、核准/备案情况

（1）年度开发计划/建设规模指标

《风电开发建设管理暂行办法》（国能新能〔2011〕285号）第九条规定，国务院能源主管部门依法对地方规划进行备案管理，各省（区、市）风电场工程年度开发计划内的项目经国务院能源主管部门备案后，方可享受国家可再生能源发展基金的电价补贴。因此，列入年度开发计划对于风电项目取得电价及补贴至关重要。同样，对于光伏电站而言，也需要取得建设规模指标方能列入可再生能源电价附加资金补贴目录，从而获得电价补贴。从2016年开始，光伏电站的建设规模指标将根据光伏电站的投资主体、基本情况、上网电价、建设进度、电网接入落实情况等进行竞争性配置取得。

因此在尽职调查过程中，应注意核查风电、光伏项目是否列入年度开发计划和取得建设规模指标，确保项目可以取得国家补贴。

（2）核准/备案情况

对于风电项目来说，取得项目核准文件是项目合法性的基础，而对于光伏项目来说，取得备案文件也是项目开发建设的关键步骤。风电项目的核准文件通常会写明目标项目的名称、建设地址、建设装机容量、项目计划总投资额、资金来源、建设时间、核准文件有效期、核准文件的延期等内容。光电项目的备案文件通常会写明目标项目的名称、建设地址及面积、总装机规模、上网方式、项目估算总投资额等内容。因此，律师在进行尽职调查过程中，须向项目公司获取核准/备案文件，核查目标项目建设的合法性。

（3）变更核准/备案的情况

《企业投资项目核准和备案管理条例》第十一条规定，企业拟变更已核准项目的建设地点，或者拟对建设规模、建设内容等作较大变更的，应当向核准机关提出变更申请；第十四条规定，已备案项目信息发生较大变更的，企业应当及时告知备案机关。因此风电、光伏项目不能随意变更已核准/备案项目的情况。在对风电、光伏项目进行尽职调查过程中，若发现项目在不同文件中所涉信息不一致，则应向项目公司询问信息不一致的原因，涉及变更核准/备案文件的，应向项目公司索要相关部门出具的关于目标项目所涉信息发生变更的文件。

3. 项目有关批文取得情况

风电、光伏等新能源项目在项目前期和开发建设过程中需要取得多项审批文件，律师在进行尽职调查中应对这些审批文件进行核查。风电、光伏项目开工前所需取得的主要批文有项目核准/备案文件、规模指标文件、建设项目用地预审与选址意见书、社会稳定风险评估文件、水土保持批复、环境影响评价批复意见、建设工程文物保护和考古许可文件、压覆矿产资源审批文件、电网接入意见、建设用地规划许可证（含建设用地批准书）、建设工程规划类许可证、建筑工程施工许可证等。此外，针对不同的项目，还会涉及其他相关审批文件的办理，如洪水影响评价审批文件、风景名胜区保护审核文件、自然保护区审核意见文件、民用机场安全环境保护意见文件、同意林（草）地使用意见书/林地采伐许可证、农用地转用审批、征地、临时用地审批文件等。

4. 项目重大合同及履行情况

风电、光伏等新能源项目所涉及的项目工程重大合同主要涉及 EPC 总承包合同、设备采购合同、监理合同等，项目工程重大合同的履行关系着目标项目能否顺利进行建设，因此在尽职调查过程中，律师应向项目公司索要相关的项目工程重大合同并仔细审阅，核查合同签订主体是否适格、合同价款、合同期限、合同各方权利义务、是否存在关联交易等。对于 EPC 总承包和工程施工合同，除关注其是否是在履行招投标程序后签订外，还应关注有关承包合同内容是否与招投标文件中的内容相一致，根据《最高人民法院关于审理建设工程施工合同纠纷案件适用法律问题的解释（二）》第十条的规定，当事人签订的 EPC 总承包合同与招标文件和投标文件中的实质性内容不一致的，一方当事人可主张将招标文件、投标文件、中标通知书作为结算工程价款的依据。

5. 项目验收情况

风电、光伏等新能源项目竣工后需要进行验收，并取得相应的验收合格证明文件，在尽职调查过程中，律师应对这些文件进行核查。风电、光伏项目验收阶段需要取得的文件主要有五方主体竣工验收单、并网验收报告、质量监督检查验收、环境保护验收审查意见等。此外，针对不同的项目，还会涉及其他相关验收文件的办理，如防洪验收文件、水土保持验收文件等。

6. 项目用地情况

在对风电、光伏等新能源项目的用地情况进行核查时，应重点关注风电、光伏项目的升压站、综合楼用地、风机塔筒/光伏板铺设用地及外送线路工程用地。风电项目中风机基座、机组变电站、线路（电缆沟、架空线路基座）、对外交通道路、运行期检修道路、升压站和综合楼等永久用地部分，一般应按照建设用地进行管理。光伏项目中涉及升压站、管理用房等永久性建筑用地部分，通常也应依法按建设用地办理手续。对建设占用农用地的，所有用地部分均应按建设用地管理。送出线路用地中，送出线路基座仍属于永久占地部分，应当按照建设用地管理，对于其实际占地部分依法办理征地手续，涉及农用地的，还需办理农用地转用手续。此外，林地、草地、永久基本农田均受特殊保护，占用此类特殊区域，均须履行严格的审批手续，未经批准非法占用，不仅项目可能遭到拆除，同时项目投资主体还可能遭受行政处罚，甚至承担刑事责任。因此律师在尽职调查过程中应向项目公司索要相关土地审批文件、当地政府部门针对风电、光伏项目发布的相关政策等。

7. 项目电价及补贴情况

风电、光伏等新能源项目的投资回报主要来源于项目的电价与补贴，因此在尽职调查过程中应对目标项目的电价与补贴情况重点关注。在有的项目中，相关部门会针对该项目出具电价批复文件，明确项目的上网电价与补贴情况，此时律师应注意向项目公司索取该类文件，对项目电价与补贴情况进行核实。在无电价批复文件的项目中，则根据国家发展改革委及国家能源局发布的相关电价政策确定项目电价。涉及省级补贴及市级补贴的，则应根据目标项目所在省市情况，进一步对该省市的风电、光伏项目电价政策进行了解，核查是否存在地方补贴的情形。此外，还应注意核查目标项目是否被列入可再生能源电价附加资金补助目录，并要求项目公司提供其在国家能源局可再生能源发电项目信息管理平台填报的截图，只有目标项目列入可再生能源电价附加资金补助目录后，才有资格获取国家补贴。

8. 项目后续运维情况

风电、光伏等新能源项目的运维是保障项目正常发电运行的重要手段，因此在尽职调查过程中，应对目标项目的运维情况进行关注。目标项目的运维可采取项目公司自行运维的方式，也可采取委托第三方运维的方式。委托第三方进行运维的，应注意向项目公司索要其与第三方签订的运维合同并仔细审阅，核查运维合同的服务期限、服务金额、合同双方的权利义务等情况。

第三节　项目并购合同要点

一、项目并购概述

在项目并购过程中，并购双方需要共同或各自签署种类繁杂的法律文书，其中最重要的是双方签订的并购合同。并购合同不仅是并购双方权利、义务的主要体现，也是防范各种已知和未知法律风险的重要保障以及并购顺利完成的基础。

并购前期的尽职调查工作已经完成并且在目标公司没有“硬伤”的情况下，并购即进入实施的具体过程，包括但不限于并购各方会面、谈判、确定并购价格、协商整合问题、签订并购备忘录等事宜。各方会对实施过程中的各项问题进行讨论并统一意见后，签署备忘录。

在双方形成初步意见后，收购方往往会聘请律师参与内部讨论会议，为项目交易提供交易路径设计，对交易方案作出总体法律风险评价。同时律师根据尽职调查情况、交易方案以及双方形成的初步意见以及备忘录，确定合同条款。并购合同主要包括合同标的、交易价格、支付方式、交割条件、陈述与保证、合同生效条件、违约责任、争议解决等条款。

并购是具有高风险的商业运作活动。成功的并购可以让并购双方获得双赢，提高企业竞争力，带来丰厚的经济回报；操作不当可使并购双方陷入经营和财务危机。在风电、光伏等新能源项目并购领域中存在前期成本较高、风险较大的问题，如收购方以兼并、收购现有风电、光伏项目公司形式实现对风电、光伏项目的控制，不仅要做好目标公司以及目标项目的前期尽职调查工作，还需要一份精心设计的并购合同对交易方案的实施、各方权利义务的划分、潜在风险的承担等作出安排。只有这样，投资者才能防范股权转让、入股新公司过程中可能面临的法律风险，避免成为“背锅侠”，达到“名利双收”的效果。

二、收购模式分析

（一）项目投资阶段

风电、光伏等新能源项目投资阶段主要分为前期开发、建设期、运营期、处置期四个阶段。

以风电项目为例，四个阶段的投资收益来源情况如表 3-7 所示。

表 3-7　项目投资四个阶段的收益来源情况

阶段	起算时点	结束时点	投资方收益来源
前期开发	签订开发协议	开工建设	直接出售前期开发成果，享受投资收益
建设期	开工建设	通过 240 小时试运行验收	出售前期开发、建设初步成果，享受投资收益
运营期	并网并通过 240 小时验收	运营期开发后满 20 年	自行融资建设，享受发电收益；或 出售项目电站所在公司股权，一次性获得转让款
处置期	20 年运营期满后	—	残值回收

一般情况下，投资人会成立专门的项目公司用于新能源项目开发建设工作，并取得项目核准/备案及相关批文，投资人出售项目时，出售项目公司的部分或全部股权即可。

（二）直接收购与预约收购

根据项目收购时交易各方签订的并购合同，是约定将来特定条件满足后再签订项目公司股权转让协议和办理股权交割，还是直接签订股权转让协议和办理股权交割，收购模式可分为直接收购和预约收购两种模式。

1. 直接收购

直接收购模式是指由收购方通过直接收购股权的方式实现对项目公司的控制。直接收购可分为两种情况，即收购上层平台公司股权和收购目标项目公司股权。

收购上层平台公司股权模式，指股东于目标项目公司之上增设一层平台公司架构，收购方通过收购股东持有的平台公司股权间接实现对目标项目公司和风电/光伏项目的控制。收购目标项目公司股权模式，是指收购方直接收购股东持有的部分或者全部项目公司股权，实现对项目公司的控股或全资持有。由于国家对于风电、光伏项目并网前变更投资主体的限制，直接收购目标项目公司股权的模式通常用于项目建成并网后的股权收购。

2. 预约收购

为了规范项目投资开发秩序，我国的法规政策明确禁止风电、光伏项目在并网前擅自变更投资主体。《国家能源局关于印发新建电源项目投资开发秩序监管报告（新能源部分）及工作要求的通知》（国能监管〔2015〕384 号）规定，对于倒卖项目开展前期工作批复文件（俗称“路条”）、倒卖项目核准（备案）文件的违法违规行为，有关省（自治区、直辖市）发展改革委（能源局）要按照“谁核准（备案）、谁负责、谁处理”的原则，责令相关投资主体限期严肃整改；对于拒不整改的，要采取公开通报、暂停或者取消相应项目可再生能源电价补贴、行政处罚以及将涉嫌犯罪的移送司法机关等多种方式，依法从重从快处理，确保发现问题得到及时、全面、彻底整改落实。因此擅自变更未投产的风电/光伏项目投资主体，可能面临不能取得电价补贴，甚至项目暂停、取消等严重后果。

对于风电、光伏项目并购而言，直接收购模式操作简单，并购双方直接进行股权交割，钱货两清，但如果直接收购模式在项目并网前实施，可能面临因擅自变更投资主体而被处罚甚至取消项目补贴的风险。部分项目投资人为提前锁定收购方，往往通过进行签订预约合同的方式，约定项目并网后进行项目股权收购。预约收购模式虽然可以规避擅自变更项目投资主体的风险，但由于在项目并网后方能进行股权交割，收购方可能面临项目开发失败、转让方拒绝进行股权交割等多种风险，因此对于预约收购项目的并购合同提出了更高的要求。

三、股权收购合同重点条款

为更好地解析风电、光伏项目股权收购合同的合同条款，此处预设一个

A公司收购上层平台公司的场景，具体情况如下：

D公司为开发目标项目（某20MW光伏项目），先设立了平台公司C公司并持有其100%的股权，C公司又全资设立项目公司B，由B公司负责目标项目的开发建设。现A公司拟通过收购C公司100%股权的方式间接收购目标项目公司。初步交易结构图如图3-2所示。

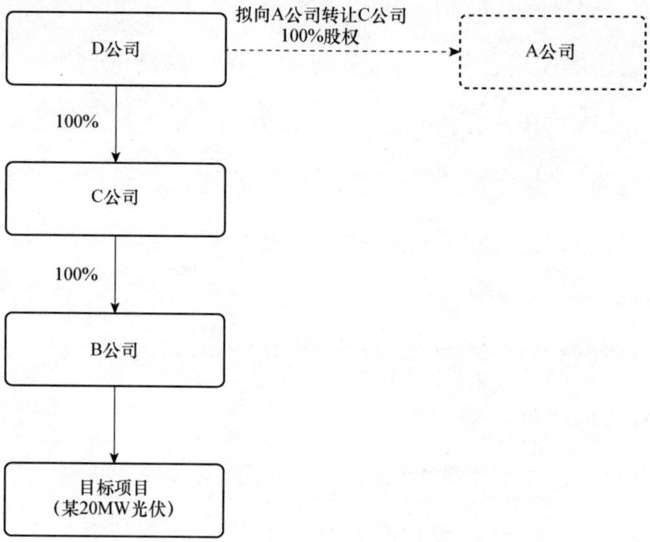

图3-2　收购项目公司初步交易结构图

1. 股权转让价格

（1）股权转让价格依据

股权转让价格是以《评估报告》载明的目标公司股东全部权益价值评估值为基础，经协商确定。

（2）股权转让价格调整

股权转让价格是基于项目能取得所有的备案、批复、许可、验收文件和证照，项目手续齐全且合法合规，电站设备齐备，完成全部消缺事项，电站按照电网公司要求正常运行的前提所确定，如果协议签订后，发现项目未取得或仅部分取得备案、批复、许可、验收文件和证照，或电站无法正常运营，或项目手续不齐全或项目存在违法违规情形的，则收购方有权调整目标股权转让价格。

（3）股权转让价款支付

股权转让价款是由收购方根据协议的约定分期支付给转让方，各期股权转让价款的支付以协议约定的相应先决条件满足为前提。收购方可在协议中约定各期股权转让价款支付的先决条件，如在目标股权交割、目标股权转让的工商变更登记手续、体现目标股权转让事宜的目标公司新章程及董事、监事、高级管理人员变更的工商备案手续已经完成且目标公司已取得新营业执照或准予变更登记通知书后支付第一期的股权转让价款，在项目公司完成所有消缺事项并取得相应证明文件后支付最后一期股权转让价款。

2. 股权交割条件

一般情况下，股权交割条件如下：

（1）协议已签署并生效，转让方及收购方已获得为完成本协议约定事项所必要或需要的内部及外部的所有决议、授权、同意和批准，以及所有第三方同意（如需）。

（2）目标股权质押已解除（如股权存在质押），以及不存在其他影响股权交割的因素。

（3）不存在任何第三方对目标股权和目标项目转让主张无效或撤销该交易的情形。

（4）转让方已编制目标公司的合同清单及债权债务清单作为合同附件。

（5）转让方已促成目标公司取得了政府主管部门核发的关键合规性文件或针对该等关键合规性文件的缺失完成了过渡性措施，即对于目标项目所涉的关键合规性文件，转让方已促成目标公司取得了目标项目所在地有管辖权的政府主管部门出具的经收购方认可的关于关键合规性文件的书面确认函、说明函等相关文件，证明关键合规性文件正在办理过程中，不存在实质障碍。

（6）目标公司未发生重大不利影响事项，或虽发生重大不利影响事项但已被纠正。

（7）不存在限制、禁止或取消本次股权转让的法律或政府机构的判决、裁决、裁定、禁令或命令。

（8）转让方在本协议签署之日及交割日于本协议中所作的声明、陈述、保证、承诺在所有重大方面均持续真实、完整、准确。

3. 股权交割程序

转让方应当负责自股权交割先决条件全部达成（或被收购方书面豁免）之日起的一定时间内办理完成以下事项，收购方提供必要配合与协助。

（1）完成目标股权转让相关的登记/备案。

1）转让方根据适用法律法规及目标公司企业登记机关的要求，确保目标公司取得企业登记机关准予变更登记或备案的通知书以及向目标公司换发的新营业执照。目标公司取得上述新营业执照所载的核发日期为“交割日”。

2）转让方确保目标公司对其法定代表人、董事、监事及高级管理人员变更应取得企业登记机关准予变更登记或备案的通知书，收购方应积极并及时向转让方提供收购方指定的法定代表人、董事、监事和高级管理人员信息及配合签署相关变更登记备案所需的申请文件。

（2）资料移交。

1）转让方应于交割日向收购方移交有关目标公司的关键印章、证照、银行账户资料原件。

2）目标公司其余需移交的资料（例如目标项目开发、建设、运营相关的各类登记、许可、验收、备案等合规性文件、各类合同、会计账簿及凭证等），转让方在交割日后一定期间内向收购方移交，并与收购方签署移交清册，收购方需积极配合接收事宜。

4. 过渡期条款

自协议签署日至目标股权交割日的期间为过渡期，转让方应确保目标公司持续、稳定的经营，履行对目标公司的管理职责，尽到善良管理人的义务，并及时将有关对目标公司已造成或可能造成重大不利影响的任何事件、事实、条件、变化或其他情况书面通知收购方。

对过渡期的损益应作出安排，如约定自评估基准日至交割日期间，目标公司的收益或权利、亏损或义务由转让方享有或承担。评估基准日后至交割日前，目标公司应当且转让方应保证目标公司以正常方式经营运作并及时、妥善履行已签订的合同，除非为履行协议所约定的支付目标股权转让价款前应当完成的工作或经收购方书面同意，转让方应保证目标公司不得进行以下行为：

（1）任何涉及目标公司合并、分立、停业、清算、解散等行为。

（2）转让、出售、抵押、质押、保付代理或通过其他方式处置目标公司全部或部分资产、股权、业务、商誉、权益及合同权利义务；或者给目标公司设定或者令其承担任何性质的担保义务或者担保责任以及其他增加目标公司债务负担的行为。

（3）放弃目标公司债权、债权的担保或放弃任何求偿权或提前清偿目标公司债务。

（4）修改目标公司章程及其他关键文件。

（5）变更目标公司目前的业务，或促使目标公司开展与目前业务不存在辅助或附带关系的新业务。

（6）签订对目标公司经营发展有重大影响的合同，修改已签署的合同或与关联方签订协议，导致目标公司产生不合理的债务、责任或导致目标公司丧失本应有的权利。

（7）任何对收购方在目标公司中的持股产生稀释或降低效果的行为。

（8）任何涉及目标公司增资或减资、增加或减少公司股东、调整现有股权比例等的行为。

(9) 通过任何针对目标公司解散、清算，或承诺进行任何兼并、合资、重组或分立、清算、解散事宜的决议。

(10) 对外投资、担保、借贷、赔偿。

(11) 转让方及关联方通过与目标公司的资金拆借、关联交易或其他方式转移目标公司资金和/或扩大目标公司对股东及关联方的应收款数额。

(12) 为目标公司招聘员工，致使目标公司用工状况变化。

(13) 进行其他严重影响目标公司的财务状况、业务发展或可能影响目标公司形象、声誉和信誉的事项，以及其他侵害目标公司合法权益或不利于本协议项下股权转让交易的其他作为或不作为。

5. 违约条款

(1) 转让方未按期达成先决条件的违约责任。

若因转让方原因导致先决条件未能于约定期限内（或收购方同意延长的先决条件达成期限）满足的，转让方应向收购方支付违约金；逾期超过一定时限，收购方有权解除协议。

(2) 股权交割的违约责任。

1) 如果转让方拒绝交割目标股权，或因转让方原因无法完成目标股权交割，或收购方拒绝收购目标股权，违约方应向守约方支付违约金。

2) 收购方根据协议约定要求转让方交割目标股权，但转让方未在本协议约定的期限内进行交割的，收购方有权向转让方收取违约金。

(3) 转让方未按期处理完毕消缺事项的违约责任。

若转让方截至相应承诺完成时限（或收购方同意延长的承诺完成时限）尚未完成相应消缺事项的，收购方有权向转让方收取违约金。

(4) 其他违约责任。

除执行协议约定的具体违约金外，如果一方未履行其在协议项下的任何义务或一方在协议项下的陈述或保证被证明不真实或实质上不正确，该方应被视为已违反协议。通常合同中会约定守约方有权要求违约方限期纠正该等违约情形，若该等违约情形限期内仍未被纠正，则违约方应赔偿守约方因其违约引起的一切直接的损害和损失，包括但不限于与其前述违约行为有关的任何索赔、诉讼、责任、成本或开支（包括诉讼费、仲裁费和律师费等）。

6. 担保条款

为担保收购合同/股权转让合同项下收购方的利益，通常会在收购合同/股权转让合同中设定担保条款，将受让方或担保方的资产进行抵押或质押或由担保方提供保证担保。担保范围通常为：

（1）转让方违反协议项下的全部义务、责任、陈述和保证及承诺事项而产生的违约金、损失赔偿金、资金占用成本及利息等一切应付款项。

（2）转让方基于协议的相关约定向收购方或目标公司应支付或返还的全部款项。

（3）收购方为实现相关债权而产生的诉讼费、仲裁费、律师费及其他相关费用等。

7. 合同解除

风电、光伏等新能源并购项目中，协议解除情形主要包括：

（1）各方经协商一致解除协议，或者任何一方行使协议约定的单方解除权的。

（2）收购方违反协议约定，转让方依据协议的约定提出解除协议的。

（3）转让方、目标公司、EPC 总承包方（如涉及）等违反协议约定，收购方依据协议的约定提出解除协议的。

（4）目标项目和转让方无法满足协议约定的股权交割条件，收购方提出解除协议的。

（5）发生不可抗力导致协议解除的。

(6) 受行政部门监管等原因，导致协议无法实施，包括股权转让后，导致目标公司在合理年度内，无法申请可再生能源补贴的情形。

一般情况下，从收购方角度出发，合同解除后相关方应返还收购方全部预付款项及资金占用费。同时，需要关注的是，可以设置“本协议解除后，不影响本协议保密条款、违约责任条款和争议解决条款的效力，守约方可根据履行情况要求违约方承担违约责任”之类的条款，以保障守约方的利益。

8. 争议解决

争议解决条款也是风电、光伏等新能源项目并购合同中各方重点关注的条款。尤其对于收购合同而言，由于不能在签约时完成股权过户，而收购方往往要提前投入大量的资金成本，履约过程中很容易发生争议，需要提前就争议解决方式作出约定。

我国对于争议管辖采取的是“或裁或诉”原则，即当事人在仲裁和诉讼两种争议解决方式中只能选择一种方式。诉讼管辖法院或仲裁机构通常可以由合同当事人按照法律规定约定。并购合同双方可以事先书面协议选择被告住所地、合同履行地、合同签订地、原告住所地、标的物所在地等与争议有实际联系的地点的人民法院管辖；也可以约定将争议提交某仲裁委员会通过仲裁方式解决。但需要注意的是，诉讼一般为二审终审，但仲裁是一裁终局。

四、预约收购的主要风险

采取预约收购模式进行风电、光伏项目的收购在实践中被大量采用，相对于直接收购并网后风电项目，预约收购方式更为复杂，风险也更大，收购方需谨慎实施风电、光伏项目的预约收购。

（一）预约收购项目示例

为更好地解析风电、光伏项目预约收购协议的主要风险，此处预设一个

A 公司收购 B 公司的场景，具体情况如下：

B 公司是 C 公司与自然人张三为开发目标项目（某 50MW 风电项目）而设立的项目公司，A 公司拟收购 B 公司 100%股权。在 A 公司与 B 公司、C 公司以及张三进行初步洽谈时，A 公司即了解到 B 公司缺乏融资渠道，其股东也不愿意以自有资金投入，虽然 B 公司已经履行招标程序，确定 D 公司为目标项目的 EPC 总承包方，但是因资金问题，项目在取得核准的情况下尚未开工建设，故 C 公司以及张三拟向 A 公司转让其持有的 B 公司 100%股权。其初步交易结构图如图 3-3 所示。

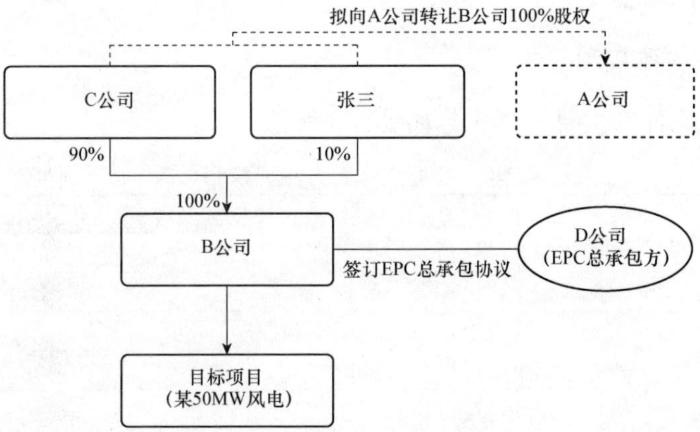

图 3-3　预约收购项目初步交易结构图

经过 A 公司及其聘请的律师的尽职调查，A 公司发现 B 公司成立以来尚未开展过业务，其注册资本为 500 万元，均未实缴；B 公司的项目用地为划拨土地，已经办理土地预审，但是尚未完成划拨土地使用权的批准手续且尚未办理建设用地批准手续；项目前期工作例如环境影响评价委托合同相关的费用尚未支付；项目开工手续均未办理。

经过 A 公司有权机构决策，A 公司拟继续推进项目并购实施事宜。

因 B 公司未能获得主管能源局关于同意目标公司投资人变更的同意函，稳妥起见，A 公司决定采用预约收购模式（即由 A 公司出资并完成项目建设，由C公司及张三负责项目手续的办理，待项目并网后如项目符合预约收购合同约定的条件，再行签订正式的股权转让协议，进行B公司的股权交割）并签订预约收购合同（风电项目合作协议），具体如下：

1. 合同主体

甲方（收购方）：A公司

乙方（原股东）：C公司

丙方（目标公司）：B公司

丁方（原股东）：张三

戊方（EPC总承包方）：D公司

2. 各方主要权利义务

合同主体各方主要权利义务如表3-8所示。

表3-8 合同主体各方主要权利义务

合同主体	主要权利义务
甲方（收购方）	1. 支付预付款、提供借款
	2. 受让目标公司股权
	3. 管理上对目标公司实现控制
	4. 协助目标公司融资
	5. 选择运维机构
乙方、丁方（原股东）	1. 乙方、丁方将目标公司股权质押给甲方，并采取其他担保措施
	2. 向目标公司注入资本金
	3. 协助目标公司融资
	4. 开展前期工作、取得各项审批文件，满足开工条件
	5. 对目标公司进行妥善管理
	6. 承诺与保证
	7. 满足交割条件后，向甲方转让股权
戊方（EPC总承包方）	1. 设计、采购、施工，直至项目通过竣工验收
	2. 协助项目公司取得各项审批文件
	3. 投保：建筑安装一切险、第三者责任险等
	4. 承诺与保证（主要涉及投资控制、安全生产、质量保证、工期保证等）

（二）主要法律风险

1. 目标公司共管风险

预约收购合同（风电项目合作协议）签订后，收购方已成为实际的投资人，通常会在协议中约定，通过控制项目公司的印章（公章、法人章、财务专用章等）、营业执照、银行账户等方式实现对项目公司的控制权，除非得到收购方的同意，否则原投资人不得作出对项目公司较大影响的行为。但实践中，项目公司法定代表人和股东仍为转让方，一旦双方发生争议，转让方可以印章和证照遗失为由，挂失后重新补办印章和证照，实现对项目公司的再次控制。如收购方仅收购项目公司部分股权的，还需要将项目公司的章程作为预约收购合同的附件，明确约定股权交割后项目公司的组织架构以及议事规则，避免股权转让后，双方对于项目公司的治理规则无法达成一致意见。

2. 资金安全风险

在该交易架构下，收购方在确定收购后需解决目标项目的注册资本金和融资问题，或在项目已经基本解决融资问题的情况下向转让方支付一定的款项作为预付款或者诚意金，但最终是否能完成对目标项目的收购存在不确定性。为此，收购方需设置合理的担保条款，确保终止收购时收购方所投入资金及利息的安全。而项目公司的股权和售电收益权通常会质押给贷款银行或者融资租赁方，收购方除了对项目公司进行实际管控外，往往需要通过股东方提供保证担保等方式确保自身投入资金的安全。

3. 股权交易价格风险

虽然预约收购合同并非正式的股权转让合同，但是双方仍应在预约收购合同中明确约定股权交易价格及调整方式，避免在正式签署股权转让协议时双方就价格问题发生争议。在确认股权交易价格时，收购方与转让方需约定股权交易的基准价格以及各种情况下的调整方式，如在目标项目部分取消、目标项目装机容量减少、目标项目电价降低等情形下，如何调整股权交易价格，以确保收购方的投资回报率。同时，需要注意的是，如果交易一方或双方为国有企业，提前锁定交易价格的方式可能与国有资产管理的相关规定存在一定的冲突，应谨慎实施。

4. 股权交割风险

在并网发电之前，目标公司原股东通过股权转让的方式转让项目存在限制，为此预约收购合同通常约定，并网后在满足一定条件的情况下，收购方与转让方需签订股权转让协议，由转让方将目标股权转让给收购方。但实践中，容易出现预约收购合同对并网后股权转让事宜约定不明确，导致双方对于股权转让的前提条件成就与否发生争议，或转让方恶意违约，在股权转让前提条件成就后，转让方拒绝按照预约收购合同的约定签订股权转让协议和办理股权交割，导致整个交易无法完成。

5. 项目建设风险

虽然预约收购合同中约定由 EPC 总承包方负责项目建设，总承包方应按照合同约定的价格，在约定的工期内，按照约定的质量标准建成项目，并对发电小时数/发电量及上网电价进行担保，但实践中会因为承包方资金短缺或现场管理不善、风机厂商未及时供货或供应的设备存在质量问题、项目合规性手续存在瑕疵、人机材价格上涨等原因导致项目投资超出预算、无法按期并网投产而影响上网电价，或项目存在质量问题影响发电量，直接导致项目的投资回报率低于预期。

6. 项目合规性风险

风电、光伏项目手续审批部门多，办理程序复杂。实践中，经常发生并购项目未依法办理部分审批手续，项目实际情况和审批文件上载明的项目情况不一致，风电项目发生过风机移位、项目用地性质调整后未重新办理或补办相关审批手续等。虽然预约收购合同中通常会约定由转让方继续办理项目的合规性手续，但项目手续的办理非转让方所能完全控制，如项目合规性手续未能及时办理或已办理的手续存在瑕疵的，可能导致预约收购项目无法建成投产、无法取得电价补贴或无法取得预期的电价，甚至还可能被认定为违章建筑而被没收或拆除。

7. 并购终止的风险

在预约收购过程中，并购项目可能发生不符合预期收益率、项目长时间停缓建、无法如期并网、无法取得约定的电价和发电量以及项目手续存在重大瑕疵的情形，此时收购方可能面临预约收购合同无法终止以及协议终止后的合同无法结算和清理，导致收购方所投入的资金本息存在安全性之虞，无法全额得到返还。

第四章
新能源项目纠纷典型案例分析

政策导向性较强、涉及主体众多、交易模式复杂，一直是风电、光伏等新能源行业的显著特征。尤其是2018年以来，相关政策频繁出台，电价补贴退坡加速，新能源行业迎来了一波震荡期及抢装潮，与风电、光伏等新能源项目相关的法律风险日益凸显，案件数量持续攀升，争议类型不断丰富，既可能是投资方之间的股权争议、投融资争议或合作开发争议，也可能是项目方与承包方或供应商之间的建设工程争议或设备采购争议，还可能是项目方与土地使用权人之间的用地争议；既可能表现为发电量损失索赔，也可能表现为工程、设备质量索赔或侵权索赔等其他形式；既可能涉及民事、行政责任，还可能涉及刑事责任。此种情况下，新能源领域内在的法律风险管控需求明显增强，如何有效避免及解决争议至关重要。

因此，本章结合我们长期处理新能源项目争议的实践经验，选取与风电、光伏项目前期开发、投资融资、设备采购、工程建设、合作并购等方面高度关联的典型案例进行分类梳理，提炼出新能源项目的常见争议点，总结各地法院对于特定问题的裁判要旨及倾向性意见，从而明确争议解决过程中不能忽视的要点事项，并就其进行深入的法律剖析，在充分揭示新能源项目实践中的法律风险的同时，为读者提供具有操作性的争议解决实务指引。

第一节　项目用地及工程建设纠纷典型案例与裁判要旨

一、项目用地纠纷

典型争议 1　新能源项目用地合同效力争议

案例：未经民主决议程序和镇政府批准，光伏项目投资主体直接与发包人签署的用地协议可能被判无效

【案情简介】

2015 年 11 月，中凯公司与柳泉村委会签署《土地租赁合同》。合同约定，中凯公司租用柳泉村 1 400 亩土地用于建设 2×20MWp 分布式太阳能光伏发电项目，租期 27 年。根据一审法院查明的事实，《土地租赁合同》签订前原、被告未进行入户调查，合同签订后柳泉村委会原村支部书记赵某虎组织对部分村民进行了入户调查，村会计赵某证明未召开村民代表大会，会议记录是原村支书赵某虎指示赵某编写的。柳泉村委会从 2015 年至今未向长武县相公镇人民政府上报关于相关土地流转的文件，未获长武县相公镇人民政府批准。最终，双方对《土地租赁合同》的效力和损失赔偿问题发生争议。

【法院认为】

柳泉村委会与中凯公司签订土地租赁合同，未事先经该集体经济组织成员的村民会议三分之二以上成员或者三分之二以上村民代表的同意，未报镇人民政府批准；建设光伏发电项目改变了土地的农业用途，均违反了法律的强制性规定，故合同无效。因柳泉村委会未提供有效证据证明其实际损失，柳泉村委会对合同无效亦存在过错，故对其要求赔偿经济损失的诉讼请求不应予以支持。

【案例索引】

咸阳市中级人民法院（2016）陕04民终2151号案

【实务要点】

项目用地相关事宜是风电、光伏项目开发建设中最容易出现纠纷的领域之一，并且在项目开发过程中，用地手续的办理流程长且程序复杂，稍有不慎便可能引发民事索赔，导致用地合同无效，甚至遭受行政处罚和承担刑事责任。

1. 直接发包未履行民主决策程序，可能导致合同无效

《农村土地承包法》第五十二条第一款规定："发包方将农村土地发包给本集体经济组织以外的单位或者个人承包，应当事先经本集体经济组织成员的村民会议三分之二以上成员或者三分之二以上村民代表的同意，并报乡（镇）人民政府批准。"因此，若通过发包土地承包经营权的方式而取得光伏阵列用地的，则应当按照前述规定履行民主决策程序。并且，是否为村集体直接发包，不能仅以合同名称进行判断，如本案中，虽然村集体与项目公司之间的合同名为租赁合同，但其实则是通过村集体直接将土地发包给项目公司，而非村民承包后由其个人进行转租，故仍需履行相应的民主决策程序。

虽然存在前述规定，但实践中对于未履行民主决策程序而签订的承包合同的效力存在争议。部分法院认为，违反前述程序并不直接导致无效，前述规定并非效力性强制性规定，如山西省高级人民法院（2017）晋民再审的63号案仅认定合同为可撤销，而非直接无效，"村民委员会是村民选举出来代表村民处理村务的组织机构。村委会处理村务应视作村民的授权，如果村民委员会或者村民委员会成员作出的决定侵害村民合法权益的，受侵害的村民可依法申请人民法院予以撤销，责任人承担法律责任。"再如最高人民法院（2013）民一终字第44号案等。诚然，亦存在相关案例认为违反民主决策程序而签订的承包合同无效，如前述咸阳市中级人民法院（2016）陕 04 民终 2151 号案中，法院即认定合同无效，再如承德市中级人民法院（2018）冀 08 民终 2214 号案等也作出类似认定。

对此，最高人民法院《全国法院民商事审判工作会议纪要》（法〔2019〕254 号）第 30 条规定："下列强制性规定，应当认定为'效力性强制性规定'：强制性规定涉及金融安全、市场秩序、国家宏观政策等公序良俗的；交易标的禁止买卖的，如禁止人体器官、毒品、枪支等买卖；违反特许经营规定的，如场外配资合同；交易方式严重违法的，如违反招投标等竞争性缔约方式订立的合同；交易场所违法的，如在批准的交易场所之外进行期货交易。关于经营范围、交易时间、交易数量等行政管理性质的强制性规定，一般应当认定为'管理性强制性规定'。"因此，我们认为，民主决策程序应属于维护土地秩序的重要措施，从立法目的、保障土地合理利用及村民合法权益的角度而言，其仍存在构成效力性强制性规定的可能，故项目方直接从村集体取得用地时，仍应积极履行民主决策程序，并要求村集体提供能证明其已依法履行民主决策程序的证明资料，否则合同无效的可能性较大。

2. 租赁取得土地并未强制要求履行民主决策程序，仅需在发包方备案，未经备案不影响合同效力

《农村土地承包法》第三十六条规定："承包方可以自主决定依法采取出租（转包）、入股或者其他方式向他人流转土地经营权，并向发包方备案。"《最高人民法院关于审理涉及农村土地承包纠纷案件适用法律问题的解释》（法释〔2005〕6 号）第十四条规定："承包方依法采取转包、出租、互换或者其他方式流转土地承包经营权，发包方仅以该土地承包经营权流转合同未报其备案为由，请求确认合同无效的，不予支持。"因此，通过出租方式取得光伏阵列用地的项目方，不同于直接承包经营，无须履行民主决策程序，仅需向村集体进行备案。并且，未经备案不影响合同效力，项目方系合法从承包方取得用地，不存在任何侵权行为，其他主体无权主张侵权，但仍需注意以下几点：

第一，《最高人民法院关于审理涉及农村土地承包纠纷案件适用法律问题的解释》（法释〔2005〕6号）第二十一条规定：“承包方未依法登记取得土地承包经营权证等证书，即以转让、出租、入股、抵押等方式流转土地承包经营权，发包方请求确认该流转无效的，应予支持。但非因承包方原因未登记取得土地承包经营权证等证书的除外。”因此，若承包方未依法取得相关承包经营权证书即进行转包、出租，则可能导致流转无效，村集体等权利主体可能据此提出侵权主张。

第二，《合同法》第二百一十四条第一款明确规定：“租赁期限不得超过二十年。超过二十年的，超过部分无效。”由于风电、光伏项目的运营期普遍超过20年，若直接签署租赁期超过20年的土地租赁合同，则可能导致超出20年的部分无效。

第三，签订合同后，还应分别提交发包方和乡（镇）人民政府的农村土地承包管理部门备案，并申请登记以对抗第三人。

3. 转包仅适用于同一集体经济组织的其他农户，不建议风电、光伏项目主体直接以转包方式获取土地

《农村土地承包经营权流转管理办法》第三十五条第二款规定：“转包是指承包方将部分或全部土地承包经营权以一定期限转给同一集体经济组织的其他农户从事农业生产经营。转包后原土地承包关系不变，原承包方继续履行原土地承包合同规定的权利和义务。接包方按转包时约定的条件对转包方负责。承包方将土地交他人代耕不足一年的除外。”该条第五款规定：“出租是指承包方将部分或全部土地承包经营权以一定期限租赁给他人从事农业生产经营。出租后原土地承包关系不变，原承包方继续履行原土地承包合同规定的权利和义务。承租方按出租时约定的条件对承包方负责。”

因此，我们认为，转包与租赁的最大区别在于针对的主体及期限不同，即转包仅针对“同一集体经济组织的其他农户”，而租赁可以针对其他从事农业生产经营的主体；转包期限应在农村土地经营权剩余时限内，而租赁最长时限为《合同法》规定的二十年，且不超过土地承包经营权剩余期限。不过，实践中的确会遇到项目方与村民签署转包协议的情况，但严格意义上，项目方不应直接通过转包村民土地的方式获取项目用地，即便名为转包协议，实质上仍应按照租赁的规定进行处理。

典型争议 2　新能源项目违法用地的民事责任

案例：新能源项目损毁草地、林地造成侵权的，应停止侵害并承担赔偿责任

【案情简介】

2003 年 3 月 1 日，康某山、王某洲、姜某与原陶乐县高仁镇乡人民政府签订一份《陶乐县草原有偿承包合同书》，约定三人承包位于原陶乐县高仁镇乡人民政府烂庙沟西面积为 12 000 亩草原，康某山、王某洲、姜某在承包期内有草原经营使用权和建设权，原陶乐县人民政府为康某山、王某洲、姜某分别颁发草原使用权证，其中康某山持有的为陶草证字（2003）第 203-A 号草原使用权证。2013 年 3 月 12 日康某山、王某洲、姜某签订《承包草原分割协议》一份，约定将上述承包草原分割为三份，草原从北到南依次为王某洲、康某山、姜某所有，每人 4 000 亩草原各自经营管理。

2013 年因平罗县政府（2003 年，陶乐县建制被撤销，原陶乐县部分地区归银川市管辖，其余地方划归平罗县管辖）建设光伏电站，王某洲分割的草原已被全部征用。2014 年 8 月平罗中电科能源有限公司在现平罗县高仁乡建

设光伏并网电站，将部分工程交由西安东庆新能源有限公司施工，在施工过程中将康某山承包部分草原推平毁损，经鉴定损坏面积为 980 亩，造成经济损失 1 764 000 元。故康某山向法院提起诉讼，请求平罗中电科能源有限公司、西安东庆新能源有限公司立即停止对康某山草场的侵害，将已经破坏的 1 000 亩草场恢复原状并赔偿康某山损失 330 万元。

【法院认为】

侵害民事权益，应当依法承担侵权责任。西安东庆新能源有限公司在施工中将康某山依法取得使用权证的草原毁损，侵害了康某山的土地使用权，应当停止侵害，并对毁损康某山 980 亩草原的经济损失 1 764 000 元予以赔偿。平罗中电科能源有限公司提交的证据不能证明其取得康某山承包草原的土地使用权，应当承担举证不能的后果。平罗中电科能源有限公司未取得合法的土地使用权即将工程交由西安东庆新能源有限公司施工，与西安东庆新能源有限公司构成共同侵权，应当承担连带赔偿责任。因康某山申请对受损草原经济损失鉴定意见已经参照草原植被恢复费予以计算，康某山要求西安东庆新能源有限公司、平罗中电科能源有限公司恢复被毁损草原原状与赔偿损失的诉讼请求实际上重复，本院只支持其赔偿损失的诉讼请求，对恢复原状的请求不予支持。

【案例索引】

石嘴山市中级人民法院（2014）石民初字第 150 号案

【实务要点】

林地、草地是风电、光伏项目中经常占用的土地类型，而林地、草地等特殊区域均受特殊保护，风电、光伏项目占用此类特殊区域时，除了应按照规定办理建设用地手续或签署相关租赁协议之外，还须在此之前履行额外的审批手续，否则不仅项目可能遭到拆除，同时项目投资主体还可能遭受行政处罚，甚至承担刑事责任，故应当予以高度重视。

1. 使用草地、林地，除一般用地手续外，还需办理使用草地、林地审核同意书，否则构成非法用地

具体而言，风电、光伏项目涉及林地时，必须取得国务院林业主管部门或省、自治区、直辖市人民政府林业主管部门出具的使用林地审核同意书；涉及草地时，必须取得国家林业和草原局或省级人民政府草原行政主管部门出具的使用草地审核同意书。

同时，风电、光伏项目还应严格避让禁止建设项目的区域。对于光伏项目而言，《国家林业局关于光伏电站建设使用林地有关问题的通知》（林资发〔2015〕153号）规定，光伏电站的电池组件阵列禁止使用有林地、疏林地、未成林造林地、采伐迹地、火烧迹地，以及年降雨量400毫米以下区域覆盖度高于30%的灌木林地和年降雨量400毫米以上区域覆盖度高于50%的灌木林地。对于风电项目而言，《国家林业和草原局关于规范风电场项目建设使用林地的通知》（林资发〔2019〕17号）规定，风电场建设应当节约集约使用林地。风机基础、施工和检修道路、升压站、集电线路等，禁止占用天然乔木林（竹林）地、年降雨量400毫米以下区域的有林地、一级国家级公益林地和二级国家级公益林中的有林地。本通知下发之前（2019年2月26日）已经核准但未取得使用林地手续的风电场项目，要重新合理优化选址和建设方案，加强生态影响分析和评估，不得占用年降雨量400毫米以下区域的有林地和一级国家级公益林地，避让二级国家级公益林中有林地集中区域。

2. 构成违法使用草地、林地的，应向草地、林地权利人承担侵权责任

就未办理林地、草地审批手续而非法用地的行为，可能承担民事侵权责任。而承担侵权赔偿责任的前提系存在实际损失，若权利人未主张侵权损失或不存在实际损失，则实践中可以直接确认项目方侵权，但不承担赔偿责任，如驻马店市中级人民法院（2017）豫17民终3169号案、大连市中级人民法院（2014）大民一终字第304号案等。

对于损失计算，《中华人民共和国侵权责任法》(以下简称《侵权责任法》) 第十九条明确规定："侵害他人财产的，财产损失按照损失发生时的市场价格或者其他方式计算。" 因此，基于实际财产损失，按照当时市场价格，应当为计算赔偿金额的一般原则。但在考量实际损失时，仍应重点关注新能源项目的特殊性，充分考虑占地面积、损毁青苗、草地和林木数量、持续时间、用地性质、能否拆除和恢复原状等因素。

第一，侵权损失数额并不当然等同于征地补偿款数额。一方面，征地补偿款包含土地补偿费、安置补助费、附着物和青苗的补偿等多项内容，其数额可能大于权利人的实际损失；另一方面，征地补偿款可能涉及所有权人和用益权人，但提出侵权索赔的主体可能仅是其中之一，不应涵盖征地补偿款的全部数额。

第二，对于占地面积和毁损青苗、林木数量，原则上应由提出权利主张的主体进行举证，且对林地、草地的认定并不直接以相关地块上是否存在林木或青草为准，而需要结合林业草原部门的相关图纸、相关权属证明等进行分析，必要时可以请求法院进行鉴定或实地勘察。

第三，对于计算基数，虽然存在《侵权责任法》第十九条的规定，但不应在每个案件中均简单适用损失发生时的市场价格，需充分关注新能源项目用地侵权案件损害持续性的特点。对此，最高人民法院在 (2017) 最高法民终 80 号案中认为"持续性侵权的财产损失一般应以被侵权人知道或应该知道损失发生时的市场价格或其他方式确定，但持续性侵权期间根据平均市场价格或其他方式计算的侵权人所获收益高于上述一般情形的除外。主要理由，一是侵权损害赔偿的目的是弥补被侵权人所受损害，而从被侵权人角度看，知道或应当知道损害发生时，才有所谓损害补偿，被侵权人才能够得出确定的财产损失价值；二是基于侵权人不能因非法行为获益的原则，如果其持续侵权期间根据平均市场价格或其他方式计算的所获收益高于被侵权人知道或应该知道损失发生时的市场价格或其他方式确定的损失时，则侵权人不能取得该部分非法获益，而应补偿给被侵权人；三是采用持续性侵权期间最高市场价或其他方式计算的最大损失，虽有利于对被侵权人的保护，但对侵权人可能难谓公平，故除外情形下采用持续性侵权期间的平均市场价或其他方式计算损失价值，更为公允。”我们认为此种观点具有一定的参考意义。

第四，对于新能源项目用地侵权的期间，应当区分永久用地和临时用地，对于永久用地，应当从侵权行为之初计算至人民政府下发征收决定时止；而对于临时用地，计算损失的期间可以为 2 年或计算至实际返还土地时止；同时，还需关注相关建筑是否属于违建，能否进行拆除或恢复原状，并针对不同的情形作出相应安排。

第五，需关注项目方的过错程度。《侵权责任法》第二十四条规定：“受害人和行为人对损害的发生都没有过错的，可以根据实际情况，由双方分担损失。”同时，第二十六条规定：“被侵权人对损害的发生也有过错的，可以减轻侵权人的责任。”因此，若项目方过错程度较低，应适当减少其侵权赔偿的范围。

第六，需要关注诉讼时效问题。对于持续性侵权案件的诉讼时效，《最高人民法院关于审理专利纠纷案件适用法律问题的若干规定》（法释〔2015〕4 号）第二十三条规定：“侵犯专利权的诉讼时效为二年，自专利权人或者利害关系人知道或者应当知道侵权行为之日起计算。权利人超过二年起诉的，如果侵权行为在起诉时仍在继续，在该项专利权有效期内，人民法院应当判决被告停止侵权行为，侵权损害赔偿数额应当自权利人向人民法院起诉之日起向前推算二年计算。”同时，在商标和著作权等相关知识产权领域亦存在类似规定，然而我国尚不存在针对其他持续性侵权案件的统一规定，实践中诸多案件均参照适用前述规定。对此，我们认为其具有一定的合理性，可原则上参照适用。

典型争议 3　新能源项目违法用地的行政责任

案例：新能源项目违法用地可能承担没收、罚款等行政责任

【案情简介】

四平市供电公司未经批准在双辽市茂林镇、服先镇、兴隆镇、永加乡双山镇内建莲花山风电场 220 千伏送电线路塔，占地面积为 17 635.8 平方米（其中集体建设用地 244.5 平方米、林地 2 341.26 平方米、耕地 5 256.3 平方米、基本农田 6 745.13 平方米、盐碱地 1 444.5 平方米、草地 1 526.6 平方米、交通运输用地 77.51 平方米）。

【法院认为】

四平市供电公司此行为违反了《土地管理法》第四十四条和《吉林省土地管理条例》第二十二条的规定，双辽市国土资源局对被申请人四平供电公司作出双国土资执罚〔2016〕50 号行政处罚决定书，责令四平供电公司退还非法占用土地，没收在非法占用土地上新建的建筑物和其他设施，限期履行用地手续，对基本农田改正或者治理恢复原种植条件，并处罚款合计 178 087.21 元，事实清楚，程序合法，适用法律正确，应准予强制执行。

【案例索引】

双辽市人民法院（2017）吉 0382 行审 34 号案

【实务要点】

除了民事侵权赔偿之外，违法用地还可能遭受行政处罚，此类处罚轻则罚款，重则限期拆除、没收，而实践中被拆除、没收的项目并不鲜见。除了本节前述所列的案例之外，还存在其他诸多案例，如原国土资源部曾公示内蒙古某能源公司违法占用耕地建设光伏电厂案，该案经土默特右旗国土局下达责令停工通知书，责令退还违法占用的土地、没收地上建筑物并处罚款

849.47 万元，同时，土默特右旗公安局移送追究该公司法定代表人刑事责任。此外，在宁夏、青海、山西、河北、河南、福建等地均存在类似案例，故项目主体应给予重点关注。

典型争议 4　新能源项目违法用地的刑事责任

案例：风电项目违法用地，单位及负责人均构成非法占用农用地罪

【案情简介】

某风电公司燕子山 49.5MW 风电场项目非法占用江永县林地 163.05 亩，所占林地全部属于省级公益林，所占林地内的植被已全部被毁坏，短期内难以恢复。被告人邓某岩于 2013 年 8 月 1 日起被聘任为某风电公司总经理并兼任恭城项目经理；被告单位某风电公司对毁坏的林地向江永县林业局缴纳了植被恢复费并实施了补植复绿工程。

【法院认为】

被告单位某风电公司违反土地管理法规，非法占用林地，改变林地用途，数量较大，造成林地大量毁坏，其行为已构成非法占用农用地罪。被告人邓某岩系被告单位时任总经理兼任恭城项目经理，是导致被告单位非法占用林地的直接责任人，其行为亦构成非法占用农用地罪。公诉机关指控被告单位某风电公司和被告人邓某岩犯非法占用农用地罪，事实清楚，证据确实、充分，指控罪名成立。被告单位某风电公司主动缴纳植被恢复费，实施植被恢复项目工程，对毁坏林地进行补植复绿，认罪态度好，有悔罪表现，可依法从轻处罚。本案系公司法人犯罪，被告人邓某岩作为直接负责的主管人员，其在案发后如实供述犯罪事实，在开庭审理中自愿认罪，属坦白，可依法从轻处罚。

【案例索引】

江永县人民法院（2017）湘 1125 刑初 39 号案

【实务要点】

违法用地情节严重的，可能构成非法占用农用地罪。《刑法》第三百四十二条规定："违反土地管理法规，非法占用耕地、林地等农用地，改变被占用土地用途，数量较大，造成耕地、林地等农用地大量毁坏的，处五年以下有期徒刑或者拘役，并处或者单处罚金。"对于相关罪名的量刑标准，《最高人民法院关于审理破坏林地资源刑事案件具体应用法律若干问题的解释》（法释〔2005〕15号）第一条，以及《最高人民法院关于审理破坏草原资源刑事案件应用法律若干问题的解释》（法释〔2012〕15号）第二条作出了明确规定。

前述案件中，项目方未充分关注项目用地手续，对于相关刑事责任的了解也不深入，以致构成刑事犯罪而不自知。因此，项目方应高度重视对于非法占用农用地罪等相关刑事责任的了解和掌握，避免遭受刑事处罚。

二、建设工程纠纷

典型争议5 新能源项目工程合同效力争议

案例：光伏项目未经招标将导致施工合同无效

【案情简介】

新疆电建公司与光源电力公司于2014年12月17日在未履行招投标程序的情况下签订了《总承包合同》，约定由新疆电建公司承包宁夏吴忠市某49MW光伏发电工程的总承包，采用固定总价合同。上述合同签订后，新疆电建公司按照总承包合同的要求组织施工，并于2015年9月15日通过工程验收。此后，因工程款支付问题产生争议，新疆电建公司诉至法院，提出要求判令光源电力公司支付工程款1.757 9亿元。

原被告双方均未提交其签订涉案《总承包合同》相关的招投标资料，一审法院在庭审过程中对此予以了释明，原被告双方仍未能提供相关招投标资料。

【法院认为】

本案所涉工程系光伏发电建设工程，《招标投标法》第三条规定："在中华人民共和国境内进行下列工程建设项目包括项目的勘察、设计、施工、监理以及与工程建设有关的重要设备、材料等的采购，必须进行招标：（一）大型基础设施、公用事业等关系社会公共利益、公众安全的项目；……前款所列项目的具体范围和规模标准，由国务院发展计划部门会同国务院有关部门制订，报国务院批准。"《工程建设项目招标范围和规模标准规定》第二条第一项规定，关系社会公共利益、公众安全的基础设施项目的范围包括电力、新能源等能源项目；第七条规定，本规定第二条至第六条规定范围内的各类工程建设项目，包括项目的勘察、设计、施工、监理以及与工程建设有关的重要设备、材料等的采购，达到下列标准之一的，必须进行招标：（一）施工单项合同估算价在 200 万元人民币以上的；……根据以上法律规定，涉案工程项目属于必须进行招标的项目，双方当事人未履行法律规定的招标投标程序，违反了法律的强制性规定。《最高人民法院关于审理建设工程施工合同纠纷案件适用法律问题的解释》（法释〔2004〕14 号）第一条规定，建设工程施工合同具有下列情形之一的，应当根据合同法第五十二条第（五）项的规定，认定无效：……（三）建设工程必须进行招标而未招标或者中标无效的。根据前述法律及司法解释规定，认定涉案《总承包合同》为无效合同。

【案例索引】

宁夏回族自治区高级人民法院（2016）宁民初 30 号案

【实务要点】

风电、光伏项目如存在应招标未招标情况、承包人不具有法定资质条件、未办理建设工程规划许可证，合同实质性内容与招投标文件内容不一致，或存在其他违反法律法规强制性规定情形的，所签订的工程合同将全部或部分无效。实践中，应招标未招标导致合同无效的情形较为常见，项目方应予以重点关注。

1. 不论民营投资还是国有资金投资的风电、光伏新能源项目，只要达到招标规模要求的，均应依法进行招标

实践中，许多民营企业认为民营资本投资的风电、光伏发电项目并不属于依法必须招标的项目，故未履行招标程序即签订工程承包合同。但《招标投标法》第三条规定："在中华人民共和国境内进行下列工程建设项目包括项目的勘察、设计、施工、监理以及与工程建设有关的重要设备、材料等的采购，必须进行招标：（一）大型基础设施、公用事业等关系社会公共利益、公众安全的项目；……"同时，《必须招标的工程项目规定》第四条规定："……大型基础设施、公用事业等关系社会公共利益、公众安全的项目，必须招标的具体范围由国务院发展改革部门会同国务院有关部门按照确有必要、严格限定的原则制订，报国务院批准。"同时，第五条规定："本规定第二条至第四条规定范围内的项目，其勘察、设计、施工、监理以及与工程建设有关的重要设备、材料等的采购达到下列标准之一的，必须招标：（一）施工单项合同估算价在400万元人民币以上；（二）重要设备、材料等货物的采购，单项合同估算价在200万元人民币以上；（三）勘察、设计、监理等服务的采购，单项合同估算价在100万元人民币以上。"此外，《必须招标的基础设施和公用事业项目范围规定》（发改法规〔2018〕843号）第二条明确规定："不属于《必须招标的工程项目规定》第二条、第三条规定情形的大型基础设施、公用事业等关系社会公共利益、公众安全的项目，必须招标的具体范围包括：（一）煤炭、石油、天然气、电力、新能源等能源基础设施项目；（二）铁路、公路、管道、水运，以及公共航空和A1级通用机场等交通运输基础设施项目；（三）电信枢纽、通信信息网络等通信基础设施项目；（四）防洪、灌溉、排涝、引（供）水等水利基础设施项目；（五）城市轨道交通等城建项目。”

由此可知，风电、光伏工程作为新能源项目，不论其是否由国有资本投资，只要其项目勘察设计、施工、监理以及工程重要设备和材料等采购达到法定规模标准的，均应当依法履行招标程序。

2. 风电、光伏项目签订工程合同未履行招标投标程序的，合同可能无效

《最高人民法院关于审理建设工程施工合同纠纷案件适用法律问题的解释》（法释〔2004〕14号）第一条规定：“建设工程施工合同具有下列情形之一的，应当根据合同法第五十二条第（五）项的规定，认定无效：……（三）建设工程必须进行招标而未招标或者中标无效的。”

因此，依法应当招标而未招标签订的新能源项目工程承包合同，存在被认定无效的风险。如果工程承包合同无效，将导致围绕该合同签订的股权质押合同、保证合同等担保合同亦归于无效，致使承包人丧失部分工程款回款保障。因此，风电、光伏工程建设项目的当事人应当高度重视并依法履行招标投标程序签订工程承包合同，注意防范合同无效的风险。

3. 合同无效但竣工验收合格的，可以参照合同约定结算

《最高人民法院关于审理建设工程施工合同纠纷案件适用法律问题的解释》（法释〔2004〕14号）第二条规定：“建设工程施工合同无效，但建设工程经竣工验收合格，承包人请求参照合同约定支付工程价款的，应予支持。”同时，第三条规定：“建设工程施工合同无效，且建设工程经竣工验收不合格的，按照以下情形分别处理：（一）修复后的建设工程经竣工验收合格，发包人请求承包人承担修复费用的，应予支持；（二）修复后的建设工程经竣工验收不合格，承包人请求支付工程价款的，不予支持。因建设工程不合格造成的损失，发包人有过错的，也应承担相应的民事责任。”因此，若风电、光伏项目未招标而导致合同无效的，则应重点分析工程质量是否合格，对于质量合格的工程项目，仍应参照合同约定支付工程价款。

典型争议 6　新能源项目工程合同效力争议

案例：新能源项目未经竣工验收擅自投入使用，发包人不得就工程质量问题提出索赔

【案情简介】

2012 年 10 月 15 日，宏大公司与宏亚公司签订《工程劳务扩大分包协议》（以下简称《分包协议》）约定，宏大公司承建青海格尔木小灶火一期风电场 49.5MW 工程风机设备基础及场内道路工程，委托宏亚公司进行施工。工程施工内容为招标图纸及招标文件中的全部工作，即 33 台风机基础开挖、回填、钢筋制安、混凝土浇筑、场内道路修筑 26.14 公里等。2012 年 12 月 20 日，宏大公司与宏亚公司《补充协议》约定，宏大公司承诺于 2012 年 10 月 15 日签订的《分包协议》有效，宏大公司完全履行该协议内容；宏亚公司保证由其承建的工程质量合格，并通过验收，因工程质量问题所造成的一切经济损失由宏亚公司承担；宏亚公司保证于 2012 年 12 月 28 日前完成锚板调平工程和高强灌浆料的浇灌工程，双方到现场进行检查并确认因施工引起的质量问题由宏亚公司负责处理，并且不能影响业主的吊带工作，因工期延误，对宏大公司造成的经济损失由宏亚公司负责等内容。

业主于 2013 年 10 月就青海格尔木小灶火 49.5MW 风电场向青海省电力公司申请并网运行，青海省电力公司主持对并网工程进行并网验收，检验合格后，于 2013 年 11 月下发了“关于力腾小灶火那林格 49.5MW 风电场并网运行的通知”，力腾小灶火那林格 49.5MW 风电场自 2013 年 11 月至今正常并网发电。上述事实发生时，青海格尔木小灶火 49.5MW 风电场项目尚未经竣工验收。宏大公司与宏亚公司因工程质量问题无法竣工验收而发生争议，遂诉至法院。

【法院认为】

2012 年 10 月 15 日，宏大公司与宏亚公司签订《分包协议》，将宏大公司承建的青海格尔木小灶火一期风电场 49.5MW 工程风机设备基础及场内道路工程委托宏亚公司进行施工。2013 年 11 月，该风电场项目未经竣工验收即并网发电投入使用。宏亚公司在施工过程中，出现了风机基础法兰锚栓长度偏差影响施工，平整度误差、圆涨模变形、F18 箱变基础内模板混凝土堵塞未拆等问题。宏大公司对上述问题大部分进行了整改，并由此产生了费用。《最高人民法院关于审理建设工程施工合同纠纷案件适用法律问题的解释》（法释〔2004〕14 号）第十三条规定："建设工程未经竣工验收，发包人擅自使用后，又以使用部分质量不符合约定为由主张权利的，不予支持。"据此，建设工程未经竣工验收或者验收不合格，发包人擅自使用的，视为发包人在交付工程时对质量问题的认可，或者自愿对质量不合格承担责任。故宏大公司无权要求宏亚公司支付质量整改费用。

【案例索引】

最高人民法院（2016）最高法民终 188 号案

【实务要点】

风电、光伏项目验收合格是发包人支付工程款的前提条件，但实践中发包人为拖延付款，可能拖延验收、拒绝验收，如未经竣工验收即移交并投产发电的，可能构成未经竣工验收擅自使用，导致发包人丧失对承包人进行质量索赔的权利。

1. 通常情况下，若合同约定出具竣工验收文件后支付工程款的，承包人不能仅以风电、光伏项目并网试运行为由主张付款条件成就

《光伏发电工程验收规范》GB/T 50796 - 2012 规定，光伏发电工程验收包括单位工程、工程启动、工程试运和移交生产、工程竣工四个阶段。《风力发电场项目建设工程验收规程》GB/T 31997 - 2015 规定，风力发电工程验收包括单位工程、升压站启动、工程移交生产、工程竣工四个阶段。因此，除合同另有约定外，承包人不能仅以光伏、风电项目已并网试运行为由主张工程已办理竣工验收手续。因此，发包人有权待项目实际竣工验收完毕后再行出具竣工验收文件，此后付款节点方才届满。

2. 若发包人拖延验收、拒绝验收，或未经验收擅自使用，可以认定项目已经竣工验收合格，付款条件届满

风电、光伏项目总承包/施工合同中一般会约定最终竣工验收合格后支付竣工验收款，而实践中，发包人通常在项目并网发电后再组织工程竣工验收，甚至不组织工程竣工验收，导致风电、光伏项目竣工日期的认定存在争议。

对此，《最高人民法院关于审理建设工程施工合同纠纷案件适用法律问题的解释》（法释〔2004〕14 号）第十三条规定："建设工程未经竣工验收，发包人擅自使用后，又以使用部分质量不符合约定为由主张权利的，不予支持；但是承包人应当在建设工程的合理使用寿命内对地基基础工程和主体结构质量承担民事责任。"同时，第十四条规定："当事人对建设工程实际竣工日期有争议的，按照以下情形分别处理：（一）建设工程经竣工验收合格的，以竣工验收合格之日为竣工日期；（二）承包人已经提交竣工验收报告，发包人拖延验收的，以承包人提交验收报告之日为竣工日期；（三）建设工程未经竣工验收，发包人擅自使用的，以转移占有建设工程之日为竣工日期。"

因此，风电、光伏工程发包人拖延验收、拒绝验收，或未办理竣工验收手续，但已实际转移给发包人并网发电投产使用的，承包人仍有权请求发包人支付工程款，竣工日期即为承包人提交验收报告之日或发包人转移占有建设工程之日。在实践中，有时也存在前述日期亦无法确认的情况，此时法院也可能参照并网验收之日确定竣工日期，原因在于，一方面，项目并网后常常伴随着项目移交，业主可以直接获得发电收益；另一方面，并网时间也较易调查和确定。

但需注意，根据《风力发电场项目建设工程验收规程》GB/T 31997-2015 和《光伏发电工程验收规范》GB/T 50796-2012 规定，风电、光伏项目实务中通常并网后再组织竣工验收，司法实践中对于项目未经竣工验收即并网发电是否构成未经竣工验收擅自使用存在不同的认定标准。为避免被认定为未经竣工验收擅自使用，发包人应在项目并网发电后及时组织竣工验收。

3. 工程竣工日确定的，缺陷责任期起算点相应确定，期限届满后发包人应及时释放质量保证金

《最高人民法院关于审理建设工程施工合同纠纷案件适用法律问题的解释（二）》（法释〔2018〕20 号）第八条第一款规定："有下列情形之一，承包人请求发包人返还工程质量保证金的，人民法院应予支持：（一）当事人约定的工程质量保证金返还期限届满。（二）当事人未约定工程质量保证金返还期限的，自建设工程通过竣工验收之日起满二年。（三）因发包人原因建设工程未按约定期限进行竣工验收的，自承包人提交工程竣工验收报告九十日后起当事人约定的工程质量保证金返还期限届满；当事人未约定工程质量保证金返还期限的，自承包人提交工程竣工验收报告九十日后起满二年。"因此，竣工之日确定之后，将自竣工之日起计算质量保证金返还期限（即缺陷责任期），发包人应在合同约定的质量保证金返还期限届满后返还质量保证金，如未约定质量保证金返还期限的，发包人应自竣工之日起满二年返还质量保证金。

需要注意的是，应当区分缺陷责任期和质量保修期，二者的法律意义不同。

关于缺陷责任期，住房城乡建设部、原国家工商行政管理总局共同制定的《建设工程施工合同（示范文本）》（GF-2017-0201）中界定为承包人按照合同约定承担缺陷修复义务，且发包人预留质量保证金的期限，自工程实际竣工日期起计算。同时，《建设工程质量保证金管理办法》（建质〔2017〕138号）第二条规定，本办法所称建设工程质量保证金是指发包人与承包人在建设工程承包合同中约定，从应付的工程款中预留，用以保证承包人在缺陷责任期内对建设工程出现的缺陷进行维修的资金。缺陷是指建设工程质量不符合工程建设强制性标准、设计文件，以及承包合同的约定。缺陷责任期一般为1年，最长不超过2年，由发、承包双方在合同中约定。

关于质量保修期，《建设工程施工合同（示范文本）》（GF-2017-0201）中是指承包人按照合同约定对工程承担保修责任的期限，从工程竣工验收合格之日起计算。此外，《建设工程质量管理条例》第三十九条规定："建设工程实行质量保修制度。建设工程承包单位在向建设单位提交工程竣工验收报告时，应当向建设单位出具质量保修书。质量保修书中应当明确建设工程的保修范围、保修期限和保修责任等。"同时，第四十条规定："在正常使用条件下，建设工程的最低保修期限为：（一）基础设施工程、房屋建筑的地基基础工程和主体结构工程，为设计文件规定的该工程的合理使用年限；（二）屋面防水工程、有防水要求的卫生间、房间和外墙面的防渗漏，为5年；（三）供热与供冷系统，为2个采暖期、供冷期；（四）电气管线、给排水管道、设备安装和装修工程，为2年。其他项目的保修期限由发包方与承包方约定。建设工程的保修期，自竣工验收合格之日起计算。"

由此可见，实践中经常所称的"质保期"一般是指"缺陷责任期"，主要针对质量保证金的返还，期限届满后发包人应释放质量保证金；而质量保修期则来源于我国建筑法中的质量保修制度，即在正常使用条件下建设工程法定的保修期限，该期限与质量保证金的返还不存在关系。因此，发包人返还工程质量保证金后，不影响承包人继续根据合同约定或者法律规定履行工程保修义务。

典型争议 7　新能源项目工程结算争议

案例：双方可约定以第三方审定价作为结算价格，但发包人不得直接以第三方尚未审定为由拖延支付工程款

【案情简介】

2016 年 5 月 12 日，敦煌能源公司（发包人）与南京自动化公司（承包人）签订《光伏发电项目 PC 总承包合同》，约定由南京自动化公司对该项目进行 PC 总承包，中标合同价为 4 987 万元，工程竣工验收后，以第三方决算审核金额为结算价格。同日，双方又签订《光伏发电项目 PC 总承包合同补充协议》，约定由承包人补充提供的项目预算书，但此预算书只作为决算参考，不能作为决算依据，最终以审计金额为准。

2017 年 7 月 6 日，南京自动化公司向甘肃某建设监理咨询有限公司提交《工程竣工移交证书》，载明涉案工程于 2017 年 6 月 30 日并网并试运行 240 小时。2017 年 7 月 24 日，南京自动化公司向敦煌能源公司发函，要求敦煌能源公司支付设备款和施工款。但敦煌能源公司主张项目并未最终经第三方决算审定，无法确定结算价格，需待决算工作完成后，再按照计划逐步支付剩余工程款。双方产生争议，南京自动化公司遂诉至法院。

【法院认为】

本案双方在合同中约定了中标合同价，其含义是固定价总承包。关于合同约定工程竣工验收后，以第三方决算审核金额作为结算价格，其文义是指结算价格根据第三方最终决算情况对固定价进行必要的变更。但支付进度款的条件与最终结算并非同一概念，工程进度款是工程进行当中按照约定的进度应支付的款项，在达到约定的工程进度时，发包人就应支付。南京自动化公司已按约定完成了设备采购及工程施工，发包人敦煌能源公司应该依据合

同约定的期限和数额支付工程进度款。是否进行结算，是否以第三方决算审核金额作为结算价格，不应影响进度款的支付。在本案工程已按照约定竣工并移交的情况下，法院依据合同约定的中标合同价计付涉案工程的进度款并无不当。各方对涉案工程进行结算时，如存在变更而影响结算结果，各方可依据合同的约定进行调整。敦煌能源公司以结算条款的约定主张支付进度款条件不成就，缺乏合同依据。

【案例索引】

最高人民法院（2018）最高法民终 331 号案

【实务要点】

风电、光伏项目是资金密集型项目，部分项目业主融资能力有限，且项目可再生能源补贴资金严重拖欠，导致工程款拖欠较为普遍，同时无法及时完成结算是工程款拖欠的又一因素，部分发包人在收到承包人提交的结算送审资料后，拖延工程价款结算工作，甚至项目并网发电数年后仍未完成结算，造成工程结算款和质量保证金的拖延。

1. 应注意区分审计价格和审定价格不同的法律意义，一般均无法直接据此确定合同结算价格，当事人均可提出异议

工程审计是依据《中华人民共和国审计法》等相关规定，对工程概算、预算、结算在执行中是否超支，是否合法、合规等相关事项进行监督检查的一种手段，其本质上属于审计机关对工程建设单位的一种行政监督，通常对承包人没有直接的法律约束力，不影响建设单位与承包单位的合同效力。因此，工程承包合同案件应以当事人的约定作为工程结算的依据。依据《最高人民法院关于建设工程承包合同案件中双方当事人已确认的工程决算价款与审计部门审计的工程决算价款不一致时如何适用法律问题的电话答复意见》（〔2001〕民一他字第 2 号）的规定，只有在合同明确约定以审计结论作为结算依据或者合同约定不明确、合同约定无效的情况下，才能将审计结论作为判决的依据。

审定一般体现为合同当事人对结算价格作出的审核，以确保结算价格是否正确合理，本质上属于一种造价咨询意见，不具有行政监督意义，也无法直接约束合同相对方。因此，若合同中未明确约定以此作为最终结算价的，当事人均可对其提出异议。

2. 若双方在合同中明确约定以审计价格或某一第三方机构的审定价格作为最终结算价格，则对双方产生拘束力，原则上当事人不能再要求鉴定

合同双方为了避免争议，有时会在合同中约定最终以第三方审定结果为准确定合同价款，该约定并不违反法律法规强制性规定，合法有效。

需要注意的是，《最高人民法院关于审理建设工程施工合同纠纷案件适用法律问题的解释（二）》（法释〔2018〕20 号）第十三条规定："当事人在诉讼前共同委托有关机构、人员对建设工程造价出具咨询意见，诉讼中一方当事人不认可该咨询意见申请鉴定的，人民法院应予准许，但双方当事人明确表示受该咨询意见约束的除外。"

因此，若双方在合同中明确约定以某一审定机构的意见为准，则可能导致之后无法在诉讼中申请造价鉴定，法院可以直接据此认定合同结算价格。

不过，此种约定一般针对合同的最终结算金额，并不影响进度款的支付，即一方怠于进行价格审定的，或第三方机构长期拖延审定的，发包人不得直接以此为由拒绝付款。在司法实践中，发包人通常需要举证证明其并未怠于结算，已经积极提交第三方审定，否则法院通常倾向于支持承包人的主张，尤其在发包人拖延付款，且项目已经交付的情况下。

典型争议 8　新能源项目工程工期争议

案例：发包人变更设计的，合同工期相应顺延，原建设工程合同关于工

期的约定对合同双方不再具有约束力

【案情简介】

2016年6月8日，二三建设公司（发包人）与城建公司（承包人）签订《南昌县蒋巷镇三洞湖150MWp渔光互补光伏发电项目建设工程施工专业分包合同》（以下简称《分包合同》）。《分包合同》包括协议书、通用条款和专用条款及附件。其中协议书约定：合同工期分包工程开工日期：2016年4月20日，竣工日期：2016年6月15日主体结构完成，具备电气设备安装条件，2016年6月30日完成全部工程。合同工期总日历天数70天。工期从取得总承包人开工令之次日起计算，分包人开工延迟时则工期不顺延。

2016年6月24日，二三建设公司的工作人员在施工期内通过带有公司后缀的邮箱给城建公司发送了升压站水暖、土建、总图全套图纸，以前的图纸作废，并在总图部分、土建部分、水暖部分进行了图纸变更。7月1日，二三建设公司的工作人员通过带有公司后缀的邮箱给城建公司转发关于升压站土建桩位定位等相关事宜。7月5日，二三建设公司的工作人员通过带有公司后缀的邮箱给城建公司转发了光伏区土建图纸。

后双方因工期问题产生争议，二三建设公司向法院提起诉讼，认为城建公司未能在2016年6月30日完成全部工程，要求城建公司承担逾期并网的责任。

【法院认为】

虽然《分包合同》中的“协议书”部分第三条约定了开工日期为2016年4月20日、2016年6月30日完成全部工程、合同工期总日历天数为70天，但在电控楼施工过程中出现泉涌，且一时难以封堵。为应对地基出现的新情况，二三建设公司将原条基设计改为桩基，已施工的回填毛石凿除，重新回填河沙，并更改了施工图纸，变更的土建图纸于2016年7月5日发送给城建公司，而电控楼出现的泉涌直到2016年8月20日才被封堵，故“协议书”

关于2016年4月20日开工、2016年6月30日完工的约定已不具有约束力。因此，二三建设公司仍要求按照2016年6月30日完工计算逾期完工违约金的诉请，与本案事实不符，不予支持。

【案例索引】

江西省高级人民法院（2019）赣民终231号案

【实务要点】

风电、光伏项目与其他项目相比，项目投资主体对项目的开工和/或并网时间更为关注，要求也更为苛刻。如工程管理不到位，造成工期延误的，不仅会引发承包人的工期索赔以及业主发电量损失的反索赔，还可能会导致项目无法取得预期的上网电价，给项目业主造成巨大的电费损失。

1. 发承包双方均应适格地履行合同，避免工期发生延误，如发生工期延误，责任方需承担违约赔偿责任

工期是建设工程合同中的重要实质性条款，可以分为开工日期和竣工日期。合同中应明确约定项目的开工日期和竣工日期，如未约定或约定不明，导致发承包双方对于开工日期和竣工日期产生争议的，对于开工日期，《最高人民法院关于审理建设工程施工合同纠纷案件适用法律问题的解释（二）》（法释〔2018〕20号）第五条规定："当事人对建设工程开工日期有争议的，人民法院应当分别按照以下情形予以认定：（一）开工日期为发包人或者监理人发出的开工通知载明的开工日期；开工通知发出后，尚不具备开工条件的，以开工条件具备的时间为开工日期；因承包人原因导致开工时间推迟的，以开工通知载明的时间为开工日期。（二）承包人经发包人同意已经实际进场施工的，以实际进场施工时间为开工日期。（三）发包人或者监理人未发出开工通知，亦无相关证据证明实际开工日期的，应当综合考虑开工报告、合同、施工许可证、竣工验收报告或者竣工验收备案表等载明的时间，并结合是否具备开工条件的事实，认定开工日期。"对于竣工日期，《最高人民法院关于审理建设工程施工合同纠纷案件适用法律问题的解释》（法释〔2004〕14 号）第十四条规定："当事人对建设工程实际竣工日期有争议的，按照以下情形分别处理：（一）建设工程经竣工验收合格的，以竣工验收合格之日为竣工日期；（二）承包人已经提交竣工验收报告，发包人拖延验收的，以承包人提交验收报告之日为竣工日期；（三）建设工程未经竣工验收，发包人擅自使用的，以转移占有建设工程之日为竣工日期。"

需要注意的是，《风电开发建设管理暂行办法》（国能新能〔2011〕285 号）第十九条规定："风电场工程项目须经过核准后方可开工建设。项目核准后 2 年内不开工建设的，项目原核准机构可按照规定收回项目。风电场工程开工以第一台风电机组基础施工为标志。"此处的开工标志系行政法意义下的开工日期，其影响着风电项目核准文件的有效性，具有行政法意义的法律后果，并非认定建设工程合同项下开工日期的标志，当事人仍应以《最高人民法院关于审理建设工程施工合同纠纷案件适用法律问题的解释（二）》（法释〔2018〕20 号）第五条的规定进行处理。

相对于竣工时间，风电、光伏项目的并网时间更为重要。在平价上网之前，国家对风电、光伏项目进行电价补贴，为规范项目建设，在诸多规范性文件中对风电、光伏项目的开工和/或并网时间进行规定。如果项目未能在规定的开工时间和/或并网时间内开工和/或并网的，项目将无法取得预期的上网电价，给业主造成巨额的电费收益损失。因此，若承包人未按照合同约定的工期完成项目建设工作的，应依据法律规定或合同约定承担相应的违约责任，如逾期竣工违约金、电费收益损失赔偿等。

不过，若工期延误系发包人原因所致，则承包人有权要求工期顺延和相应停工、窝工赔偿。对此，《合同法》第二百八十三条规定："发包人未按照约定的时间和要求提供原材料、设备、场地、资金、技术资料的，承包人可以顺延工程日期，并有权要求赔偿停工、窝工等损失。"同时，第二百八十四条规定："因发包人的原因致使工程中途停建、缓建的，发包人应当采取措施弥补或者减少损失，赔偿承包人因此造成的停工、窝工、倒运、机械设备调迁、材料和构件积压等损失和实际费用。"

2. 工期索赔事件发生后，索赔方应及时发出索赔通知，并收集和整理索赔资料

在建设工程工期争议中，发包人的举证一般比较容易，仅需证明实际竣工日期晚于约定的竣工日期即可。相反，若承包人认为不应由其承担逾期竣工的责任，则应由承包人举证证明逾期竣工的原因，例如设计变更、未及时支付工程款等。不过实践中，即便存在发包人逾期付款的情形，有时仍不足以排除或减轻承包人的责任。例如，工期延误非发包人逾期付款导致的，或发包人逾期付款系在承包人出现违约情形之后等。

此外，施工合同中一般会约定承包人进行工期索赔的期限，例如《建设工程施工合同（示范文本）》（GF-2017-0201）第19.1款第（1）项规定："承包人应在知道或应当知道索赔事件发生后28天内，向监理人递交索赔意向通知书，并说明发生索赔事件的事由；承包人未在前述28天内发出索赔意向通知书的，丧失要求追加付款和（或）延长工期的权利。"对于此类约定，《最高人民法院关于审理建设工程施工合同纠纷案件适用法律问题的解释（二）》（法释〔2018〕20号）第六条规定："当事人约定承包人未在约定期限内提出工期顺延申请视为工期不顺延的，按照约定处理，但发包人在约定期限后同意工期顺延或者承包人提出合理抗辩的除外。"

因此，若合同中明确对逾期提出工期索赔的后果作出了约定，而承包人未能在约定期限内提出工期索赔申请的，根据前述司法解释的意见，应当肯定当事人的意思自治，依法认定工期不顺延，同理，也不应追加付款。不过，若建设工程合同未明确申请工期索赔的期限，或虽然约定了申请工期索赔的期限，但未明确说明逾期申请的后果，则不能直接视为承包人逾期申请即丧失或放弃工期索赔的权利。

同时，需要注意的是，若承包人未以索赔意向书的形式提出工期索赔，但却通过会议纪要、洽商记录、工程联系单、进度计划说明等相关方式表达了其要求工期索赔的意愿，实践中一般也倾向于认定承包人已经依据约定提出过工期索赔申请。如果承包人确实逾期未提出，但仍可以通过发包人事后认可的方式，明确承包人未丧失索赔权利。

如果发包人在约定期限后，已经通过正式的往来邮件、签证单、会议纪要、承诺函件等相关文件表明其同意工期索赔请求，或者承包人对其逾期申请行为提供了合理的解释，承包人仍有权提出工期索赔。

不过，若承包人未及时提出工期索赔申请，则可能会增加己方工期索赔的举证难度。因此，为了方便己方工期索赔的举证，避免因无法举证导致工期顺延天数和停窝工损失得不到支持，承包人仍应及时主张工期顺延，并注意留存相关证据材料。

典型争议 9　新能源项目实际施工人争议

案例：实际施工人主张发包人在其欠付工程款范围内承担责任的，法院予以支持

【案情简介】

2017 年 12 月 6 日，建湖公司（甲方、发包人）、凯达建设公司（乙方、承包人）、斯泰威工业有限公司（丙方、屋顶业主）三方签订《屋面加固施工合同》，合同约定：甲方、丙方已签署《分布式屋顶光伏电站屋顶租赁协议》，约定甲方承租丙方厂房屋顶用于建设、运营光伏发电系统项目。为满足房屋验收要求，经甲方、乙方以及丙方协商一致，由甲方、丙方共同委托乙方承接丙方厂房屋顶加固工程。

2017 年 12 月 8 日，姚某标（乙方）与凯达建设公司（甲方）签订《分包协议》，协议约定：为确保工程质量、施工进度的按期完成，经甲乙双方共同协商，甲方将斯泰威工业公司厂房屋顶加固工程承包给乙方施工。姚某标按《屋面加固施工合同》约定的付款条件为斯泰威工业公司取得了厂房房产证并向建湖公司、斯泰威工业公司提供了加固后屋顶的屋面荷载报告。后因工程款支付产生争议，姚某标向法院提起诉讼，请求建湖公司和凯达建设公司向其支付工程款 260 万元及逾期付款利息。

【法院认为】

凯达建设公司在承接了建湖公司发包的斯泰威工业公司 $1^{\#}$ 和 $2^{\#}$ 厂房屋面加固工程后又将工程转包给姚某标施工，姚某标所提供的相关证据足以证明其系案涉工程的实际施工人。根据《最高人民法院关于审理建设工程施工合同纠纷案件适用法律问题的解释》（法释〔2004〕14 号）第二十六条的规定，实际施工人以转包人、违法分包人为被告起诉的，人民法院应当依法受理。因此，姚某标以其系案涉工程实际施工人的身份作为原告提起本案诉讼符合法律规定。

关于建湖公司应否承担欠付款连带责任的问题，《最高人民法院关于审理建设工程施工合同纠纷案件适用法律问题的解释》（法释〔2004〕14 号）第二十六条第二款规定，实际施工人以发包人为被告主张权利的，人民法院可以追加转包人或者违法分包人为本案当事人。发包人只在欠付工程价款范围内对实际施工人承担责任。就本案而言，当事人对于建湖公司已付款项均无异议，有争议的是案涉工程的应付总价款。姚某标和凯达建设公司均主张工程应付总价款应为合同约定的固定总价 650 万元；建湖公司则认为施工方未能按图施工，实际施工部分的造价仅为 80 余万元。但斯泰威工业公司提供的各项证据可证明案涉加固工程已施工且整改完毕，符合要求并已交付使用，再结合案涉施工合同中关于由承包方“包设计”并负责图纸调整等约定内容，建湖公司主张施工方未能按图施工的依据不足。因此，根据案涉工程的应付固定总价以及已付款数额，判决建湖公司在欠付的 260 万元范围内承担支付责任于法有据。

此外，对于建湖公司承担的还款责任范围是否包含工程款利息的问题，《最高人民法院关于审理建设工程施工合同纠纷案件适用法律问题的解释》（法释〔2004〕14 号）第二十六条第二款规定了发包人应当在欠付工程款范围内对实际施工人承担责任。该规定中的“工程款”应当包括欠付工程款产生的合理利息，故法院判决建湖公司就欠付工程款利息承担责任符合上述司法解释的规定。

【案例索引】

盐城市中级人民法院（2019）苏 09 民终 3116 号案

【实务要点】

为保护农民工权益，最高人民法院通过《最高人民法院关于审理建设工程施工合同纠纷案件适用法律问题的解释》（法释〔2004〕14 号）创设了“实际施工人”这一法律概念。风电、光伏项目层层转分包现场较为普遍，实践中，实际施工人可能依据司法解释的规定，突破合同相对性，直接起诉发包人和转包人、违法分包人，要求共同承担工程款的支付责任。

1. 实际施工人是指转包和违法分包的承包人，可以为法人、非法人组织、施工队伍等

实际施工人这一概念，首次出现在《最高人民法院关于审理建设工程施工合同纠纷案件适用法律问题的解释》（法释〔2004〕14 号）中，根据最高人民法院民一庭编著的《最高人民法院建设工程施工合同司法解释的理解与适用》，实际施工人专指转包和违法分包的承包人。

就其组织形式而言，最高人民法院民一庭编著的《最高人民法院建设工程施工合同司法解释（二）理解与适用》中明确，实际施工人既可以是法人，也可以是非法人组织，还有可能是由包工头带领的农民工临时组成的施工队伍。不过，实际从事建筑业劳务作业的农民工不属于实际施工人。就施工队伍而言，有的施工队伍由包工头负责，包工头一方面对外揽工，向转包人、违法分包人、发包人等承接施工任务，另一方面负责招工，向农民工支付报酬，这种情况下，实际施工人应为包工头；而有的施工队伍，包工头只负责招工和管理，包工头与农民工都直接从施工企业领取工资，这种情况下，施工队伍不属于实际施工人，而属于施工企业的内部施工单位，施工队伍的组成人员与施工企业之间构成劳务关系。

一般而言，实际施工人表现出以下几方面的特点：第一，实际施工人是实际履行承包义务的人，既可能是对整个建设工程进行施工的人，也可能是对建设工程部分进行施工的人；第二，实际施工人与发包人没有直接的合同关系或者名义上的合同关系；第三，实际施工人所签订的建设工程施工合同无效；第四，实际施工人同与其签订转包合同、违法分包合同的承包人或者出借资质的建筑施工企业之间不存在劳动人事关系或劳务关系。

2. 实际施工人有权起诉发包人，发包人在欠付工程款的范围内承担责任

《最高人民法院关于审理建设工程施工合同纠纷案件适用法律问题的解释》（法释〔2004〕14 号）第二十六条规定："实际施工人以转包人、违法分包人为被告起诉的，人民法院应当依法受理。实际施工人以发包人为被告主张权利的，人民法院可以追加转包人或者违法分包人为本案当事人。发包人只在欠付工程价款范围内对实际施工人承担责任。"同时，《最高人民法院关于审理建设工程施工合同纠纷案件适用法律问题的解释（二）》（法释〔2018〕20 号）第二十四条规定："实际施工人以发包人为被告主张权利的，人民法院应当追加转包人或者违法分包人为本案第三人，在查明发包人欠付转包人或者违法分包人建设工程价款的数额后，判决发包人在欠付建设工程价款范围内对实际施工人承担责任。"

因此，为了保护实际施工人的权益，该司法解释突破了合同相对性原则，实际施工人可据此向发包人主张权利。一般而言，实际施工人向发包人主张权利，需要满足以下几个条件：第一，实际施工人对转包人或违法分包人享有债权，此种债权可以是工程款债权，也可以是因合同无效引起的赔偿请求；第二，发包人欠付转包人或违法分包人建设工程价款；第三，实际施工人对转包人或违法分包人享有的债权数额不超过发包人欠付转包人或违法分包人的建设工程价款，对于超出部分，实际施工人无权向发包人主张权利。

3. 在多层转分包的情况下，应具体分析实际施工人及承担责任的主体

根据最高人民法院民一庭编著的《最高人民法院建设工程施工合同司法解释（二）理解与适用》可知，实际施工人的规定可以适用于多层转分包的情形，不过，实践中需要根据实际情况进行具体分析。

一般而言，实际施工人无权直接向与其没有合同关系的转包人或违法分包人主张权利，仅有权按照司法解释的规定，向工程物化成果的享有者，即发包人，主张权利。不过，若发包人已经实际向转包人或违法分包人支付了全部工程款，实际施工人将无法再向发包人主张权利，此时如果不允许实际施工人向与其没有合同关系的转包人或违法分包人主张权利，将导致司法解释保护农民工利益的立法目的落空，故在此情况下，实际施工人有权向与其没有合同关系的转包人或违法分包人主张权利。

从实际施工人角度而言，实际施工人可能是多人，且实际施工人之间可能也存在转包或违法分包关系。因此，多层转分包中的转包人或违法分包人也存在被认定为实际施工人的可能。对此，最高人民法院民一庭编著的《民事审判前沿（第1辑）》中明确说明，“在层层多手转包链条中，中间转包人属于实际施工人。例如，发包人A将建设工程发包给总承包人B施工，随后B又转包给C，以此类推，一直转包到F。在这种情况下，F实际完成了工程的施工，是实际施工人并无异议。B、C、D、E只是收取固定管理费，是否也属于实际施工人呢？因转包为法律、法规明令禁止的违法行为，依据《最高人民法院关于审理建设工程施工合同纠纷案件适用法律问题的解释》，中间转包环节签订的施工合同中的承揽人也是实际施工人地位”。并且，在司法实践中，若要求法院在每次庭审中均严格查明下游的所有转分包及款项支付情况，也是不现实和无必要的，故就裁判案例而言，也存在认定中间转分包人系实际施工人的相关案例。不过需要注意的是，虽然存在前述论述，但各地高级人民法院对此也存在不同认识，有的地区即规定，仅“最终”实际投入资金、材料和劳力进行工程施工的主体才可视为实际施工人，如《北京市高级人民法院关于审理建设工程施工合同纠纷案件若干疑难问题的解答》（京高法发〔2012〕245号）、河北省高级人民法院《建设工程施工合同案件审理指南》（冀高法〔2018〕44号）等。

4. 农民工一般不属于实际施工人，发包人及总承包人仍需就农民工工资承担代付、垫付义务

一般而言，施工班组、包工头可以作为实际施工人，但农民工不作为实际施工人。虽然农民工一般不作为实际施工人，但并不意味着发包人或总承包人不对农民工工资负有代付、垫付义务。

对此，2020年5月1日开始施行的《保障农民工工资支付条例》（国务院令第724号）第二十九条第二款规定：“因建设单位未按照合同约定及时拨付工程款导致农民工工资拖欠的，建设单位应当以未结清的工程款为限先行垫付被拖欠的农民工工资。”同时，第三十条明确规定：“分包单位对所招用农民工的实名制管理和工资支付负直接责任。施工总承包单位对分包单位劳动用工和工资发放等情况进行监督。分包单位拖欠农民工工资的，由施工总承包单位先行清偿，再依法进行追偿。工程建设项目转包，拖欠农民工工资的，由施工总承包单位先行清偿，再依法进行追偿。”

因此，在发生农民工工资拖欠的情况时，建设单位与施工总承包单位均承担先行支付的责任，但其责任范围存在一定差别。建设单位应在欠付工程款范围内先行垫付农民工工资，而施工总承包单位则不以欠付工程款范围为限，必须先行垫付，而后再向转包人或分包人进行追偿，故施工总承包单位将在之后的工程业务中承担更大的农民工工资代付、垫付责任。

典型争议 10　新能源项目建设工程价款优先受偿权争议

案例：发包人与承包人对承包合同中的付款期限进行变更的，承包人行使建设工程价款优先受偿权的期限从变更后的建设工程价款给付之日起算

【案情简介】

2016 年 12 月 28 日，葛洲坝机建公司（承包人）与光伏农业公司（发包人）签订《阳曲县 20MW 分布式光伏发电项目工程总承包合同》（以下简称《总包合同》）。合同签订后，葛洲坝机建公司按照约定，组织施工，履行承建义务。项目电站于 2017 年 4 月具备送电条件，2017 年 6 月 26 日实现并网发电。

2017 年 6 月 26 日，葛洲坝机建公司向光伏农业公司提交《结算申请报告》，请求按合同约定支付项目合同总价的 75%计 10 500 万元作为验收款。2017 年 6 月 28 日，葛洲坝机建公司和光伏农业公司在《工程结算表》上签字盖章，确认应支付工程进度款 10 500 万元。2017 年 8 月 18 日，葛洲坝机建公司向光伏农业公司发出《关于尽快支付阳曲项目进度款的函》，要求光伏农业公司支付项目电站工程进度款 10 500 万元。

2017 年 9 月 15 日，建设单位（光伏农业公司）、设计单位（山西安盛泰公司）、施工单位（葛洲坝机建公司）、监理单位（山西鑫昊通监理有限公司）代表召开座谈会，形成《杨兴 20MW 扶贫电站项目竣工验收会议纪要》，认定项目电站已于 2017 年 6 月 26 日成功并网发电，已安全运行 81 天，发电

660 万度，达到竣工验收条件，同意项目竣工验收。

2017 年 10 月 18 日，葛洲坝机建公司（乙方）和光伏农业公司（甲方）签订《阳曲县 20MW 分布式光伏发电项目工程总承包合同之补充协议一》，对付款条款重新进行了约定，约定“若甲方在 2017 年 11 月 15 日前仍未完成《总包合同》项下全部合同款 75%的付款，则乙方有权选择单方解除本协议，且有权要求甲方恢复按照《总包合同》承担逾期付款的违约责任，逾期付款的违约责任从 2017 年 6 月 26 日项目并网发电之日起计算”。

后双方因工程款支付产生争议，葛洲坝机建公司将光伏农业公司诉至法院，要求法院确认其对涉案工程享有优先受偿权。

【法院认为】

关于葛洲坝机建公司是否对涉案工程享有优先受偿权及享受优先受偿权的范围，光伏农业公司上诉主张根据原审判决认定的工程竣工时间 2017 年 6 月 26 日，至葛洲坝机建公司 2018 年 3 月 7 日起诉时，已经超过了六个月建设工程优先受偿权法定行使期间。对此法院认为，因双方于 2017 年 10 月 18 日签订《阳曲县 20MW 分布式光伏发电项目工程总承包合同之补充协议一》对光伏农业公司的最后付款期限作了重新约定，即要求光伏农业公司于 2017 年 11 月 15 日前付清工程进度款，依照《最高人民法院关于审理建设工程施工合同纠纷案件适用法律问题的解释（二）》（法释〔2018〕20 号）第二十二条的规定：“承包人行使建设工程价款优先受偿权的期限为六个月，自发包人应当给付建设工程价款之日起算。”本案优先受偿权起算时间应为 2017 年 11 月 15 日，故至葛洲坝机建公司 2018 年 3 月 7 日提起本案诉讼时，并未超过六个月的建设工程价款优先受偿权行使期限。根据《最高人民法院关于建设工程价款优先受偿权问题的批复》（法释〔2002〕16 号）第三条的规定，可以享受建设工程价款优先受偿权的建筑工程价款包括承包人为建设工程应当支付的工作人员报酬、材料款等实际支出的费用，不包括承包人因发包人违约所造成的损失，故原审判决判令葛洲坝机建公司对其应受领的违约金就案涉项目工程享有优先受偿权不当，本院予以纠正。

【案例索引】

最高人民法院（2019）最高法民终250号案

【实务要点】

建设工程价款优先受偿权是为保护承包人合法权益而设置的法定优先权，在建设工程施工合同纠纷中，对于保护承包人特别是其背后处于弱势的农民工权益、维护社会稳定，具有重要意义。

1. 建设工程价款优先受偿权的行使期限为发包人应当给付建设工程价款之日起六个月，逾期则权利灭失

建设工程价款优先受偿权的基础规定可见《合同法》第二百八十六条，该条规定："发包人未按照约定支付价款的，承包人可以催告发包人在合理期限内支付价款。发包人逾期不支付的，除按照建设工程的性质不宜折价、拍卖的以外，承包人可以与发包人协议将该工程折价，也可以申请人民法院将该工程依法拍卖。建设工程的价款就该工程折价或者拍卖的价款优先受偿。"关于该权利行使的期限，2002年6月27日起施行的《最高人民法院关于建设工程价款优先受偿权问题的批复》（法释〔2002〕16号）第四条规定："建设工程承包人行使优先权的期限为六个月，自建设工程竣工之日或者建设工程合同约定的竣工之日起计算。"但在司法实践中，选择"竣工之日"作为判断标准出现了很多争议，特别是在烂尾工程频出、很多合同不规范的现实情况下，如何确定"竣工日期"往往成为此类案件争议的焦点。《最高人民法院关于审理建设工程施工合同纠纷案件适用法律问题的解释（二）》（法释〔2018〕20号）第二十二条，已将该期限的起算点改为"自发包人应当给付建设工程价款之日起算"。

对此，若项目工程采用分期施工、分期付款方式的，一般应以工程最终竣工结算后所确定的工程价款的应付款时间作为优先受偿权行使期限的起算点。若承包人在发包人应当给付建设工程价款之日起六个月内未主张建设工程价款优先受偿权的，则其将丧失建设工程价款优先受偿权。

2. 主张建设工程价款优先受偿权的主体，只能是与发包人订立建设工程施工合同的承包人

《最高人民法院关于审理建设工程施工合同纠纷案件适用法律问题的解释(二)》(法释〔2018〕20 号) 第十七条规定："与发包人订立建设工程施工合同的承包人，根据合同法第二百八十六条规定请求其承建工程的价款就工程折价或者拍卖的价款优先受偿的，人民法院应予支持。"因此，只有与发包人订立建设工程施工合同的承包人，才有权主张建设工程价款优先受偿权。具体可以从以下几个方面进行理解：

第一，建设工程价款优先受偿权仅针对建设工程施工合同（包括 EPC、DB 等包含施工项目的工程总承包合同），其主体必须是工程承包人，而不适用于其他的建设工程合同主体，即勘察单位、设计单位、监理单位等。

第二，建设工程价款优先受偿权不适用于实际施工人，因其与发包人之间并未订立施工合同。

第三，订立施工合同的承包人可以是多人。若发包人与总包人、分包人共同签署三方的施工合同，那么分包人同样享有建设工程价款优先受偿权。

第四，指定分包中的分包人也存在适用建设工程价款优先受偿权的可能。对于实践中常见的指定分包而言，若实际履约过程中，指定分包人完全代替承包人就相关工程履行了合同义务，则可以认为在发包人与分包人之间存在事实上的合同关系，指定分包人同样享有建设工程价款优先受偿权。

第五，对于风电、光伏等新能源项目而言，一般采用 EPC 总承包模式，虽然集设计、采购、施工为一体，由于设计、勘察费往往直接在合同中纳入工程款范围，且与施工款同时结算支付，故此种情形下，通常认为 EPC 总承包人有权一并就 EPC 总承包合同项下的设计、勘察等相关费用主张建设工程价款优先受偿权。

3. 建设工程价款优先受偿权是法定优先权，优先于抵押权等意定物权

《最高人民法院关于建设工程价款优先受偿权问题的批复》（法释〔2002〕16 号）第一条规定："人民法院在审理房地产纠纷案件和办理执行案件中，应当依照《合同法》第二百八十六条的规定，认定建筑工程的承包人的优先受偿权优于抵押权和其他债权。"

因此，对于建设工程价款优先受偿权而言，其作为法定优先权，故效力优先于抵押权等意定物权和其他债权。也就是说，针对工程折价拍卖所得的价款，即便工程已经抵押给第三方，并依法办理了抵押登记，但承包人主张行使建设工程价款优先受偿权的，仍能够优先于抵押权人进行受偿。

不过，需要注意的是，建设工程价款优先受偿权一般针对建设工程，故能否直接适用于工程之上的设备，尚存有疑问。而对于风电、光伏等新能源项目而言，其最有价值的资产系风机、光伏组件等相关设备，建筑安装工程的价值则相对有限。实践中，风电、光伏项目又往往采用 EPC 总承包模式，若在行使建设工程优先受偿权时仅能针对建筑安装工程，则可能导致所得款项无法全额覆盖 EPC 合同款。

4. 建设工程价款优先受偿权的范围仅针对工程款，不包括利息、违约金、损害赔偿金等款项

《最高人民法院关于审理建设工程施工合同纠纷案件适用法律问题的解释（二）》（法释〔2018〕20 号）第二十一条规定："承包人建设工程价款优先受偿的范围依照国务院有关行政主管部门关于建设工程价款范围的规定确定。承包人就逾期支付建设工程价款的利息、违约金、损害赔偿金等主张优先受偿的，人民法院不予支持。"

因此，若项目工程已最终结算，则相应的结算款数额可以作为建设工程价款优先受偿权的范围。若未进行结算，双方又无法协商一致的，则需要委托第三方进行鉴定或审价。在鉴定或审价过程中，根据《建筑安装工程费用项目组成》《建设工程施工发包与承包价格管理暂行办法》等相关规定，一般而言，建设工程价款的范围包括人工费、材料费、施工机具使用费、企业管理费、利润、规费和税金。而工程款利息、违约金、损害赔偿款，以及为实现建设工程价款优先受偿权而支出的费用，并不属于建设工程价款的范围，自然也不属于建设工程价款优先受偿权的范围。

三、产品质量纠纷

典型争议 11　新能源项目设备质量争议

案例：外观瑕疵应在检验期间提出，否则视为不存在外观质量问题

【案情简介】

2014 年 9 月 30 日，中伏源公司（供方）与泰豪公司（需方）签订《支架购销合同》（以下简称合同），就中节能怀来 20MW 光伏农业科技大棚并网发电项目需方向供方采购支架事宜达成如下协议：……阵列方式为 3 组×22 块组件为一个阵列，共 121 个，组件尺寸、功率、支架规格（长 mm×宽 mm×厚 mm）为 1 650mm×992mm×40mm。合同签订后，泰豪公司于 2014 年 10 月 10 日通过转账方式给付中伏源公司预付款 217 410 元，中伏源公司于 2014 年 10 月 17 日至 19 日间分三次将货物送至合同约定地点并将三张物资发货单交由泰豪公司签收。

泰豪公司签收货物后，中伏源公司要求泰豪公司支付剩余货款，但泰豪公司称中伏源公司供应的支架檩条、主梁、前后立柱的厚度均未达到合同约定的厚度，项目监理表示无法使用，并另行从案外人易必得公司处采购支架，

泰豪公司以此为由拒绝支付货款。中伏源公司对于泰豪公司的陈述不予认可，称其在物资发货单中已经注明了材料的厚度，泰豪公司亦进行了验收，厚度问题属于外观瑕疵，泰豪公司在收货时应当提出异议，但截至中伏源公司起诉之日，泰豪公司均未向中伏源公司提出质量异议。

【法院认为】

泰豪公司提出的质量问题是中伏源公司供应的支架檩条、主梁和前后立柱的厚度并未达到合同约定的标准，产品的厚度应属于货物外观瑕疵的范畴，合同中亦未约定检验期间，故泰豪公司应在收货时就材料的厚度向中伏源公司提出异议。泰豪公司称其在收货时已经向中伏源公司提出异议，但并未提交任何证据予以证明，中伏源公司对此亦不予认可，本院对此难以采信。且从实际角度，本案存在三个公司供货的情形，提供的支架并无特殊标志，均为种类物，项目现场存放的支架无法确定系中伏源公司供应，本院亦难以通过鉴定手段确定中伏源公司的供货存在质量问题；退一步讲，即使能够确定现场支架为中伏源公司供应，泰豪公司也未提交证据证明其在收货时对于支架材料的厚度提出异议，也应视为泰豪公司对产品质量的认可。故本院认为，泰豪公司提出的证据不足以证明中伏源公司供应的货物存在质量问题。

【案件索引】

北京市第三中级人民法院（2018）京 03 民终 2219 号案

【实务要点】

风电、光伏项目的承包人或供货商应依据合同约定提供设备，质量不符合约定的，应承担违约责任，同时买受人还可以产品存在质量问题导致付款条件不成就为由拒绝支付货款，但设备买受人在收到设备后应在约定的检验期间内检验，没有约定检验期间的，应当及时检验，并将检验结果告知出卖人，买受人未及时进行检验或检验后未及时提出异议的，视为标的物的数量或者质量符合约定。

1. 货物质量问题，买受人应根据质量问题的严重程度采取不同的救济措施

出卖人提供的设备质量不符合合同约定的，依据《合同法》第一百一十一条的规定，买受人有权要求出卖人依据合同约定承担违约责任，如果合同对于违约责任未约定或约定不明的，买受人可根据标的物的性质以及损失的大小，合理选择要求出卖人承担修理、更换、重作、退货、减少价款或者报酬等违约责任。

对于货物质量事项而言，一般可以分为不构成质量问题的一般事项、质量瑕疵、质量缺陷等。具体而言，《中华人民共和国产品质量法》（以下简称《产品质量法》）第四十六条对质量缺陷作出了定义，即“本法所称缺陷，是指产品存在危及人身、他人财产安全的不合理的危险；产品有保障人体健康和人身、财产安全的国家标准、行业标准的，是指不符合该标准”。而质量瑕疵相较于质量缺陷则较轻，一般是指不属于质量缺陷所带来的不满足产品性能的质量问题，其本身并不存在产品质量的固有安全隐患。对于质量瑕疵，供应商需要承担违约责任，对于质量缺陷，不仅供应商应承担违约或侵权责任，生产商也需要按照《产品质量法》的规定承担产品质量责任。

除此之外，对于买卖合同中的其他质量要求，双方当事人均应在合同中作出明确约定，若未明确约定，则供应商仅需提供符合国家质量标准（如有），能够满足合同需要的货物即可，对于其他不影响货物、电站正常使用的情况，买受人可能无法直接主张质量责任。在实践中，针对风电、光伏项目而言，诸如设备色差、设备品牌、设备生锈等情况均属于前述不影响货物、电站正常使用的事项。为避免纠纷，双方应在合同中对相关事项予以明确约定。

2. 发现任何质量问题，应在特定期限内及时提出异议

首先，就检验期限而言，《合同法》第一百五十七条规定：“买受人收到标的物时应当在约定的检验期间内检验。没有约定检验期间的，应当及时检验。”同时，第一百五十八条规定：“当事人约定检验期间的，买受人应当在检验期间内将标的物的数量或者质量不符合约定的情形通知出卖人。买受人怠于通知的，视为标的物的数量或者质量符合约定。当事人没有约定检验期间的，买受人应当在发现或者应当发现标的物的数量或者质量不符合约定的合理期间内通知出卖人。买受人在合理期间内未通知或者自标的物收到之日起两年内未通知出卖人的，视为标的物的数量或者质量符合约定，但对标的物有质量保证期的，适用质量保证期，不适用该两年的规定。出卖人知道或者应当知道提供的标的物不符合约定的，买受人不受前两款规定的通知时间的限制。”

因此，对于确定检验期间的一般原则而言，应首先以双方的约定为准，未约定的，则应在合理期限完成检验，该合理期限的最长时间为标的物收到之日起两年，但是如果存在质量保证期的，则可以突破两年的限制。并且，根据《最高人民法院关于审理买卖合同纠纷案件适用法律问题的解释》（法释〔2012〕8号）第十七条第二款的规定可知，前述两年的期限属于除斥期间，不适用中止、中断或者延长的规定。

在实践中，还存在一些特殊情况需要注意，比如约定检验期间过短，或与法律、行政法规的规定不符时，则可以相应进行调整。对此，《最高人民法院关于审理买卖合同纠纷案件适用法律问题的解释》（法释〔2012〕8号）第十八条规定：“约定的检验期间过短，依照标的物的性质和交易习惯，买受人在检验期间内难以完成全面检验的，人民法院应当认定该期间为买受人对外观瑕疵提出异议的期间，并根据本解释第十七条第一款的规定确定买受人对隐蔽瑕疵提出异议的合理期间。约定的检验期间或者质量保证期间短于法律、行政法规规定的检验期间或者质量保证期间的，人民法院应当以法律、行政法规规定的检验期间或者质量保证期间为准。”同时，第十七条第一款规定：

“人民法院具体认定合同法第一百五十八条第二款规定的‘合理期间’时，应当综合当事人之间的交易性质、交易目的、交易方式、交易习惯、标的物的种类、数量、性质、安装和使用情况、瑕疵的性质、买受人应尽的合理注意义务、检验方法和难易程度、买受人或者检验人所处的具体环境、自身技能以及其他合理因素，依据诚实信用原则进行判断。”

其次，关于逾期未提出质量异议的后果，《最高人民法院关于审理买卖合同纠纷案件适用法律问题的解释》（法释〔2012〕8号）第二十条第一款明确规定：“合同法第一百五十八条规定的检验期间、合理期间、两年期间经过后，买受人主张标的物的数量或者质量不符合约定的，人民法院不予支持。”因此，风电、光伏发电设备的买受人如发现货物的数量或质量等情况不符合约定的，应根据《合同法》的规定，在检验期间内将该等情况通知出卖人，若买受人未在检验期间内提出质量异议的，则不论货物是否确实存在瑕疵，均视为标的物的数量或者质量符合约定，买受人相应丧失提出质量异议的权利，无权据此不支付货物价款或要求降低价款。

典型争议 12　新能源项目发电量损失争议

案例：光伏组件存在质量问题导致发电量减少的，若买方能够证明发电量减少数值的，卖方应当承担发电量损失的赔偿责任

【案情简介】

雍泽公司作为2012年上海市金太阳节能减排示范企业，出资建设国家金太阳示范项目——A公司光伏发电示范项目。为项目施工需要，雍泽公司与风行电力公司签订了两份购销合同及多份补充合同，约定风行电力公司向雍泽公司提供8 340片太阳能晶体硅电池组件，合同还特别约定风行电力公司所供组件应符合行业标准，并满足国家颁布的金太阳示范项目关键设备基本要

求。风行电力公司到货并完成组件安装工程后，雍泽公司于2013年12月30日正式启用组件发电，然运行一年来，该组件发电量与金太阳工程的要求相距甚远，双方为此于2014年12月30日在项目现场开会协商并达成会议纪要一份，双方均同意于会议当天在风行电力公司所供组件中随机抽样9片送至上海市质量监督检验技术研究院（以下简称质检院）进行检验，并约定质检院所出具的检验报告为会议各方认可的报告，各方不再有其他任何异议，如厂方提出异议，各方应积极配合处理。双方在该份会议纪要中还约定，如检测报告证明抽取组件合格，则抽取组件的拆除、恢复、封样及送检费用由业主承担；反之，则由组件供应商负担。质检院于2015年1月8日出具两份检验报告，报告显示，该批样品的平均输出功率已显著低于购销合同的要求，组件的衰减率也高于金太阳项目的标准。雍泽公司遂向法院起诉，要求风行电力公司赔偿其损失。庭审中的争议焦点之一是风行电力公司是否需赔偿雍泽公司的发电量损失及雍泽公司计算的发电量损失是否有依据。

【法院认为】

风行电力公司与雍泽公司之间存在合法有效的买卖合同关系。现当事人之间对于风行电力公司提供给雍泽公司的太阳能组件存在质量问题并无太大争议，太阳能组件质量问题必然会造成光伏项目发电量的减少，雍泽公司应赔偿由此给风行电力公司造成的损失。关于雍泽公司主张的损失是否有依据问题，法院注意到，雍泽公司向一审法院提出的损失数额，系依据可行性研究报告中有关发电量、衰减率等数据，同时也结合了质检院作出的检验报告的相关数据，因此雍泽公司主张的电量减少的数值应该是正确的。至于电费的单价问题，在雍泽公司与A公司签订的合同能源管理协议中，约定的优惠价为不含税单价0.77元，但雍泽公司提供的其向A公司开具的电费增值税专用发票显示的含税单价为0.9元，表明其系按每度电0.9元与A公司结算电费。雍泽公司以单价 0.9 元计算损失并无不当。因此，本院认为，雍泽公司主张的发电量损失数额有相应依据，一审法院予以采纳正确。一审法院在对涉案太阳能组件实际使用情况、正常衰减等因素予以综合考量后，酌定雍泽公司的损失为 219 万元，符合公平原则。

【案例索引】

上海市第一中级人民法院（2016）沪 01 民终 5721 号案

【实务要点】

风电、光伏项目的承包人或供货商提供的设备不符合国家和行业标准，或不符合合同约定的标准，不仅应承担更换、维修、减少价款等违约责任，还可能需承担项目业主发电量损失的赔偿责任。

1. 发电量损失原则上可以纳入损失赔偿的范围

《合同法》第一百一十三条第一款规定："当事人一方不履行合同义务或者履行合同义务不符合约定，给对方造成损失的，损失赔偿额应当相当于因违约所造成的损失，包括合同履行后可以获得的利益，但不得超过违反合同一方订立合同时预见到或者应当预见到的因违反合同可能造成的损失。"同时，《最高人民法院关于当前形势下审理民商事合同纠纷案件若干问题的指导意见》（法发〔2009〕40 号）的第 9 条进一步明确："……可得利益损失主要分为生产利润损失、经营利润损失和转售利润损失等类型。生产设备和原材料等买卖合同违约中，因出卖人违约而造成买受人的可得利益损失通常属于生产利润损失。承包经营、租赁经营合同以及提供服务或劳务的合同中，因一方违约造成的可得利益损失通常属于经营利润损失。先后系列买卖合同中，因原合同出卖方违约而造成其后的转售合同出售方的可得利益损失通常属于转售利润损失。"

因此，从性质上看，发电量损失应属于可得利益损失，可以被纳入违约方损失赔偿的范畴。

2. 发电量损失一般由受损失的一方进行举证，举证难度较大，建议在合同中约定明确的计算方法

《最高人民法院关于当前形势下审理民商事合同纠纷案件若干问题的指导意见》（法发〔2009〕40 号）的第 11 条规定："人民法院认定可得利益损失时应当合理分配举证责任。违约方一般应当承担非违约方没有采取合理减损措施而导致损失扩大、非违约方因违约而获得利益以及非违约方亦有过失的举证责任；非违约方应当承担其遭受的可得利益损失总额、必要的交易成本的举证责任。对于可以预见的损失，既可以由非违约方举证，也可以由人民法院根据具体情况予以裁量。"

因此，受损失的一方提起民事诉讼或仲裁时，首先需要对发电量损失的数额、计算方式等进行明确，否则将难以提出诉讼或仲裁请求。而发电量损失的计算较为复杂，实践中亦不存在通行的、普适的计算方法，需要根据每个案件的具体情况进行分析，主要应当关注电量、电价、期间三个要素，具体如下：

第一，就电量而言，可以分为实际发电量和考核发电量两种，前者系电站实际发电总额，后者系合同或技术文件中约定的应发电总额，两者之间的差额，即可以作为主张发电量损失的电量依据。其中，实际发电量一般可以选取业主进行结算收费的电量，若未进行结算的，可以选取电表或变压器读数。考核发电量则与当地的天气情况以及项目运维等因素有关，其计算较为复杂。首先，若双方主体在合同中对发电量损失的计算方法进行了明确约定，则可直接参照前述约定计算发电量损失。此时举证将较为容易，且对司法裁判而言也更为便利，故建议业主方尽量在合同中增加发电量损失的相关约定。其次，若不存在发电量损失计算方法的具体约定，则可以考虑根据合同中首年发电量、25 年平均发电量指标、系统效率、组件衰减率等相关约定或标准进行计算，并最终选择有利于己方的数额提起诉讼或仲裁。需注意，若选择系统效率、组件衰减率等相关标准计算考核电量时，还需要对相关效率进行计算，并最终转化为考核电量总额。最后，若合同中不存在前述标准的约定，则可以考虑从可行性研究、技术方案、选择的质量标准、行业习惯等相关方面寻求数据支持。

第二，就电价而言，需要根据并网时间、项目类型等多方面进行分析。若项目适用风电、光伏上网标杆电价，则可以考虑将标杆电价作为计算电价的依据，业主可以直接提供电价批复、电网企业结算单、发改部门相关电价文件作为证据材料。若项目系自发自用，则可以将能源管理合同作为基础，同时结合用电企业开具的结算单，综合确定合理的电价。如项目适用不同电价，还需分别提供不同电价所对应的电量数额。

第三，就期间而言，则需要根据违约类型进行分析。对于延期供货、延期竣工等相关违约，其损失赔偿期间相对明确，直接以延误的期间为标准即可，不过若延期导致项目未及时在规定时间内并网，直接导致电价适用发生变化，则相关计算区间可不仅仅局限在延误期间的范围内。对于因组件、工程质量不达标而导致的损失赔偿问题则更为复杂，风电、光伏等新能源项目，其运营周期较长，一般在 25 年左右，若电站的设备、工程存在质量问题，则不仅影响现有发电效率，更会对之后整个运营期的发电效率产生影响。因此，实践中存在项目业主直接依据电站现有情况，推算出未来 25 年的发电状态，并据此主张 25 年的发电损失的情形。对此，若合同中不存在相关约定，则获得支持的概率较小。原因在于，一方面，相关损失尚未实际发生，计算方法均系理论推算，而实际运营过程中的各类因素均能够影响发电情况，故损失数额可能存在较大误差；另一方面，风电、光伏项目具有高度的政策依赖性，电价及补贴政策均存在不确定性，若直接支持 25 年的电费损失，实则是将整个运营期的部分电费风险转嫁给了承包人或供应商，在一定程度上并不具有预见性，且可能有违公平原则。因此，直接在一次诉讼中就整个运营期的发电量损失提出索赔，若遭到法院驳回，则根据一事不再理的原则，该案发电量损失争议将告终结。所以，实践中业主通常会先行针对已经发电的期间和短期内能够预测的发电期间提出索赔，然后根据诉讼或仲裁进程和双方证据情况选择诉讼策略。对于有必要一次性解决争议的，业主可以适时在该案中另行增加诉讼或仲裁请求。对整个运营期电量进行索赔，若有必要分批次索赔的，则可以在该案中的起诉状或仲裁申请书中明确就后续发电量损失保留索赔的权利，避免丧失诉权，以便在后续诉讼或仲裁中进行主张。

第四，对于发电量损失的计算，除非合同约定了计算公式，能根据相关数据进行简单计算，否则通常还需要鉴定。对此，双方可以在缔约时直接明确约定发电量损失的鉴定机构，若未约定，则守约方在起诉或提起仲裁时也可考虑申请法院或仲裁委员会委托有资质的第三方专业机构进行鉴定。

3. 承包人、供应商等主体可以从因果关系、不可预见、相对方过错等方面就发电量损失索赔提出抗辩

首先，因果关系是发电量损失索赔中的一个难点，承包人、供应商等相关主体可以据此提出抗辩。具体而言，影响光伏、风力电站发电量的因素有很多，主要包括太阳辐射量（风力强度）、太阳电池组件的倾斜角度、太阳电池组件的效率（风机效率）、组合损失、温度（风力）特性、灰尘损失、线路损失、控制器、逆变器效率、蓄电池效率等，还可能涉及限电、政策变化、电站证照不全、安装或运营不到位等情况，对于自发自用的项目，还存在用电企业用电量不足的可能。因此，对于承包人或供应商而言，可以考虑以前述相关事项为由进行抗辩，主张相关损失与其行为不具有因果关系。此外，对于承包人而言，常见的抗辩理由还有相关组件系业主指定分包，其仅承担建筑安装工作，故免于就设备问题承担发电量损失赔偿责任。对于供应商而言，还可以就设备安装、储存、运输等各类事项进行抗辩，主张相关损失系业主安装、储存、运输不当所致。鉴于此，对于业主而言，可以采用 EPC 总承包的模式，直接将设计、采购、施工等事项一并交由 EPC 总承包人处理，以避免各个主体之间的相互推诿及己方因果关系的举证责任，方便后续索赔。

其次，在因果关系能够初步明确的情况下，承包人或供应商可以考虑主张降低损害赔偿的数额。《合同法》第一百一十九条规定："当事人一方违约后，对方应当采取适当措施防止损失的扩大；没有采取适当措施致使损失扩大的，不得就扩大的损失要求赔偿。当事人因防止损失扩大而支出的合理费用，由违约方承担。"同时，《最高人民法院关于当前形势下审理民商事合同纠纷案件若干问题的指导意见》（法发〔2009〕40 号）的第 10 条规定："人民法院在计算和认定可得利益损失时，应当综合运用可预见规则、减损规则、损益相抵规则以及过失相抵规则等，从非违约方主张的可得利益赔偿总额中扣除违约方不可预见的损失、非违约方不当扩大的损失、非违约方因违约获得的利益、非违约方亦有过失所造成的损失以及必要的交易成本。存在合同法第一百一十三条第二款规定的欺诈经营、合同法第一百一十四条第一款规定的当事人约定损害赔偿的计算方法以及因违约导致人身伤亡、精神损害等情形的，不宜适用可得利益损失赔偿规则。"因此，不可预见的损失、非违约方不当扩大的损失、非违约方因违约获得的利益、非违约方亦有过失所造成的损失以及必要的交易成本等费用，承包人或供应商均可以主张进行扣除。具体而言，不可预见的损失可以包括各类政策变更、当地气候变化等事项；非违约方不当扩大的损失、非违约方亦有过失所造成的损失可以包括业主未及时支付款项、未正确使用或运维、未及时维修检修、未及时通知承包人或供应商等；非违约方因违约获得的利益可以包括设备处理差价、政策性收益等。

第二节　项目投资并购纠纷典型案例与裁判要旨

一、项目并购纠纷

典型争议 13　新能源项目“路条”相关争议

案例：主管部门同意变更项目投资主体的“合作开发协议”有效，不属于“倒卖路条”行为

【案情简介】

2012 年 3 月 20 日，青海力腾公司（甲方）与西安东仪公司（乙方）签订《合作框架协议书》，共同约定：鉴于甲方拥有青海格尔木小灶火 30 万 kW 风电场项目的建设审批手续，拟分六期工程实施，每期工程 5 万 kW，甲方已办理完毕取得一期项目的相关审批核准手续，并进行了部分基建工程的建设工作，甲方愿意与乙方共同开发经营。协议第一条约定，合资成立项目公司，甲乙双方应政府的要求将共同出资在格尔木成立项目公司，青海力腾公司将青海格尔木小灶火 30 万 kW 风电场项目注入项目公司，由项目公司实施完成青海格尔木小灶火 30 万 kW 风电场项目的投资、建设、运营。甲乙双方针对小灶火 30 万 kW 风电场项目，按照《公司法》的规定，共同出资成立具有独立法人资格的项目公司，项目公司的组织形式为有限责任公司，名称为格尔木力腾公司。甲方出资 300 万元，占有格尔木力腾公司 10%的股权，乙方出资 2 700 万元，占有格尔木力腾公司 90%的股权。格尔木力腾公司成立后，依据《合作框架协议书》的约定，青海力腾公司将案涉风电场一期项目前期成果注入移交格尔木力腾公司，由格尔木力腾公司继续进行开发建设。

2013 年 7 月 9 日，青海省发展与改革委员会下发《关于同意变更格尔木

小灶火风电场一期 49.5MW 工程项目业主的函》，内容为：2010 年 5 月我委以青发改能源〔2010〕572 号核准格尔木小灶火风电场一期 49.5MW 工程，项目业主为青海力腾公司。为便于项目运营管理和维护，青海力腾公司在格尔木注册成立全资子公司格尔木力腾公司，经研究，同意格尔木小灶火风电场一期 49.5MW 项目业主单位变更为格尔木力腾公司。

在后续合作过程中，青海力腾公司与格尔木力腾公司发生纠纷，青海力腾公司诉请判令对方支付有形资产转让费和无形资产转让费 1 800 万元及利息，并赔偿经济损失 1 700 万元。格尔木力腾公司提起反诉，请求确认《合作框架协议书》无效，并要求青海力腾公司返还其投入的项目开发资金。

【法院认为】

《合作框架协议书》中约定，双方共同开发经营某 30 万 kW 风电场项目。合作方式为，双方合资成立项目公司，由项目公司实施完成全部项目的投资、建设、运营。该《合作框架协议书》无论从名称还是从约定内容看，均是合作开发合同，与一方单纯交付标的物，另一方单纯支付金钱对价的买卖合同有着本质区别。因此，《合作框架协议书》系合作开发合同。

项目公司成立后，青海力腾公司将案涉风电场一期项目前期成果注入移交项目公司，既是履行《合作框架协议书》规定的合同义务，也是实现由项目公司运营该项目的必要环节，且案涉风电场一期项目业主的变更已经取得了政府批准。另外，《合作框架协议书》并未违反法律法规的效力性强制性规定。项目公司关于《合作框架协议书》是倒卖国家资源项目、属无效协议的上诉主张不能成立。

【案例索引】

最高人民法院（2019）最高法民终 211 号

【实务要点】

根据《企业投资项目核准和备案管理条例》《企业投资项目核准和备案管

理办法》及国家能源局发布的有关规定，国家明令禁止风电、光伏项目倒卖“路条”、核准/备案文件，项目备案/核准后并网前，不得擅自变更投资主体，但并不意味着项目投资主体绝对不得变更，如项目投资主体或其股权结构发生重大变更的，应及时向原备案/核准机关提出申请，并获得其同意。擅自变更的，可能导致转让项目合同无效，项目无法取得电价补贴，同时还可能涉及其他行政责任。

1. 风电、光伏项目严禁买卖“路条”、核准/备案文件，在项目并网之前不得擅自变更投资主体，若需变更的，应重新办理备案/核准手续

风电、光伏项目合作开发是常见的商业现象，但应当依法合规进行，不得违反国家有关政策规定。对此，国家能源局相关政策中均明确规定，严格限制风电、光伏项目进行“路条”买卖，项目并网之前不得擅自变更投资主体。如确实需要变更的，应及时向原备案/核准机关提出申请，并获得其同意，具体如下：

《光伏电站项目管理暂行办法》（国能新能〔2013〕329号）第三十三条规定：“项目单位不得自行变更光伏电站项目备案文件的重要事项，包括项目投资主体、项目场址、建设规模等主要边界条件。”

《国家能源局关于进一步加强光伏电站建设与运行管理工作的通知》（国能新能〔2014〕445号）第六条规定：“规范光伏电站资源配置和项目管理。……禁止买卖项目备案文件及相关权益，已办理备案手续的光伏电站项目，如果投资主体发生重大变化，应当重新备案。”

《国家能源局关于规范光伏电站投资开发秩序的通知》（国能新能〔2014〕477号）第四条规定：“制止光伏电站投资开发中的投机行为。申请光伏电站项目备案的企业应以自己为主（作为控股方）投资开发为目的，能够按照规划和年度计划及时开展项目建设。对于不以自己为主投资开发为目的，而是以倒卖项目备案文件或非法转让牟取不当利益为目的的企业，各级能源主管部门应规定其在一定期限内不能作为投资主体开发光伏电站项目。在光伏电站前期工作中企业间正常的技术服务和商业合作应依法合规进行。出于正当理由进行项目合作开发和转让项目资产，不能将政府备案文件及相关权益有偿转让。已办理备案手续的项目的投资主体在项目投产之前，未经备案机关同意，不得擅自将项目转让给其他投资主体。项目实施中，投资主体发生重大变化以及建设地点、建设内容等发生改变，应向项目备案机关提出申请，重新办理备案手续。”

《风电发展“十三五”规划》第四部分第（五）条规定，国家“规范风电项目投资开发秩序，杜绝企业违规买卖核准文件、擅自变更投资主体等行为”。

除了直接变更主体的方式外，实践中还存在直接变更项目公司股权结构的情况。相对于通过直接变更投资主体的方式转让核准文件而言，变更投资主体股权结构的方式倒卖“路条”或备案/核准文件的方式更为隐蔽。为打击新能源项目投资开发的投机行为，《国家能源局关于开展新建电源项目投资开发秩序专项监管工作的通知》（国能监管〔2014〕450 号），对于新建电源项目投产前的股权变动等情况进行了专门的监管。

2. 未经主管机关同意即擅自变更投资主体的，可能导致合同无效，无法取得电价补贴，同时还涉及其他行政责任

如前所述，根据前述规定，风电、光伏项目投产之前，未经备案/核准机关同意，不得擅自将项目转让给其他投资主体，目前监管部门普遍认为上述行为违反了《行政许可法》第九条“依法取得的行政许可，除法律、法规规定依照法定条件和程序可以转让的外，不得转让”的禁止性规定，故司法实践中存在援引《行政许可法》的相关规定判决此类直接转让风电、光伏项目投资开发权的合作协议无效。需要注意的是，《企业投资项目核准和备案管理办法》第七条明确风电等项目的核准文件属于行政许可事项，但并未明确光伏等项目的备案文件是否属于行政许可事项。

其次，虽然前述国家能源局发布的禁止“路条”买卖的规定并非行政法规，无法直接依据《合同法》第五十二条第（五）项关于“违反法律、行政法规的强制性规定”的规定判决合同无效。但是，根据最高人民法院《全国法院民商事审判工作会议纪要》（法〔2019〕254号）第31条的规定，“违反规章一般情况下不影响合同效力，但该规章的内容涉及金融安全、市场秩序、国家宏观政策等公序良俗的，应当认定合同无效。人民法院在认定规章是否涉及公序良俗时，要在考察规范对象基础上，兼顾监管强度、交易安全保护以及社会影响等方面进行慎重考量，并在裁判文书中进行充分说理”。因此，对于“路条”买卖行为而言，其实则违反了保护市场秩序、遏制投机行为的规章，故人民法院可能会依据《中华人民共和国民法总则》（以下简称《民法总则》）第一百五十三条第二款的规定，认定其因违背公序良俗而无效。

最后，根据《国家能源局关于印发新建电源项目投资开发秩序监管报告（新能源部分）及工作要求的通知》（国能监管〔2015〕384）的规定，主管部门有权就倒卖“路条”及核准（备案）文件等违法违规行为，采取责令限期整改、将出让方投资主体纳入不良信用记录、取消可再生能源电价补贴、依法给予行政处罚并予公开通报等方式处理。

典型争议14　新能源项目居间服务争议

案例：居间人已完成居间工作，委托人不得以未完成配合、协助义务为由拒绝支付居间报酬

【案情简介】

2015年1月1日，林洋公司（甲方）与旭丰公司（乙方）签订了《开发合作协议》，约定由旭丰公司在居间服务范围内为林洋公司开拓市场，提供技术及商务服务，并协助林洋公司与目标企业或目标乡镇签订电站开发合同或

协议及完成备案的媒介服务。2015 年 4 月 12 日，林洋公司向旭丰公司出具授权委托书，将第一次付款条件调整为获取最终电力接入批复意见后。在旭丰公司的推动下，2015 年 3 月 31 日，安丘市柘山镇人民政府（出租方）与永旭公司（承租方股东为林洋公司）签订《土地租赁合同》一份。

后双方就上述“土地租赁项目”的居间报酬支付问题产生纠纷，旭丰公司遂诉至法院，要求林洋公司支付相应居间报酬及违约金。林洋公司辩称，支付最终居间报酬的前提条件为获取最终电网接入批复意见后，并根据实际项目装机容量予以付款，但该项目并未取得电网接入批复意见。因此项目的付款条件未成就，其并未违约。本案的争议焦点为，《开发合作协议》约定的居间服务报酬是否已经具备支付条件。

【法院认为】

旭丰公司、林洋公司签订的《开发合作协议》系双方当事人的真实意思表示，亦不违反法律、行政法规强制性规定，合法有效。根据《开发合作协议》约定，“乙方经甲方同意后，可以负责林洋公司所建设电站的政府相关部门的核准（备案）手续的完成，并协助林洋公司办理电力相关部门的并网手续”的约定，办理电站的核准（备案）手续系由林洋公司完成，旭丰公司承担的责任系在林洋公司要求的情况下负有协助义务，在履行合作协议中就“土地租赁项目”旭丰公司依约履行了义务，林洋公司未依约办理核准（备案）手续，并以此主张未达到付款条件，对守约方的权利造成侵害，显失公平，故林洋公司以旭丰公司未能获取电力最终批复意见为由拒绝支付服务费的抗辩理由，本院不予支持。林洋公司应当支付旭丰公司居间服务费用。

【案例索引】

济南市中级人民法院（2016）鲁 01 民终 6150 号案

【实务要点】

在风电、光伏项目前期开发过程中，项目投资方委托当地有技术、有资源的单位和个人提供居间服务、咨询服务的情况比较常见，一旦后续项目出现问题，则项目投资方与居间方、服务方便极易产生争议。

1. 若居间合同、服务合同系为满足“路条款”的支付，则相关合同可能无效

《合同法》第五十二条规定：“有下列情形之一的，合同无效：（一）一方以欺诈、胁迫的手段订立合同，损害国家利益；（二）恶意串通，损害国家、集体或者第三人利益；（三）以合法形式掩盖非法目的；（四）损害社会公共利益；（五）违反法律、行政法规的强制性规定。”而根据《光伏电站项目管理暂行办法》《国家能源局关于规范光伏电站投资开发秩序的通知》《国家能源局关于印发新建电源项目投资开发秩序监管报告（新能源部分）及工作要求的通知》《风电发展“十三五”规划》等文件规定，已办理备案/核准手续的风电、光伏项目的投资主体在项目并网投产之前，未经备案机关同意，不得擅自将项目转让给其他投资主体。因此，在项目并网前，擅自变更项目投资主体，并通过居间合同、服务合同等方式支付“路条款”，可能因“以合法手段掩盖非法目的”或“违反法律、行政法规的强制性规定”而无效。

2. 居间方取得报酬必须同时具备居间成果和因果关系两个条件，否则可能无法要求支付价款

由《合同法》第四百二十六条第一款的规定可知，只有在居间人促成合同成立时，委托人才应当按照约定支付报酬。而居间人的活动能否达到目的，委托人与第三人之间的合同能否促成，有着不确定性，不是完全可由居间人的意志决定的。对于风电、光伏项目而言，是否能够开发成功，往往取决于技术、经济和国家政策等多种因素，因此在居间合同中对于居间报酬支付条件和居间活动费用承担的约定就显得非常重要。

就举证责任而言，对于居间合同付款条件成就与否的事实，应由居间人承担举证责任。在居间人初步举证证明己方实施了居间行为及交易已促成后，委托人如要否定其中因果关系，则应提供证据证明其交易是由自己或其他原因促成的。

因此，若双方在合同中无其他相反约定，则居间人取得报酬必须同时具备两个要件：(1) 存在居间合同约定的成果；(2) 成果与居间人的服务有因果关系。因此，在居间人起诉索要居间报酬时，通常需要提供两项证据，即居间成果和过程文件。对于居间成果是否达成，应该按照居间合同的约定进行判明。对于因果关系而言，一般则较难举证，若居间人无法证明其实际提供了居间服务，仅以居间成果已经达成为由主张报酬，则可能存在报酬无法获得支持的风险。所以，居间人必须注意搜集、保存相关履约证明，并及时向裁判机关提供相应的履约过程文件作为证据，具体可以为往来邮件、往来函件、会议纪要、相关即时通信软件聊天记录等各类文件。裁判机关将根据当事人提供的证据材料，并结合合同目的实现情况来进行综合认定。

3. 交易未促成，但居间人实际履行居间义务的，可以向委托人主张居间活动支出的必要费用

《合同法》第四百二十六条第二款规定："居间人促成合同成立的，居间活动的费用，由居间人负担。"同时，第四百二十七条规定："居间人未促成合同成立的，不得要求支付报酬，但可以要求委托人支付从事居间活动支出的必要费用。"

因此，对于居间人而言，应有效保存履约过程文件及支出费用的相关凭证，若居间事务最终未成功的，在合同无相反约定的情况下，虽然居间人无法直接主张报酬，但可以向委托人主张相应的居间活动所支出的必要费用，如居间活动中支出的交通费等。

典型争议 15　新能源项目预约收购争议

案例：项目预收购协议签订后，若因合同双方原因导致合同解除并产生损失的，双方应按各自过错分别承担相应责任

【案情简介】

2017 年 6 月 26 日，原告扬州中工公司与被告孝义日烁公司签订《8.5MW 项目预收购协议》，就被告开发的孝义市义乌商品交易博览城和山西一果食品有限公司屋顶 8.5MW 光伏发电项目预收购事宜约定：在协议签订之日起，原告需在 7 个工作日内完成对项目的尽职调查工作，若项目通过原告尽职调查审核，被告需将合同约定的文件原件交予原告，同时原告支付被告预收购订金 1 万元；原告如果 40 天不进场、不施工视为放弃，合同作废，保证金不退；原告在被告按约定尽职调查完成后，不得借故拖延支付项目开发费用；被告完成项目所需要的审批手续且以原件的方式提供给原告，准备进场施工前，被告以公司全部股权质押给原告；合同对付款进度也进行了约定。

协议签订当日，原告给付被告项目订金 1 万元。同年 7 月 20 日原告又转账支付被告 119 000 元。被告交付原告部分资质文件，原告资料员签收并注明已交付的资质文件。其余合同义务，双方未履行。后双方对合同履行产生争议，原告向法院起诉，要求解除《8.5MW 项目预收购协议》，并要求被告承担原告信赖合作协议的履行而产生的损失。

【法院认为】

原告与被告签订的《8.5MW 项目预收购协议》系双方真实意思表示，协议形式合法，属有效合同，原、被告间成立合同法律关系。然依据双方签订之协议内容，双方协议约定存在诸多漏洞。此外，从双方法定代表人微信聊天记录可以看出，合同签订时间为 2017 年 6 月 26 日，双方在协议签订之后

的几个月内仍在协商合同签订问题及提供什么资质文件。显然，原、被告双方订立协议时均尚未作好订约以及履约的必要准备，导致协议履行过程中争议不断，造成损失，双方均有责任。加之双方合作进行光伏发电项目投资，而光伏发电投资收益除受本合同履行影响外，还受其他自然环境及政策导向的影响，其收益并不确定。且依据双方合同约定，如合同正常履行，双方均可受益，可得利益损失一致，现合同不能继续履行，理应互不承担利益损失之赔偿责任。故关于原告诉请被告解除双方签订的《8.5MW 项目预收购协议》，因双方确在协议中约定“40 天不进场、不施工视为放弃，合同作废”，故对原告请求解除合同的诉请，本院予以支持。合同解除后原告预付的前期开发费用 119 000 元，被告理应予以返还。原告另付的 1 万元属履约保证金，因双方就合同未履行完毕而解除均有责任，保证金应返还一半即 5 000 元。

【案例索引】

孝义市人民法院（2018）晋 1181 民初 233 号案

【实务要点】

风电、光伏项目在备案/核准后并网前不得擅自变更投资主体，故实践中为了不违反上述规定，风电、光伏项目的投资方往往采用在项目投产前，收购方与投资方签订预收购合同，约定在项目投产后将项目公司股权进行转让及事先约定转让条件的收购模式。

1. 为避免构成擅自变更投资主体，实践中大量项目采用预收购的模式交易

所谓预收购，即指股权转让预约合同的签订和履行。《最高人民法院关于审理买卖合同纠纷案件适用法律问题的解释》（法释〔2012〕8 号）第二条对预约合同这一形式进行了肯定，即“当事人签订认购书、订购书、预订书、意向书、备忘录等预约合同，约定在将来一定期限内订立买卖合同，一方不履行订立买卖合同的义务，对方请求其承担预约合同违约责任或者要求解除预约合同并主张损害赔偿的，人民法院应予支持”。因此，预约合同与本约合同存在本质区别，其合同标的并不相同，预约合同项下的标的可以理解为“待签署的本约合同”。具体到风电、光伏新能源项目中，在预收购模式项下，投资方仅承担条件成就或期间届满后，就项目公司的股权转让事项进行磋商，并签署股权转让合同的义务，并不承担向收购方直接交付股权的义务。

在实践中，必须严格分析预收购合同的各个条款，一方面，当事人应确保预约合同无法直接达到履行本约的目的，无法直接涵盖本约的全部成立条件，从而避免被直接认定为本约合同，即新能源项目中的股权转让合同；另一方面，当事人应在预约合同中就之后签订本约合同进行明确约定，避免约定不明无法达到预约合同的效果。具体而言，在风电、光伏项目预收购中，其本约合同即为股权转让合同，本约中包括股权数额、价款、交付等相关约定，因此，在预收购合同中，不应直接就合同价格、股权转让时间等事项作出具体而确定的约定，而应重点针对签署股权转让合同的前提条件、签署股权转让合同的基本要求、为签署股权转让合同而需履约的义务等事项进行约定，例如项目所需取得的批文、资源年利用小时数等。

2. 违反预约合同无法直接要求股权转让，或对股权收益等可得利益主张赔偿

虽然《最高人民法院关于审理买卖合同纠纷案件适用法律问题的解释》（法释〔2012〕8号）第二条对预约合同的违约责任及损害赔偿责任进行了肯定，但实践中，违反预约合同的赔偿范围，一般不包括本约合同的履约损失。并且，预约合同的违约责任一般仅表现为违约金、损害赔偿等，无法直接要求相对方以继续履行的方式承担违约责任。具体而言，在签订风电、光伏项目的预收购合同后，如果因项目公司股权价格上涨等原因，项目被再次转让给第三人，收购方只能要求转让方承担预收购合同项下的违约责任，而无法要求履行股权转让手续，或要求转让方赔偿股权价格上涨的预期收益的损失。

首先，考虑到项目投产之前，为保障建设资金的支出，收购方往往采用代为支付开发费、设备款和工程款等方式进行合作开发，如果项目无法并网投产，或无法取得国家补贴，预收购失败的，收购方代为支付的费用将面临无法偿还的风险。因此，收购方需要就前述事项约定相应的违约责任，并设置相应的担保措施和合理的退出机制。

其次，为避免转让方将项目公司股权再次转让，收购方通常会要求取得项目公司的实际控制权以及取得项目公司股权的质押权。不过，需要注意的是，虽然收购方取得项目公司的实际控制权，通常可避免项目公司股权被再次转让，但如果转让方不配合，则仍存在股权无法完成转让的风险。

典型争议 16　新能源项目股权转让争议

案例：转让标的之外的事项，除合同另有约定外，收购方不得要求减少价款

【案情简介】

2011 年 7 月 21 日，联合汇风与某新能源公司签订《伊春太阳风新能源有限公司股权转让合同》，就联合汇风持有的伊春太阳风新能源有限公司 100％的股权转让事宜达成一致。具体付款为：合同签订三日内支付 95％，剩余 5％的尾款，按照合同约定完成伊春平顶山项目一期工程 49.5MW 项目的核准及伊春南岔林业局一期项目的核准（两个项目不包含在股权转让标的中）后予以支付。协议签订后，因政策的变化致使特别约定的风电项目无法核准。故联合汇风通过向人民法院起诉的方式，请求解除相应条款，后经伊春市中级人民法院（2015）伊中民终字第 201 号民事判决书判令解除《伊春太阳风新能源有限公司股权转让合同书》中的相关条款，故支付股权转让尾款的附加条款已经解除。最终，双方就是否应支付尾款产生争议，原告联合汇风遂

起诉至法院要求被告某新能源公司履行合同支付股权转让尾款的义务，并承担相应违约金。

【法院认为】

原、被告之间签订的股权转让合同是双方当事人真实意思表示，该股权转让合同合法有效。该股权转让合同明确股权转让的总标的，约定联合汇风将其持有的伊春太阳风新能源有限公司100％的股权转让给某新能源公司，总股权转让价款已支付95％，尚差5％即369.15万元没有支付，并明确369.15万元为股权转让尾款，两个风电项目的核准并没有在该股权转让合同的标的中。因此369.15万元并不是完成两个风电项目核准的对价款，而是股权转让的尾款，两个风电项目的核准只是支付369.15万元股权转让尾款的附加条件。由于国家政策的调整导致两个风电项目的核准无法完成，且该条款已在之前的诉讼中被法院依法解除。因该股权转让合同中相关股权转让完毕，剩余5％即369.15万元的股权转让尾款应支付给原告，因此对原告的诉讼请求予以支持。

【案例索引】

伊春市中级人民法院（2016）黑07民终137号案

【实务要点】

对于风电、光伏项目而言，因税费成本及投资主体变更后需进行备案并与电网企业另行签订售电合同等原因，相比于资产转让，以股权转让方式实现项目转让更为常见。为避免纠纷，交易各方应在股权转让合同中对股权转让标的、转让对价、支付方式、股权交割及其他相关事项予以明确约定。

1. 股权转让合同的标的为股权，电站项目系其资产，项目本身并非股权转让合同的标的，故若无特别约定，不得直接以项目争议为由拒绝支付股权转让款

上述案件是一起典型的新能源项目股权转让合同纠纷，对于交易双方而言，转让方的义务为完成项目公司的股权交割、资料移交等合同义务，收购方的义务为支付股权对价。而风电、光伏项目的批文情况，项目质量等工程事项，并不当然构成股权转让合同的责任和义务。所以，虽然项目公司的股权价值取决于项目电站的质量和发电收益，但仍应属于两个独立的法律关系，无法直接混同，除非双方当事人就此作出了明确要求或约定。何况本案的尾款支付条件并非是已投产的目标项目情况，而是两个新项目的核准。

因此，在转让方已经依约履行了股权出让的主要义务，包括股权交割（办理工商变更登记）、相关资料移交等事项后，收购方便应当履行其支付股权转让款的义务。若收购方拟拒绝支付款项，则其应就转让方出让的股权存在瑕疵进行举证，如股权存在其他权利人、转让方无权转让、不实披露、瑕疵出资等。若收购方仅主张风电、光伏项目未取得相关文件、质量存在问题，且双方在股权转让合同中并未就项目情况作出约定和要求的，则收购方仍应支付股权转让款。若项目瑕疵是其他责任方造成的，则收购方在完成收购后可以项目公司名义，根据服务合同、咨询合同、EPC 合同或其他施工合同、采购合同的约定，向相关责任人主张索赔，要求其承担相应的违约责任。

2. 股权转让合同中应针对股权、电站、项目运营等重点事项进行约定，合理设置违约责任，以保证股权与资产相衔接

基于前述分析，股权与电站工程系两个不同的法律关系，而风电、光伏项目的股权价值与电站资产及其电费收益能力息息相关，因此在合同条款的拟定方面，必须事先作出安排，除关注项目公司情况外，还需重点关注项目情况。尤其对于收购方而言，应对项目的相关要求作出明确约定，并以此作为交易、付款前提，将之与股权款的支付相捆绑，以便在项目存在重大问题时有合理的抗辩理由停止款项支付。

对于股权转让合同中需要针对项目约定的重点事项，可以参照风电、光伏项目的尽职调查要点展开，例如项目的名称、范围、数量、要求及相关批文、项目合法性事项、电站质量约定、项目发电量承诺、电价承诺等相关内容。若转让方违反前述约定，则收购方可以要求转让方回购股权，或相应核减股转款，并支付违约金等。

二、项目融资纠纷

典型争议 17　新能源项目融资租赁争议

案例：融资租赁合同中，出租人因承租人原因要求解除合同并赔偿损失的，承租人应赔偿的损失包括承租人应支付的未到期租金

【案情简介】

2010 年 1 月 26 日、2010 年 4 月 27 日，凤凰光伏公司与中航租赁公司分别签署了两份《融资租赁合同》，约定由中航租赁公司为凤凰光伏公司提供光伏电站设备融资租赁服务。合同签订后，中航租赁公司为凤凰光伏公司购买了租赁物，凤凰光伏公司也按照合同约定支付了前期的租金。2011 年 4 月 16 日，凤凰光伏公司与中航租赁公司签署了编号为 ZHZL（11）02ZL021 的《融资租赁合同》，第 26.1 条约定，在本合同项下租赁物件租赁期满，凤凰光伏公司支付本合同项下全部应付款项后，可以人民币 127 182.18 元的期末购买价格购买租赁物件，凤凰光伏公司支付期末购买价款后，中航租赁公司将租赁物件所有权转让给凤凰光伏公司。自 2012 年起，凤凰光伏公司未能按合同约定支付租金。截至 2015 年 9 月 15 日，凤凰光伏公司尚欠中航租赁公司租金等各项费用共计 146 112 418.28 元，其中未到期租金为 15 156 475.44 元。

2015 年 9 月 15 日，一审法院受理了债权人申请凤凰光伏公司破产清算一案。中航租赁公司向凤凰光伏公司管理人就三份《融资租赁合同》项下的债权进行了申报；后中航租赁公司将租赁物取回，折价 52 650 000 元。2016 年 6

月 16 日，凤凰光伏公司管理人确认中航租赁公司对凤凰光伏公司享有的债权为 209 661 065.88 元，其中对编号 ZHZL（11）02ZL021 的《融资租赁合同》项下的未到期租金 15 156 475.44 元未确认，并扣除了租赁物折价 52 650 000 元。2016 年 7 月，中航租赁公司向凤凰光伏公司发出声明，对已确认的债权 209 661 065.88 元和扣除的租赁物折价 52 650 000 元无异议，对未确认的未到期租金 15 156 475.44 元提出异议。

【法院认为】

本院认为，本案诉争债权 15 156 475.44 元为编号 ZHZL（11）02ZL021 的《融资租赁合同》项下自 2015 年 9 月起至 2016 年 4 月止的每月应付租金，至 2015 年 9 月 15 日一审法院受理被上诉人凤凰光伏公司的破产清算申请时尚未到期，为未到期租金。根据双方签订的上述《融资租赁合同》的约定，上诉人中航租赁公司有权向凤凰光伏公司主张包括未到期租金在内的全部未付租金。《中华人民共和国企业破产法》第四十六条规定，未到期的债权，在破产申请受理时视为到期，同时，《最高人民法院关于审理融资租赁合同纠纷案件适用法律问题的解释》（法释〔2014〕3 号）第二十二条规定，出租人依照本解释第十二条的规定请求解除融资租赁合同，同时请求收回租赁物并赔偿损失的，人民法院应予支持；前款规定的损失赔偿范围为承租人全部未付租金及其他费用与收回租赁物价值的差额，根据上述法律及司法解释规定，中航租赁公司向凤凰光伏公司的管理人申报的上述 15 156 475.44 元未到期租金应当作为破产债权予以确认。根据《合同法》第二百四十二条“出租人享有租赁物的所有权。承租人破产的，租赁物不属于破产财产”及《中华人民共和国企业破产法》第三十八条“人民法院受理破产申请后，债务人占有的不属于债务人的财产，该财产的权利人可以通过管理人取回”的规定，中航租赁公司与凤凰光伏公司的管理人协商取回租赁物并以租赁物价值冲抵未付租金符合法律规定。

融资租赁合同不同于财产租赁合同，具有融资与融物相结合的特点，《合同法》第二百四十三条规定，融资租赁合同的租金，除当事人另有约定的以外，应当根据购买租赁物的大部分或者全部成本以及出租人的合理利润确定，据此，融资租赁交易中出租人取得的对价为融资成本加上合理的利润并以租金的名义分期归还出租人，与租赁物的使用无关，而在财产租赁合同中，租金是承租人占有使用租赁物的对价，一审判决认定“本案所涉租金是根据租赁物使用产生的债权，未到期租金是一种预设的债权，并不是实际已经享有的债权，本案原告已经取回了租赁物，双方合同已经解除，故未到期租金的债权并未形成，不能视为到期债权”混淆了融资租赁合同与财产租赁合同的本质差异，属于定性错误，并导致适用法律错误，本院予以纠正。

【案例索引】

安阳市中级人民法院（2017）豫05民终2358号

【实务要点】

因项目业主缺乏有效的担保措施，加上新能源相关的政策不够稳定，导致实践中很多新能源项目尤其是光伏项目难以通过银行贷款的方式进行融资，通常采用融资租赁的方式。在融资租赁过程中，承租人通常以电站并网后的电费收益作为支付租金及其他费用的资金来源，然而一旦项目无法并网，或电价补贴延迟发放，无法取得预期的电费收益，将导致融资租赁合同的履行发生争议。

1. 标的物的性质、价值、租金的构成以及当事人的合同权利义务，均能够对是否构成融资租赁法律关系产生影响，若仅有资金流转而无真实租赁物及所有权转移，融资租赁合同关系不成立

实践中融资租赁通常存在直租及售后回租两种模式。一般情况下，在项目前期即介入，能够参与项目前期建设、采购过程的投资方，较多选择直租模式；对于已建成的电站，为解决项目后续融资需求，通常可以采用售后回租模式。不论直租还是售后回租，均可以构成合法有效的融资租赁关系，人民法院不会仅以承租人和出卖人系同一人为由而认定不构成融资租赁法律关系。不过，若融资租赁合同约定不清，或实际操作不规范，便可能导致融资租赁法律关系不成立。

《最高人民法院关于审理融资租赁合同纠纷案件适用法律问题的解释》（法释〔2014〕3号）第一条规定："人民法院应当根据合同法第二百三十七条的规定，结合标的物的性质、价值、租金的构成以及当事人的合同权利和义务，对是否构成融资租赁法律关系作出认定。对名为融资租赁合同，但实际不构成融资租赁法律关系的，人民法院应按照其实际构成的法律关系处理。"因此，实践中一般可根据前述规定进行分析，其中最常见的否定融资租赁关系的情形即为"仅有资金流转而无真实租赁物及所有权转移"，因为根据《合同法》第二百三十七条关于融资租赁合同的规定，租赁物客观存在且所有权由出卖方转移给出租人系融资租赁合同区别于借款合同的重要特征，融资租赁合同必须同时体现出"融资""融物"两种特征，故作为所有权的标的物，租赁物应当客观存在，并且为特定物。如不存在确定的、客观存在的租赁物，或者租赁物所有权未转移至出租人，或者租赁物转让价值明显偏低而无法担保租赁债权，应认定该类合同没有融物属性，仅有资金的融通，系以融资租赁之名行借贷之实，不构成融资租赁合同关系。所以，在实践中，融资租赁公司必须全面办理租赁物的所有权转移手续，尤其在售后回租关系下，应对货物进行交付，签署货权转移清单，并要求出卖人开具相应的销售发票，若租赁物已经设定了抵押并依法登记，还应撤销相关权利负担，避免阻却所有权变动，进而影响融资租赁合同关系的认定。

2. 发生承租人违约时，融资租赁的出租人有权取回租赁物并要求赔偿，或要求支付全部剩余租金及赔偿

《最高人民法院关于审理融资租赁合同纠纷案件适用法律问题的解释》

（法释〔2014〕3号）第二十一条规定："出租人既请求承租人支付合同约定的全部未付租金又请求解除融资租赁合同的，人民法院应告知其依照合同法第二百四十八条的规定作出选择。出租人请求承租人支付合同约定的全部未付租金，人民法院判决后承租人未予履行，出租人再行起诉请求解除融资租赁合同、收回租赁物的，人民法院应予受理。"同时，第二十二条规定："出租人依照本解释第十二条的规定请求解除融资租赁合同，同时请求收回租赁物并赔偿损失的，人民法院应予支持。前款规定的损失赔偿范围为承租人全部未付租金及其他费用与收回租赁物价值的差额。合同约定租赁期间届满后租赁物归出租人所有的，损失赔偿范围还应包括融资租赁合同到期后租赁物的残值。"

据此，在发生违约情形时，除了赔偿损失之外，出租人一般存在两种基础请求权利，其应择一行之，即要求解除合同并取回租赁物或请求支付全部未付租金（包括已到期租金及未到期租金）。一般情况下，应当先行请求支付全部未付租金，因为其还有权根据《最高人民法院关于审理融资租赁合同纠纷案件适用法律问题的解释》（法释〔2014〕3号）第二十一条第二款的规定进行转化，在判决后承租人未予履行的，出租人有权再行起诉请求解除融资租赁合同、收回租赁物。

在风电、光伏项目中，出租人取回租赁物通常操作难度较大。首先，若发生物的添附、附合等情况，则存在无法取回租赁物的风险，例如风机，若已经固定于地面，另行取回会造成贬值、损坏，还需要额外支付大量费用。其次，根据租赁物的属性，若取回后不具备二次利用的可能，或取回不符合经济性，则同样不适宜采用取回方式，例如某些光伏组件，其市场售价已经发生大幅下降，另行取回后不仅难以二次出售，还需要支付拆卸、运输费用，不具有经济性。

对于赔偿损失，在要求支付全部未付租金的情形下，若租赁物期满归承租人所有，则可以表现为逾期利息或相关违约金、诉讼费用及其他合理支出等；若租赁物期满后归出租人所有，则还存在逾期返还的占用费、不能返还时的赔偿费等。在解除合同取回租赁物的情形下，除了逾期利息外，其损失赔偿范围为承租人全部未付租金及其他费用与收回租赁物价值的差额；若租赁物期满后归出租人所有，则损失赔偿范围还应包括融资租赁合同到期后租赁物的残值。对于租赁物价值或残值的确定，司法实践中主要存在以下三种情况：第一，根据出租人与承租人在融资租赁合同中的约定进行计算；第二，由双方共同选定或者通过法院选定的评估机构对租赁物价值进行评估；第三，在执行阶段，还可以通过人民法院司法拍卖处置租赁物所得价款确定租赁物的价值。

3. 为防止租赁物被擅自转卖，出租人应依法进行融资租赁登记，并在租赁物上设置明显的权利人标识

在融资租赁期间，租赁物实质上由承租人占有，对不以登记作为权属证明的租赁物，承租人具有权利外观，一旦其擅自对外处分租赁物，则第三人有可能依据善意取得制度获得所有权或其他物权。

对此，《最高人民法院关于审理融资租赁合同纠纷案件适用法律问题的解释》（法释〔2014〕3 号）第九条规定："承租人或者租赁物的实际使用人，未经出租人同意转让租赁物或者在租赁物上设立其他物权，第三人依据物权法第一百零六条的规定取得租赁物的所有权或者其他物权，出租人主张第三人物权权利不成立的，人民法院不予支持，但有下列情形之一的除外：（一）出租人已在租赁物的显著位置作出标识，第三人在与承租人交易时知道或者应当知道该物为租赁物的；（二）出租人授权承租人将租赁物抵押给出租人并在登记机关依法办理抵押权登记的；（三）第三人与承租人交易时，未按照法律、行政法规、行业或者地区主管部门的规定在相应机构进行融资租赁交易查询的；（四）出租人有证据证明第三人知道或者应当知道交易标的物为租赁物的其他情形。"

因此，出租人应及时按照前述规定，在中国人民银行征信中心动产融资统一登记公示系统中依法登记，并在租赁物的显著位置作出权利标识。在实践中，还存在出租人将自己享有所有权的租赁物，以承租人名义抵押给自己的情形，从而达到对外公示的目的。不过，在此种情况中，应在抵押合同中明确出租人享有租赁物所有权，抵押登记仅为完成租赁物他物权的公示，并不构成出租人对于租赁物所有权或其他权利的放弃，避免第三人善意取得。

典型争议 18　新能源项目以物抵债争议

案例：债务人到期未履行债务而签署以物抵债协议的，除有明确约定外，债权人有权选择请求交付抵债物，或要求履行原债务

【案情简介】

晶兆莱公司（甲方）、恒基公司（乙方）和首科公司（丙方）三方共同签订了《债权转让协议》。协议约定，甲方将对乙方的 47 359 111.44 元债权及相应诉权转让给丙方；丙方受让上述债权后，由乙方直接向丙方偿还；乙方应在获得融资款或股权转让款后第一时间对丙方清偿债务；如果乙方在 2012 年 11 月 10 日前未能获得融资款或电站转卖不成的情况下，乙方将 47 359 111.44 元的债务转换成电站部分股权转让给丙方。

后恒基公司向首科公司还款 185 万元，尚欠 45 509 111.44 元未予支付。首科公司于 2014 年 9 月 18 日向法院提起诉讼，请求判令恒基公司支付债权转让款 47 209 111.44 元并支付逾期付款违约金 4 660 000 元，合计为 51 869 111.44 元。庭审中，恒基公司提出，双方已经约定采用以光伏电站股权抵债的债务履行方式，且设定了生效条件，即恒基公司在 2012 年 11 月 10 日前未能获得融资款或电站转卖不成。因此，双方应当在 2012 年 11 月 10 日后采取以资产抵债方式，将电站部分股权折价转让。同时，恒基公司提出，由于双方并未

约定还款期限和逾期付款违约金，其不应支付逾期违约金。

【法院认为】

晶兆莱公司、恒基公司、首科公司三方于2012年9月25日签订的《债权转让协议》合法有效。《债权转让协议》签订生效后，恒基公司作为债务人即负有向债权人首科公司履行47 359 111.44元债务的合同义务。《债权转让协议》第四条约定，“如果乙方在2012年11月10日前未能获得融资款或电站转卖不成的情况下，乙方将47 359 111.44元的债务转换成电站部分股权转让给丙方”。该条款应理解为，债权人首科公司对债务人恒基公司不能以金钱给付的方法履行债务时，可以用资产抵债的方式即恒基公司电站的部分股权清偿债务。但双方对具体如何以资产抵债未作明确约定，亦未另行协商形成合意，在此情况下，首科公司应有清偿方式的自由选择权。《债权转让协议》签订生效后，首科公司向恒基公司主张金钱给付履行债务，恒基公司对首科公司的请求未提出抗辩，而是根据首科公司的请求付款185万元。恒基公司以金钱偿还了部分债务的行为，应视为债务人对金钱偿还债务的认可。将《债权转让协议》中以电站部分股份代物清偿的约定，理解为债权人只能主张以电站部分股份折价抵债，会导致对债权人实现债权的限制和约束，不符合当事人签约本意，亦有悖于诚实信用和公平原则。同时，法院认为晶兆莱公司转让给首科公司的债权属于到期债权，在债权转让协议签订生效后，恒基公司即负有向首科公司履行债务清偿的合同义务。恒基公司逾期付款应承担违约责任。

【案例索引】

最高人民法院（2015）民二终字第42号

【实务要点】

在风电、光伏项目的开发建设过程中，可能涉及项目业主、EPC承包商、组件供应商、分包商、收购方等各方之间债权债务关系，债权转让、股权质押和以股权抵债等各种操作方式在实践中均较为常见。就以物抵债而言，其成立与否需要从履行期限是否届满，以及旧债与抵债之间的关系进行分析。

1. 债务履行期限届满的，以物抵债协议中的资产尚未交付的，则债权人未取得相关资产的所有权，以物抵债协议构成新债清偿

若债务履行期限已经届满，相关债务相应确定，双方此时达成以物抵债协议，且相关资产实际交付给债权人的，则类似于传统意义上的代物清偿，债权人取得资产所有权，与之对应的债权得以清偿。

若债务履行期限已经届满，相关债务相应确定，双方此时达成以物抵债协议，且相关资产尚未交付给债权人的，则可根据最高人民法院《全国法院民商事审判工作会议纪要》（法〔2019〕254号）第44条第1款规定处理，即“当事人在债务履行期限届满后达成以物抵债协议，抵债物尚未交付债权人，债权人请求债务人交付的，人民法院要着重审查以物抵债协议是否存在恶意损害第三人合法权益等情形，避免虚假诉讼的发生。经审查，不存在以上情况，且无其他无效事由的，人民法院依法予以支持”。因此，债权人签署以物抵债协议之后，尚未实际取得资产的所有权，无法直接请求确认对资产享有所有权。若以物抵债协议不存在恶意损害他人利益的情形，债权人有权要求债务人交付资产，依约履行以物抵债协议。另外，还需要注意新债与旧债的关系，即签署以物抵债协议之后，债权人是否仅有权要求债务人交付资产，而无权要求给付资金。对此，理论界存在两种不同的观点，即债务更新和新债清偿。在我国司法实践中，最高人民法院在《全国法院民商事审判工作会议纪要》（法〔2019〕254号）中已经明确肯定了新债清偿的观点，即从保护债权人利益出发，除非当事人之间有明确的债务更新的意思表示，否则应将以物抵债协议解释为新债清偿，双方约定的以物抵债作为新的履约方式，债权人原则上可以先行要求履行以物抵债协议，债务人不履行的，债权人即可以根据以物抵债协议要求继续履行，承担违约责任，也可以恢复旧债的履行。

前述案例中，一审和二审法院的裁判要点也符合上述分析，其认为《债权转让协议》第四条关于恒基公司不能以金钱给付的方法履行债务时，可以用恒基公司电站的部分股权清偿债务的约定，不构成对于首科公司实现债权方式的限制，首科公司应有清偿方式的自由选择权。

2. 债务履行期限尚未届满的，以物抵债协议中的资产已交付的，可以适用让与担保，未交付的，则可适用新债担保

若债务履行期限尚未届满，达成以物抵债协议时相关债务已确定，且相关资产实际交付给债权人的，则需要分析当事人之间是否存在明确的放弃期限利益的表述，即债务人是否自愿提前还款。若存在此种表述，则此时的以物抵债协议类似于期限届满时的以物抵债协议，当事人可以按照相关规则进行处理。若没有明确放弃期限利益的表述，则可以构成让与担保，旧债和新债之间构成主从合同关系，债权人有权就资产折价、拍卖所得款项优先受偿。不过，此时需注意，由于《中华人民共和国物权法》（以下简称《物权法》）第186条、第211条明令禁止抵押权人或质押权人在债务履行期限届满前与抵押人或出质人约定债务人不履行到期债务时担保财产归债权人所有，以避免债权人利用优势地位牟取暴利。因此，以物抵债协议中关于流押、流质的约定应属无效，即债权人无权直接请求确认权属变更或交付资产，仅可要求对资产折价、变卖、拍卖后的款项进行优先受偿。

若债务履行期限尚未届满，达成以物抵债协议时相关债务已确定，但相关资产尚未交付给债权人的，则可根据最高人民法院在《全国法院民商事审判工作会议纪要》（法〔2019〕254号）第45条的规定处理，即“当事人在债务履行期届满前达成以物抵债协议，抵债物尚未交付债权人，债权人请求债务人交付的，因此种情况不同于本纪要第71条规定的让与担保，人民法院应当向其释明，其应当根据原债权债务关系提起诉讼。经释明后当事人仍拒绝变更诉讼请求的，应当驳回其诉讼请求，但不影响其根据原债权债务关系另行提起诉讼”。因此，此种情况仅可构成新债担保，可以参照《最高人民法院关于审理民间借贷案件适用法律若干问题的规定》（法释〔2015〕18号）第24条的原则进行处理，以物抵债协议本质上系以新债的方式对旧债进行担保，故债权人不得请求实际履行以物抵债协议，仅可要求变价。并且，作为担保的以物抵债协议，因其抵债资产尚未交付，并未完成公示，故不具有物权效力，不能对价款优先受偿。

典型争议19　新能源项目让与担保争议

案例：股权让与担保，股权转让经公示后，受让人可以享有担保物权

【案情简介】

2016年8月12日，无量公司（发包人）与西北公司（承包人）签订总承包合同，约定西北公司以EPC总承包方式承担无量公司20MW光伏电站的建设。

2017年1月20日，西北公司作为甲方，李某岐作为乙方，签订协议书。协议书主要内容为：2016年8月12日，无量公司与西北公司签订了EPC总承包合同。现因无量公司没有支付工程款，经过与无量公司股东高某霞、苏某钰友好协商，无量公司股东高某霞、苏某钰将其名下无量公司的100%股权全部无偿转让给李某岐。若无量公司向西北公司支付工程款以及承担相应违约责任后，则李某岐按照支付工程款及承担相应违约责任的比例向高某霞、苏某钰回转相应比例的无量公司的股权，直至总承包合同工程款及承担的违约责任全部履行完毕，股权全部回转给高某霞、苏某钰。李某岐接受无量公司股权后，享有股东的相应权利，承担股东的所有义务。

2017年1月20日，高某霞与苏某钰共同作为转让方（甲方）与作为受让方的李某岐（乙方）签订股权转让协议，约定转让股权的价格为0元，现由于客观原因甲方无法向乙方办理股权转让工商登记变更手续，但乙方仍然成为无量公司的股东，股权由甲方代持。一旦能够办理股权转让手续，甲方无条件配合乙方办理股权变更登记手续。无论是否办理股权变更登记手续，乙方均享受无量公司股东的权利。

后高某霞、苏某钰与李某岐对股权转让协议的效力产生争议，李某岐遂向法院提起诉讼，要求高某霞、苏某钰按约履行股权转让协议，立即办理无量公司股权转让、法定代表人、执行董事、总经理、监事的变更登记手续，交还与无量公司相关的所有印章、证照、审批文件和相关手续。

【法院认为】

涉案股权转让协议书具有法律约束力。2017年1月20日，高某霞、苏某钰与李某岐签订股权转让协议书，高某霞、苏某钰分别作为甲方与李某岐签订股权转让协议书，协议内容是各方当事人的真实意思表示，内容不违反法律、行政法规的强制性规定，依法具有法律约束力。高某霞、苏某钰主张，涉案协议名为股权转让、实为担保，所担保的工程款的支付条件尚未成就，不应确认涉案协议的法律效力。对此，法院认为，涉案股权转让协议的确是为了解决无量公司拖欠西北公司建设工程价款的问题而签订，但协议明确约定“鉴于公司注册资本金全部为认缴，故转让股权的价格为0元”，并约定李某岐“成为无量公司的股东，股权由高某霞、苏某钰代持。无论是否办理股权变更登记手续，李某岐均享受无量公司股东的权利，承担股东的义务”，协议内容并不存在《合同法》第五十二条规定的合同无效情形，并且股权转让协议未约定总承包合同具备支付首批工程款后才能成立。另外，无量公司除涉案光伏发电项目以外，无其他经营项目和资产，现有资产系李某岐为代表的西北公司垫资建设形成的2M光伏区电气设备和开关站等设施。由此可见，支持原告主张既符合各方当事人的协议安排，亦不会导致各方当事人合法权益失衡。

【案例索引】

山东省高级人民法院（2018）鲁民终 212 号案

【实务要点】

风电、光伏项目因项目业主融资能力有限，由承包人进行垫资承包较为普遍，承包商垫资后，为确保其垫资款的回款，会要求项目公司股东将其持有的公司股权零对价转让给承包人，作为项目公司支付垫资款的担保。

1. 股权让与担保合同应当认定为合法有效，债权人有权在办理工商变更登记后主张优先受偿

股权让与担保是指债务人或者第三人为担保债务的履行，将股权转让给他人，于债务不履行时，该他人可就股权优先受偿的一种非典型担保。其表面虽然体现为股权转让，但让与担保的当事人并非出于股权转让的目的而签署合同，其最终目的在于提供担保。因此，让与担保仍属于从合同，通常存在与之相对应的主债权，如工程款、融资款相关的合同等。并且，受让人通常无须支付股权转让款，或股权转让通过零对价的方式进行，合同中一般也会对其处置股权的行为作出相应限制。在本案中，双方存在总承包合同关系，并因工程款尚未支付而签署股权转让协议，股权转让后，受让人需按照支付工程款及承担相应违约责任的比例向出让人回转相应比例的公司股权，直至总承包合同工程款及承担的违约责任全部履行完毕，股权才全部回传给出让人。因此，本案的股权转让协议已经符合让与担保的特征，构成股权让与担保关系。

对此，《民法总则》第一百四十六条规定："行为人与相对人以虚假的意思表示实施的民事法律行为无效。以虚假的意思表示隐藏的民事法律行为的效力，依照有关法律规定处理。”并且，最高人民法院《全国法院民商事审判工作会议纪要》（法〔2019〕254 号）第 71 条第 1 款规定：“债务人或者第三人与债权人订立合同，约定将财产形式上转让至债权人名下，债务人到期清偿债务，债权人将该财产返还给债务人或第三人，债务人到期没有清偿债务，债权人可以对财产拍卖、变卖、折价偿还债权的，人民法院应当认定合同有效。合同如果约定债务人到期没有清偿债务，财产归债权人所有的，人民法院应当认定该部分约定无效，但不影响合同其他部分的效力。”

因此，在让与担保关系中，股权转让系双方的虚假表示，故与股东身份相关约定应属无效。但双方隐藏的意思，即通过让与股权完成担保的相关约定并不违反法律、法规的强制性规定，属于合法有效。但需注意，相关约定有效并不意味着债权人能够直接针对股权取得担保物权，若其未履行股权转让的公示程序，即办理工商变更登记，则仍无法主张优先受偿。

2. 股权让与担保中的债权人并不能直接享有股权，其仅有权就股权折价、变卖、拍卖所得的款项主张优先受偿

股权让与担保应区分内部和外部的关系。

在内部关系上，由于当事人之间存在股权让与担保的真实意思，双方之间可以构成担保关系，类似于股权质押。并且，由于双方真实意思并非股权转让，关于股权转让的约定应属无效，在基础约定无效的情况下，针对股权转让而进行的登记不产生股权变更的法律效力，仅能够达成公示和设立担保的作用，故其并无法直接取得股东身份，亦无法享有股东收益。不过，若双方在合同中就行使股东权利存在特别约定，则债权人可以基于此约定代为行使相关股东权利。

在外部关系上，由于受让人依法变更股东登记，对外进行了公示，第三人基于商事外观主义而与之进行交易的，则应保护善意第三人的利益，故标的公司、登记为股东的受让人均需对外承担相关行为所产生的后果。

关于债权人主张权利的方式，如前所述，尽管债权人在形式上已经登记为股东，但无法直接确认其股东身份，故债权人无权仅以股权登记在其名下为由主张享有股权，仅能按照担保物权的行使方式，主张就股权变价款优先受偿。对此，最高人民法院《全国法院民商事审判工作会议纪要》（法〔2019〕254号）第71条第2款规定："当事人根据上述合同约定，已经完成财产权利变动的公示方式转让至债权人名下，债务人到期没有清偿债务，债权人请求确认财产归其所有的，人民法院不予支持，但债权人请求参照法律关于担保物权的规定对财产拍卖、变卖、折价优先偿还其债权的，人民法院依法予以支持。债务人因到期没有清偿债务，请求对该财产拍卖、变卖、折价偿还所欠债权人合同项下债务的，人民法院亦应依法予以支持。"此外，需要注意的是，在让与担保的相关合同成立后，债权人仍需及时通过股权变更登记或实际交付标的资产完成财产权利变动的公示，若仅签署让与担保的相关合同，却未实际完成标的资产的交付，后续产生争议时，法院通常并不会认可资产或股权转让合同的效力，而是确定双方构成让与担保，则债权人交付资产的主张存在不被支持的风险，让与担保效力也因未完成财产权利变动的公示而存在瑕疵。

典型争议 20　新能源项目电费收益权质押争议

案例：项目公司将电费收益权质押给融资租赁公司，若质权人未能实际占有或控制质物的，则丧失优先受偿权

【案情简介】

2013年9月，中能公司与科诺公司签订EPC总承包合同一份，约定中能公司将其肃南县柳古墩滩50MW并网发电项目承包给科诺公司建设。2015年8月3日，中能公司与科诺公司签订项目结算协议书一份，工程结算金额确定

为196 761 726元，并约定了付款方式及期限。因中能公司未按约履行付款义务，科诺公司于2016年9月6日向上海国际经济贸易仲裁委员会申请仲裁。仲裁裁决生效后，因中能公司未按仲裁裁决履行，科诺公司于2017年3月21日向张掖市中级人民法院申请强制执行。2017年5月11日，张掖市中级人民法院将中能公司在中国工商银行股份有限公司张掖分行账号内的已被冻结的银行存款扣划至该院银行账户。2017年5月25日，国银公司以其对该账户的资金享有质权为由向张掖市中级人民法院提出执行异议，该院于2017年7月25日作出（2017）甘执异12号执行裁定，驳回国银公司的执行异议请求。国银公司在收到执行异议裁定后，在法定期限内提起执行异议之诉。

国银公司认为其对中能公司账户的资金享有质权的事实如下：2014年9月23日，国银公司与中能公司签订中能骆驼城光伏发电组件及升压站设备售后回租项目之融资租赁合同一份，约定：国银公司作为出租人，中能公司作为承租人，双方以售后回租的模式开展融资租赁业务，即中能公司将其所有的中能骆驼城光伏发电组件及升压站设备出卖给国银公司作为租赁物，国银公司支付转让价款取得租赁物所有权后，再将租赁物出租给中能公司使用。同日，国银公司与中能公司签订中能骆驼城光伏发电组件及升压站设备售后回租项目之应收账款质押合同一份，约定：中能公司作为出质人将其运营的中能骆驼城光伏发电电费收益权的100%质押给国银公司，用以担保融资租赁合同项下中能公司应向国银公司偿还的一切债务；租赁期内，质押标的产生的收益均应进入中能公司在中国工商银行张掖新建街支行开立的质押账户；国银公司对质押财产享有第一顺位的优先受偿权，若中能公司构成融资租赁合同项下违约或构成应收账款质押合同项下违约的，国银公司有权直接扣划资金监管账户内已经收取的应收账款用于清偿被担保债权，有权要求被质押应收账款的付款人将其应付的应收账款直接支付至质权人指定账户；出质人有到期应付未付债务时，质权人有权直接扣划出质人在监管银行内开立的任意账户中的资金。同日，国银公司和中能公司在中国人民银行征信中心办理了应收账款质押登记，质押财产为中能公司在国家电网张掖供电局取得的未来10年的全部电费收入。

【法院认为】

关于国银公司对张掖市中级人民法院扣划的中能公司银行账户内的存款是否享有足以排除强制执行的权利的问题，质押合同的标的是中能公司的电费应收账款，而非中能公司在中国工商银行张掖新建街支行的银行账户×××内的全部资金。本案中，中能公司在中国工商银行张掖新建街支行的银行账户×××系该公司的日常结算账户，并非质押专户或监管账户。该账户内收入并非仅有电费结算收入这一唯一来源，支出也非租金支付这一唯一支出，国银公司未能对该账户进行特定化、区分及控制，中能公司可对该账户自由使用，进入该账户的电费等款项已经与其他资金混同，作为种类物的货币资金，进入中能公司的普通账户后，即形成中能公司的一般财产，国银公司并未实际占有或者通过特定化中能公司的银行账户间接占有质物。虽然应收账款质押合同约定中能公司的电费收益均应进入该账户，但根据《最高人民法院关于适用〈中华人民共和国担保法〉若干问题的解释》（法释〔2000〕44号）第八十五条关于“债务人或者第三人将其金钱以特户、封金、保证金等形式特定化后，移交债权人占有作为债权的担保，债务人不履行债务时，债权人可以以该金钱优先受偿”的规定，因该账户内的资金不能特定化，也没有移交国银公司占有作为债权的担保，故国银公司对该账户内的全部资金并不享有优先受偿权。

此外，国银公司对中能公司的电费收益并没有实际的控制权和监管权。质押合同中没有约定中能公司的电费收入不得挪作他用而必须用于支付租金，中能公司对该账户内的资金可以自由支配，无须国银公司的同意，而且中能公司将该账户内的多笔电费收入转入其关联公司账户，国银公司未提出异议，故国银公司对中能公司的电费收益并没有实际全部用于租金的支付。同时，在张掖市中级人民法院扣划案涉款项之前，中能公司均按期支付了相应的租金，没有不履行到期租金的违约情形，因此，扣划案涉账户内的资金并不影响中能公司向国银公司租金的支付。故国银公司主张其对张掖市中级人民法院从中能公司×××的银行账户内扣划的存款享有足以排除强制执行的权利的上诉理由不能成立，本院不予采信。

【案例索引】

甘肃省高级人民法院（2018）甘民终 270 号案

【实务要点】

风电、光伏项目对外融资时，融资机构为确保项目业主适格履行融资合同项下的还款义务，会要求项目业主将其享有一定期限的电费应收账款进行质押，作为借款人/承租人还款的担保。电费收益权质押后，应及时办理质押登记，出质人到期不履行债务的，质权人有权就应收账款折价、拍卖、变卖所得款项优先受偿。

1. 电费收益权可以作为应收账款进行质押，但必须签署书面合同，并依法在征信中心动产融资统一登记公示系统进行登记，未经登记的，无法取得质押权

首先，电费收益权可以作为应收账款进行质押。对此，《物权法》第二百二十三条规定："债务人或者第三人有权处分的下列权利可以出质……（六）应收账款；（七）法律、行政法规规定可以出质的其他财产权利。"《应收账款质押登记办法》（中国人民银行令〔2019〕第 4 号）第二条第二款规定："本办法所称的应收账款包括下列权利：（一）销售、出租产生的债权，包括销售货物，供应水、电、气、暖，知识产权的许可使用，出租动产或不动产等；（二）提供医疗、教育、旅游等服务或劳务产生的债权；（三）能源、交通运输、水利、环境保护、市政工程等基础设施和公用事业项目收益权；（四）提供贷款或其他信用活动产生的债权；（五）其他以合同为基础的具有金钱给付内容的债权。”

其次，应收账款质押采用登记设立主义，未在中国人民银行征信中心动产融资统一登记公示系统依法登记的，无法取得质押权。对此，《物权法》第二百二十八条第一款规定：“以应收账款出质的，当事人应当订立书面合同。质权自信贷征信机构办理出质登记时设立。”《应收账款质押登记办法》（中国人民银行令〔2019〕第4号）第四条第一款规定：“中国人民银行征信中心（以下简称征信中心）是应收账款质押的登记机构。”

最后，根据《〈中华人民共和国物权法〉条文理解与适用》的观点，对于需要注意以未来的应收账款作为出质标的，基本上限于有基础法律关系但尚未发生的应收账款。无基础法律关系的未来应收账款难以特定，且债务人也系不特定的第三人，无法公示，不能作为出质权利。因此，进行质押的电费收益权，必须已经签署合法有效的《购售电合同》和《并网调度协议》，实践中，在登记备案时可以直接在质押财产描述部分列明《购售电合同》的合同编号。

2. 出质人到期不履行债务的，质权人有权就应收账款折价、拍卖、变卖所得款项优先受偿

《物权法》第二百一十九条第二款规定：“债务人不履行到期债务或者发生当事人约定的实现质权的情形，质权人可以与出质人协议以质押财产折价，也可以就拍卖、变卖质押财产所得的价款优先受偿。”同时，《应收账款质押登记办法》（中国人民银行令〔2019〕第4号）第三条第一款规定：“本办法所称应收账款质押是指《中华人民共和国物权法》第二百二十三条规定的应收账款出质，具体是指为担保债务的履行，债务人或者第三人将其合法拥有的应收账款出质给债权人，债务人不履行到期债务或者发生当事人约定的实现质权的情形，债权人有权就该应收账款及其收益优先受偿。”

因此，债务人不履行到期债务或者发生当事人约定的实现质权的情形，就一般原则而言，质权人可以与出质人协议以质押财产折价，也可以就拍卖、变卖质押财产所得的价款优先受偿。

不过，电费收益表现为金钱债权的形式，其行权方式可能存在一定的不同，应区分该部分电费收益是否已经实际固化和特定化。若在质权人主张行使质押权后，电费收益已经实际由电网公司支付，并进入双方约定的专用账户，或者虽未实际支付，但相关电费已经实际结算完毕，具体金额已经确定，则质权人一般可以直接对前述款项进行划扣，或要求电网公司向其支付该笔费用。若相关电费收益系未来的收费权益，尚未结算完毕，亦尚未实际支付，则对于该部分的电费收益，一般无法直接要求电网公司进行支付，需要对特定期限内的电费收益权进行评估作价后，再以折价、变卖、拍卖所得的价款优先受偿。

3. 电费收益质押权可能与其他权利发生冲突，质权人需要保证电费收益的特定化和公示性

在实践中，一旦风电、光伏项目发生债务危机，相关权利人首先便会对项目的电费收益账户进行查封、冻结，并向电网公司等支付电费的主体发送协助执行通知书，要求其暂停支付。对此，电费收益质押权能否排除查封、冻结，能否实际优先受偿便至关重要。

《最高人民法院关于人民法院执行工作若干问题的规定（试行）》（法释〔1998〕15号）第40条规定："人民法院对被执行人所有的其他人享有抵押权、质押权或留置权的财产，可以采取查封、扣押措施。财产拍卖、变卖后所得价款，应当在抵押权人、质押权人或留置权人优先受偿后，其余额部分用于清偿申请执行人的债权。"根据前述规定可知，即便电费收益被查封冻结，或被拍卖变卖，只要质押权人享有合法有效的质押权，则其依旧有权对所得款项进行优先受偿。因此，对于质押权人而言，其根本目的在于对电费收益进行优先受偿并实现回款，而非直接排除电费的查封冻结或拍卖变卖，故实践中质权人直接以其享有电费收益的质押权为由主张撤销查封冻结或阻却拍卖变卖的，法院一般不予支持。

在判断质权人是否对相关电费收益享有质押权并有权优先受偿时，则可以从电费收益是否公示和特定进行判断。第一，如前所述，电费收益采用登记设立主义，未经登记不享有质押权。不过，在登记时需注意确保对电费收益进行相对明确的描述，否则将无法取得质押权。第二，对于未来尚未取得的电费收益，由于可以对其进行整体拍卖、变卖，故相关争议较易处理。第三，对于已经实际结算而尚未支付的电费收益，由于其主体清晰，权利义务关系明确，故此种电费收益已经特定化，即电网企业负有向项目公司支付特定金额的电费收益，可以直接纳入电费收益质押权的范围内，质权人有权对其优先受偿。第四，对于已经结算且实际支付的电费收益，则需要以是否主张行使质押权进行划分，在主张行使质押权之前，相关电费收益是项目公司的合法财产，若质押合同中不存在其他相反约定，则项目公司有权自由处分，不应受到质权人的限制。若质权人已经主张行使质押权的，则需要分析相关电费收益是否已经特定化，如前述典型案例所示，若相关电费收入账户内还存在其他款项来源，且质权人并未对电费账户的资金进行监管，则质权人无法证明该账户之中的收益均为质押的电费收益，亦无法说明电费收益的具体数额，该笔款项实质上并未特定化，此时质权人便存在无法就账户内现有款项主张优先受偿的风险。相反，若质权人设立了监管账户，相关账户仅用于收取项目的电费收益，相关账户内的收支相对清晰，甚至在质押合同及质押登记时明确该账户内的资金均视为质押财产，则质权人有权对账户内现有资金主张优先受偿。

典型争议 21　新能源项目资产抵押争议

案例：动产抵押权自抵押合同生效时设立，未办理登记，不影响抵押权设立

【案情简介】

2015 年 5 月 28 日，浦发银行西宁分行与海南光科公司签订《固定资金贷款合同》，约定浦发银行西宁分行向海南光科公司发放固定资金贷款 190 000 000 元，用于建设海南光科公司共和二期 30MW 并网发电项目。为保障浦发银行西宁分行债权的实现，浦发银行西宁分行与海南光科公司签订了《最高额抵押合同》，后双方又补充签订了《抵押合同》，约定将前述项目剩余 29MW 设备作为上述贷款合同的补充抵押并办理了抵押登记。根据共工商抵登（2015）第 03 号、04 号《动产抵押登记书》，经浦发银行西宁分行与海南光科公司盖章确认的抵押物为：所有权归属海南光科公司位于共和县光伏发电园区的 21MW 光伏电池板、21MW 光伏支架、420 台汇流箱、60 台逆变器及附属、30 台箱式变电站、5 台 35kV 开关站、4 台厂用变压器、2 台 35kV 接地变压器。其余动产抵押物（包括 29MW 设备）未经海南光科公司盖章确认。

上述合同履行过程中，浦发银行西宁分行依约于 2015 年 5 月 28 日发放贷款 190 000 000 元。但债务履行期内，海南光科公司未能按《固定资金贷款合同》约定的期限按期足额偿还对应本金及利息。因此浦发银行西宁分行向法院提起诉讼，请求行使其在《抵押合同》项下的抵押权。

【法院认为】

一审法院在判决中认为，因浦发银行西宁分行与海南光科公司所签《抵押合同》中抵押物的范围与抵押登记中的范围不一致，而动产抵押具有对抗其他债权的效力，对海南光科公司未盖章确认的抵押物，在形式要件上不具

有与浦发银行西宁分行形成抵押登记的意思表示，且庭审中海南光科公司不认可其未盖章确认的抵押物，因此，海南光科公司未盖章确认的抵押物属未办理抵押登记的抵押物，不具有对抗其他债权的优先效力。

对于一审法院的上述判决，二审法院在判决中认为一审法院对此认定有误，应予以纠正。二审法院认为，对于《抵押合同》的真实性，案涉当事人并无异议，该合同对双方同意追加剩余 29MW 光伏发电设备作为贷款合同的补充抵押约定明确，并且该抵押合同附有加盖双方当事人印章的抵押财产清单，且双方当事人于 2015 年 6 月 8 日在青海省海南州共和县工商行政管理局办理了动产抵押登记，浦发银行西宁分行取得了《动产抵押登记书》，足以证明该抵押行为系双方当事人的真实意思表示。虽然在主管部门办理抵押登记时，所备案材料《抵押物概况》中并无海南光科公司加盖公章，但并不影响双方当事人抵押合同的效力。

【案例索引】

青海省高级人民法院（2019）青民终 157 号

【实务要点】

风电、光伏项目业主可在风电、光伏设备上设立抵押权，作为对外债务的担保，设备抵押权自抵押合同生效时设立，项目业主到期不履行债务的，抵押权人有权对电站资产进行折价、变卖、拍卖，并对其所得价款优先受偿，但为避免其他债权人提出异议，应及时办理抵押权登记手续。

1. 风电、光伏设备抵押权自抵押合同生效时设立，未办理登记，不影响抵押权设立，但不得对抗善意第三人

《物权法》第一百八十八条规定："以本法第一百八十条第一款第四项、第六项规定的财产或者第五项规定的正在建造的船舶、航空器抵押的，抵押权自抵押合同生效时设立；未经登记，不得对抗善意第三人。"同时，第一百八十条第一款规定："债务人或者第三人有权处分的下列财产可以抵押：

(一) 建筑物和其他土地附着物；(二) 建设用地使用权；(三) 以招标、拍卖、公开协商等方式取得的荒地等土地承包经营权；(四) 生产设备、原材料、半成品、产品；(五) 正在建造的建筑物、船舶、航空器；(六) 交通运输工具；(七) 法律、行政法规未禁止抵押的其他财产。”

因此，对于风电、光伏设备而言，其属于《物权法》第一百八十条第一款第四项中所称的生产设备，故以其设立抵押权的，抵押权自抵押合同生效时设立；未经登记，不得对抗善意第三人。

2. 主债务人到期不履行债务的，抵押权人有权对电站资产进行折价、变卖、拍卖，并对其所得价款优先受偿

《物权法》第一百九十五条规定：“债务人不履行到期债务或者发生当事人约定的实现抵押权的情形，抵押权人可以与抵押人协议以抵押财产折价或者以拍卖、变卖该抵押财产所得的价款优先受偿。协议损害其他债权人利益的，其他债权人可以在知道或者应当知道撤销事由之日起一年内请求人民法院撤销该协议。抵押权人与抵押人未就抵押权实现方式达成协议的，抵押权人可以请求人民法院拍卖、变卖抵押财产。抵押财产折价或者变卖的，应当参照市场价格。”因此，主债务人到期不履行债务的，抵押权人有权对电站资产进行折价、变卖、拍卖，并对其所得价款优先受偿。

在抵押权人对电站资产进行拍卖时，尤其是进行司法拍卖时，应符合法院的程序要求，一般可能还需要先行垫付电站的评估费用。就拍卖流程而言，可能涉及以下问题：第一，关于拍卖次数。《最高人民法院关于人民法院网络司法拍卖若干问题的规定》(法释〔2016〕18 号)(以下简称《网络司法拍卖规定》)第二十六条第二款规定：“再次拍卖流拍的，可以依法在同一网络司法拍卖平台变卖。”同时，由于前述规定已经实质上替代了《最高人民法院关于人民法院民事执行中拍卖、变卖财产的规定》(法释〔2004〕16 号)(以下简称《拍卖、变卖规定》)第二十八条的相关规定，因此，在进行电站资产拍卖时，一般仅需进行两次拍卖。第二，关于挂网价格。《网络司法拍卖规定》第十条第二款规定："起拍价由人民法院参照评估价确定；未作评估的，参照市价确定，并征询当事人意见。起拍价不得低于评估价或者市价的百分之七十。"同时，第二十六条第一款规定："网络司法拍卖竞价期间无人出价的，本次拍卖流拍。流拍后应当在三十日内在同一网络司法拍卖平台再次拍卖，拍卖动产的应当在拍卖七日前公告；拍卖不动产或者其他财产权的应当在拍卖十五日前公告。再次拍卖的起拍价降价幅度不得超过前次起拍价的百分之二十。"因此，一般而言，首次挂网价不低于评估价的70%，第二次挂网不低于前次价格的80%，两次流拍后则直接按照不低于评估价56%的价格进行抵债。第三，关于不同意抵债的后果。《拍卖、变卖规定》第二十八条第二款明确规定，流拍后发布变卖公告仍无人接受财产，且申请执行人、其他执行债权人仍不表示接受该财产抵债的，应当解除查封、冻结，将该财产退还被执行人，但对该财产可以采取其他执行措施的除外。因此，两次流拍且行使抵押权的执行申请人不同意抵债的，执行法院将解除对相关电站财产的查封、冻结，并退还被执行人。

3. 资产抵押不同于股权质押，系两个不同的法律关系，电站股权设立质押的，不影响抵押权人对电站资产的处置

股权系具有人身、财产属性的集合性权益，针对公司的控制与治理，具体体现为股东权的行使，包括但不限于投票、决议、通过公司决策、享有公司分红等，对其进行质押和查封的，权利人有权就股权的变价款主张优先受偿。项目公司对电站资产享有物权，并非股权，可单独就资产进行抵押、质押，相关权利人可主张对资产变价款进行优先受偿。

因此，虽然项目公司的股权价值取决于电站资产及其经营能力，但股权质押与资产抵押或质押是两个不同的法律关系，股权质押权人无法直接排除电站资产抵押权人、电费收益质押权人对相关资产的处置。

不过，需要注意的是，权利人在行使电站资产抵押权时，一般需要对电站资产进行拍卖，而电站相关批文系由政府主管部门直接下发给项目公司，且相关购售电合同、并网调度协议等文件亦由电网公司与项目公司签署，由项目公司取得电费收益。因此，在资产拍卖后，相关电站将由新的公司承接，需要及时就电站项目的相关批文和合同作出变更，如项目备案/核准文件、补贴目录、电力业务许可证、购售电合同等。

第五章
新能源项目法律实务问答

1. 什么是可再生能源发电全额保障性收购?

《可再生能源法》第十四条规定，国家实行可再生能源发电全额保障性收购制度。2016年3月24日，国家发展改革委发布并实施了《可再生能源发电全额保障性收购管理办法》，其中第三条规定："可再生能源发电全额保障性收购是指电网企业（含电力调度机构）根据国家确定的上网标杆电价和保障性收购利用小时数，结合市场竞争机制，通过落实优先发电制度，在确保供电安全的前提下，全额收购规划范围内的可再生能源发电项目的上网电量。"同时第四条规定："各电网企业和其他供电主体（以下简称电网企业）承担其电网覆盖范围内，按照可再生能源开发利用规划建设、依法取得行政许可或者报送备案、符合并网技术标准的可再生能源发电项目全额保障性收购的实施责任。"

针对可再生能源发电受限地区，可再生能源并网发电项目年发电量分为保障性收购电量部分和市场交易电量部分。国务院能源主管部门会同经济运行主管部门根据电网输送和系统消纳能力，按照各类标杆电价覆盖区域，参考准许成本加合理收益，核定各类可再生能源并网发电项目保障性收购年利用小时数并予以公布，并根据产业发展情况和可再生能源装机投产情况对各地区各类可再生能源发电保障性收购年利用小时数适时进行调整。地方有关主管部门负责在具体工作中落实该小时数，可再生能源并网发电项目根据该小时数和装机容量确定保障性收购年上网电量。

针对不存在限制可再生能源发电情况的地区，即未设定保障性收购电量的地区，电网企业应根据其资源条件保障可再生能源并网发电项目发电量全额收购，即不存在市场交易电量部分。

另外，生物质能、地热能、海洋能发电以及分布式光伏发电项目暂时不参与市场竞争，上网电量由电网企业全额收购；各类特许权项目、示范项目按特许权协议或技术方案明确的利用小时数确定保障性收购年利用小时数。

具体而言，保障性收购电量通过优先安排年度发电计划、与电网公司签订优先发电合同（实物合同或差价合同）保障全额按标杆上网电价收购。

2. 什么是可再生能源绿色电力证书？其取得方式及用途有哪些？

绿色电力证书（以下简称绿证）是指国家可再生能源信息管理中心（以下简称信息中心）按照国家能源局相关管理规定，依据可再生能源上网电量，通过国家能源局可再生能源发电项目信息管理平台（以下简称信息平台）向符合资格的可再生能源发电企业颁发的具有唯一代码标识的电子凭证。

（1）绿证的取得方式

绿证有两种取得方式。

第一种方式是核发取得。信息中心是绿证的核发机构。绿证核发与自愿认购试行期间，国家可再生能源电价附加资金补助目录内的风电（陆上风电，以下同）和光伏发电项目（不含分布式光伏项目，以下同），应通过信息平台向信息中心申请绿证权属资格。已在信息平台注册企业，应在线补充提交绿证权属资格审核所需文件，主要包括企业营业执照、组织机构代码、税务登记证明、企业法定代表人等；未在信息平台注册企业，应依照《国家能源局关于实行可再生能源发电项目信息化管理的通知》（国能新能〔2015〕358 号）文件要求，在线注册并完整填报项目信息。

信息中心负责审核绿证核发资格申报材料。通过资格审核的企业，应依据《国家能源局关于实行可再生能源发电项目信息化管理的通知》（国能新能〔2015〕358 号）文件要求，在信息平台按月填报项目结算电量信息，并于每月 25 日前上传所属项目上月电费结算单、电费结算发票和电费结算银行转账证明扫描件等。对于共用升压站的项目，需提供项目间的电量结算发票及其他证明材料。

信息中心负责复核企业所属项目的合规性和月度结算电量，按照 1 个绿证对应 1MW・h 结算电量标准，在信息平台上向企业核发相应绿证，并自动同步到交易平台。不足 1MW・h 结算电量部分，结转到次月核发。

第二种方式是自愿认购取得。通过资格审核的企业，可申请在认购平台上开户，出售绿证。绿证自愿认购交易试行期间采用认购平台单向挂牌或协议转让的交易方式，出售方可按相关规定挂牌出售持有绿证，政府机关、企事业单位和自然人等可自由购买挂牌出售的绿证。

（2）绿证的用途

绿证制度的推出是为了倡导绿电消费、促进清洁能源消纳、逐步完善风电和光伏发电的补贴机制，降低可再生能源发电企业对补贴的依赖，在一定程度上弥补可再生能源补贴资金缺口。

根据《国家发展改革委 国家能源局关于建立健全可再生能源电力消纳保障机制的通知》（发改能源〔2019〕807 号）的规定，在承担消纳责任的市场主体实际消纳可再生能源电量难以完成消纳量责任权重对应的消纳量情况下，可选择通过消纳量转让和自愿认购绿证两种方式完成消纳责任权重。两种替代方式为并行关系，没有先后顺序，但两者还是有一定区别，水电消纳量不能用于非水电可再生能源电力消纳责任权重考核，但绿证可用于可再生能源电力总量消纳责任权重考核和非水电可再生能源电力消纳责任权重考核。

3. 新能源发电项目的最低资本金比例是多少？主要有哪些融资方式？

《国务院关于调整和完善固定资产投资项目资本金制度的通知》（国发〔2015〕51 号）明确："一、各行业固定资产投资项目的最低资本金比例按以下规定执行……电力等其他项目维持 20%不变。"因此，风电、光伏等新能源发电项目的最低资本金比例为 20%。

新能源项目的开发建设需要大量资金，前期投入大、回收投资时间长、资金流紧张等问题令投资主体常受融资难的困扰，目前主要的融资模式有银行贷款、融资租赁、资产证券化以及绿色债券等。

银行融资是最为传统及主要的一种融资模式，其特点为强担保、强信用、审批周期长但利率较便宜。目前银行对风电、光伏等新能源项目贷款仍采取谨慎的态度，只针对符合要求的项目发放贷款。银行贷款往往还需要投资者以自有资产进行抵押，或由关联方（此类关联方往往在银行具有较高的信用等级，并且其担保额度有一定空余）提供担保。实践中，国有企业和运营情况较好、资金实力雄厚、融资规模大的企业能够通过此种方式获得贷款，而新设民营企业则较难取得银行贷款。

融资租赁是指出租人与承租人签订租赁合同，出租人与设备供应商签订购买合同，由供应商交付租赁物给承租人，承租人向出租人支付租金的模式，同时承租人采取应收账款质押、电站资产抵押、项目公司股权质押等方式给出租人提供担保。光伏电站具有设备所占比重较高和长期运营的特性，与融资租赁具有天然的匹配性，实践中较多采用融资租赁的方式。

资产证券化模式是指将电站的未来收益通过在资本市场上发行证券的方式予以出售，获取融资，提高资金使用效率。根据《证券公司及基金管理公司子公司资产证券化业务管理规定》（中国证券监督管理委员会公告〔2014〕49号），基础资产不得附带抵押、质押等担保负担或者其他权利限制，但是由于风电、光伏等新能源项目前期融资往往涉及资产甚至收益权的抵押或质押，这就会使资产证券化受阻，需要预先解除抵押、质押，或通过谈判磋商达成相应的补充协议。另外，风电、光伏等新能源项目“未来电费收入”的确权和增信要求，使得新能源的资产证券化模式并未完全普及。

除上述三种方式之外，新能源项目亦可以通过发行绿色债券进行融资。绿色债券是指募集资金主要用于支持节能减排技术改造、绿色城镇化、能源清洁高效利用、新能源开发利用、循环经济发展、水资源节约和非常规水资源开发利用、污染防治、生态农林业、节能环保产业、低碳产业、生态文明先行示范实验、低碳试点示范等绿色循环低碳发展项目的企业债券。国家发展改革委2015年12月31出台的《绿色债券发行指引》明确将新能源开发利用项目，包括水能、风能、核能、太阳能、生物质能、地热、浅层地温能、海洋能、空气能等的开发利用纳入现阶段的支持重点。绿色公司债券以稳定收益的绿色资产为投资目标，具有发行期限更长，成本更低，且具有审批绿色通道、不占用企业的总体信用额度等优点。虽然绿色债券在我国起步较晚，但因其独特的优点被众多企业认可，启迪控股等多家光伏企业已成功发行绿色债券。

4. 新能源发电项目的售电收益权质押该如何办理登记手续？

根据《应收账款质押登记办法》第二条第二款规定："本办法所称的应收账款包括下列权利：（一）销售、出租产生的债权，包括销售货物，供应水、电、气、暖，知识产权的许可使用，出租动产或不动产等。"因此，风电、光伏等新能源项目的售电收益权质押属于应收账款质押。

根据《应收账款质押登记办法》的相关规定，中国人民银行征信中心是应收账款质押的登记机构。应收账款质押登记由质权人通过登记公示系统办理。质权人办理质押登记的，应当与出质人就登记内容达成一致。质权人办理应收账款质押登记时，应当注册为登记公示系统的用户。登记内容包括质权人和出质人的基本信息、应收账款的描述、登记期限。出质人或质权人为单位的，应当填写单位的法定注册名称、住所、法定代表人或负责人姓名、组织机构代码或金融机构编码、工商注册号、法人和其他组织统一社会信用代码、全球法人机构识别编码等机构代码或编码。出质人或质权人为个人的，应当填写有效身份证件号码、有效身份证件载明的地址等信息。质权人可以与出质人约定将主债权金额等项目作为登记内容。质权人应当将填写完毕的登记内容提交登记公示系统。登记公示系统记录提交时间并分配登记编号，生成应收账款质押登记初始登记证明和修改码提供给质权人。

5. 开发光伏发电项目需要到哪个部门备案？

《光伏电站项目管理暂行办法》第十四条规定："省级能源主管部门依据国务院投资项目管理规定对光伏电站项目实行备案管理。"自 2013 年 8 月 29

日起，光伏发电项目已由核准制改为备案制。

针对光伏电站项目，根据2017年开始实施的《企业投资项目核准和备案管理条例》及《企业投资项目核准和备案管理办法》的规定，除国务院另有规定的，实行备案管理的项目按照属地原则备案，备案机关及其权限由省、自治区、直辖市和计划单列市人民政府规定。目前，部分省份已明确将备案权限下放至市县（区）级。备案工作通常由项目所在地的发展改革部门负责。为了防止项目备案成为变相行政许可，《企业投资项目核准和备案管理条例》规定，实行备案管理的项目，企业应当在开工建设前将企业基本情况，项目名称、建设地点、建设规模、建设内容，项目总投资额和项目符合产业政策的声明等四个方面的信息告知备案机关，并对信息的真实性负责；备案机关收到全部信息即为备案。

针对户用分布式光伏电站项目，《国家能源局关于进一步落实分布式光伏发电有关政策的通知》（国能新能〔2014〕406号）第六条明确："个人利用住宅（或个人所有的营业性建筑）建设的分布式光伏发电项目，电网企业直接受理并网申请后代个人向当地能源主管部门办理项目备案。"即，户用分布式光伏电站项目可直接并网，由电网企业进行登记，并由电网企业集中代个人向当地能源主管部门办理项目备案。

6. 风电项目核准前通常需要取得哪些支持性文件？

自2004年《国务院关于投资体制改革的决定》（国发〔2004〕20号）发布以来，各级政府开始逐步对企业投资项目的审批制度进行改革，在投资领域放宽的同时，不断精简项目审批手续，为企业投资营造日益宽松的市场环境。根据《国家能源局关于深化能源行业投融资体制改革的实施意见》第（七）条："精简能源投资项目核准前置许可。能源投资项目核准只保留选址意见和用地（用海）预审作为前置条件，除法律法规明确规定的，各级能源项目核准机关一律不得设置任何项目核准的前置条件，不得发放同意开展项目前期工作的‘路条’性文件。”另外，《国务院办公厅关于全面开展工程建设项目审批制度改革的实施意见》（国办发〔2019〕11号）中明确调整部分审批时序，环境影响评价、节能评估等评估评价和取水许可等事项在开工前完成即可，即环境影响评价文件无须在核准前取得。

通过对国家有关法规和政策文件的梳理，除了选址意见和用地（用海）预审（目前选址意见和用地预审意见已经合并为建设项目用地预审与选址意见书）外，风电项目核准前需要取得的支持性文件通常还应包括：（1）取得项目列入建设规划及年度发展计划文件；（2）水土保持批复文件；（3）社会稳定风险评估报告。另外，电网接入意见虽然不作为风电项目核准的前置文件，但在办理项目审批手续过程中也应尽早取得。

7. 风电项目核准文件有效期是几年？如何申请延期？

自2013年起，风电项目的核准权限下放至地方政府，根据《政府核准的投资项目目录（2016年本）》的规定，风电站由地方政府在国家依据总量控制的建设规划及年度开发指导规模内核准。具体的项目核准机关，在不同时期、不同省份，情况均有不同。因此，在项目前期开发阶段应向相关政府部门进行咨询，明确项目核准机关的层级和权限。

风电项目核准文件的有效期为2年。《企业投资项目核准和备案管理条例》第十二条规定，项目自核准机关作出予以核准决定或者同意变更决定之日起2年内未开工建设，需要延期开工建设的，企业应当在2年期限届满的30个工作日前向核准机关申请延期开工建设。核准机关应当自受理申请之日起20个工作日内作出是否同意延期开工建设的决定。开工建设只能延期一次，期限最长不得超过 1 年。国家对项目延期开工建设另有规定的，依照其规定。同时，《风电开发建设管理暂行办法》第十九条规定，项目核准后 2 年内不开工建设的，项目原核准机构可按照规定收回项目，风电场工程开工以第一台风电机组基础施工为标志。因此，风电项目取得核准文件后，应尽快开工建设，避免核准文件超期失效。如风电项目未在核准文件有效期内开工建设也未申请延期，或已经申请延期但延长期限内仍未开工建设的，核准文件将失效，需要重新办理核准手续及重新确定上网电价。

8. 风电、光伏项目核准、备案后，如何变更投资主体？

针对风电项目，《企业投资项目核准和备案管理办法》第七条规定："项目核准机关对项目进行的核准是行政许可事项。"《行政许可法》第九条规定："依法取得的行政许可，除法律、法规规定依照法定条件和程序可以转让的外，不得转让。"另外，《风电发展"十三五"规划》第四部分第（五）条规定，国家规范风电项目投资开发秩序，杜绝企业违规买卖核准文件、擅自变更投资主体等行为。

针对光伏项目，依据《国家能源局关于进一步加强光伏电站建设与运行管理工作的通知》（国能新能〔2014〕445 号）第六点"禁止买卖项目备案文件及相关权益，已办理备案手续的光伏电站项目，如果投资主体发生重大变化，应当重新备案"的规定，未并网的光伏项目投资主体不得变更，如的确需变更投资主体的，需征得原备案部门的同意并重新备案。另外，《国家能源局关于规范光伏电站投资开发秩序的通知》（国能新能〔2014〕477 号）中亦明确："申请光伏电站项目备案的企业应以自己为主（作为控股方）投资开发为目的，能够按照规划和年度计划及时开展项目建设。对于不以自己为主投资开发为目的、而是以倒卖项目备案文件或非法转让牟取不当利益为目的的企业，各级能源主管部门应规定其在一定期限内不能作为投资主体开发光伏电站项目。在光伏电站前期工作中企业间正常的技术服务和商业合作应依法合规进行。出于正当理由进行项目合作开发和转让项目资产，不能将政府备案文件及相关权益有偿转让。已办理备案手续的项目的投资主体在项目投产之前，未经备案机关同意，不得擅自将项目转让给其他投资主体。项目实施中，投资主体发生重大变化以及建设地点、建设内容等发生改变，应向项目备案机关提出申请，重新办理备案手续。”

综上，风电、光伏项目在核准或备案后，并网前不得擅自变更投资主体，如果其间需要变更投资主体的，风电项目需要以书面形式向原项目核准机关提出变更申请，光伏项目需要到项目备案机关重新办理备案手续。

虽然风电、光伏项目并网前变更投资主体已经被国家能源局所明令禁止，但项目建成并网后的股权转让是正常的商业行为，因此可以在项目并网后通过股权转让等方式变更投资主体。实践中，在风电、光伏项目并网前也有企业采用预约收购的方式，先行签订预约收购合同，约定由收购方出资并完成项目建设，由转让方负责项目手续的办理，待项目并网后，如项目符合预收购协议约定的条件，再行签订正式的股权转让协议，进行项目公司的股权交割，完成项目收购。需要注意的是，预约收购模式由于需要在项目并网后方能交割股权，比较容易发生纠纷。因此，要格外关注预约收购过程中收购方资金安全、项目公司共管、担保合同效力、股权交割、股权价格锁定等问题。

9. 风电、光伏项目开工前通常需要办理哪些法律手续?

《国务院关于投资体制改革的决定》(国发〔2004〕20 号) 自 2004 年发布以来，政府部门开始逐步对企业投资项目的审批制度进行改革，并不断精简项目审批手续。在剔除已取消、已变更的审批文件的基础上，我国现阶段风电、光伏项目在开工前所必须办理的支持性文件主要包括：项目列入年度开发计划的文件（针对风电项目）、获得建设规模指标（针对光伏项目）、建设项目用地预审与选址意见书、水土保持批复文件、电网接入意见、社会稳定风险评估文件、项目核准（备案）文件、环境影响评价文件、压覆矿产资源审批手续、文物保护和考古许可、建设用地规划许可证（含建设用地批准书）、建设工程规划类许可证、建筑工程施工许可证及依据每个项目的特殊情况，取得洪水影响评价、民用机场安全环境保护意见、使用林（草）地审核同意书/林地采伐许可证等文件。

风电、光伏项目在开工前应根据有关法规和政策规定办理完成相关手续，尤其是项目用地和规划、环保等审批手续，如果未办理相关手续即开工建设，可能会被有关主管部门责令停止建设、拆除，严重的还可能承担刑事责任。

10. 新能源发电项目是否必须取得电力业务许可证才能并网运行?

根据我国的《电力监管条例》和《电力业务许可证管理规定》等相关规定，从事发电业务的，应当取得发电类电力业务许可证。目前，除部分豁免许可的发电项目之外，未取得电力业务许可证，不得从事电力业务，否则可能承担相应的法律责任。

2014年4月9日发布的《国家能源局关于明确电力业务许可管理有关事项的通知》（国能资质〔2014〕151号）第一条明确，豁免许可证的发电项目范围为：经能源主管部门以备案（核准）等方式明确的分布式发电项目；单站装机容量1MW（不含）以下的小水电站；项目装机容量6MW（不含）以下的太阳能、风能、生物质能、海洋能、地热能等新能源发电项目；项目装机容量6MW（不含）以下的余热余压资源综合利用发电项目；地（市）级及以下调度机构调度的非化石燃料直接燃烧自备电站。但是，该通知有效期仅为 5 年，已于 2019 年 4 月 8 日超过有效期。

2019 年 11 月 19 日国家能源局综合司发布《关于贯彻落实“放管服”改革精神优化电力业务许可管理有关事项的通知（征求意见稿)》，其中第一条明确了豁免许可的发电项目范围，与上述通知相比，增加了“电量不上网交易的自备电站”，其余均予保留。其第二条明确加强风电、光伏发电项目许可准入监管，具体内容为：“风电和光伏发电项目（豁免项目除外）发电机组（单元）并网后，应于 3 个月内完成有关机组的启动试运行工作，并在完成启动试运工作后 3 个月内，取得电力业务许可证。分批投产的风电或光伏发电项目，应分批开展启动验收，分批申请许可。未按上述要求取得电力业务许可证并网发电的，对发电企业及相关电网企业、调度机构要依法严肃处理，有关情况记入企业信用信息记录。”即征求意见稿中明确风电、光伏项目可以在并网后取得电力业务许可证，但前述规定尚处于征求意见稿阶段，还没有发布正式通知。

因此，目前属于前述豁免范围的新能源发电项目无须取得电力业务许可证即可并网运行，其余项目则均需取得电力业务许可证才能并网运行。

11. 新能源项目非法占用永久基本农田有什么法律后果?

耕地是我国最为宝贵的资源，我国坚持实行最严格耕地保护制度和最严格节约用地制度。《土地管理法》第三十五条规定：“永久基本农田经依法划定后，任何单位和个人不得擅自占用或者改变其用途。国家能源、交通、水利、军事设施等重点建设项目选址确实难以避让永久基本农田，涉及农用地转用或者土地征收的，必须经国务院批准。”第四十四条第二款亦规定：“永久基本农田转为建设用地的，由国务院批准。”

因此风电、光伏等新能源项目若想要占用永久基本农田必须经过国务院的批准并完成相应的农转用手续。若新能源项目未办理完相应的手续即开工建设的，则构成非法占用，会受到行政处罚；构成犯罪的，还将被依法追究刑事责任。

（1）行政处罚

《土地管理法》第七十七条规定："未经批准或者采取欺骗手段骗取批准，非法占用土地的，由县级以上人民政府自然资源主管部门责令退还非法占用的土地，对违反土地利用总体规划擅自将农用地改为建设用地的，限期拆除在非法占用的土地上新建的建筑物和其他设施，恢复土地原状，对符合土地利用总体规划的，没收在非法占用的土地上新建的建筑物和其他设施，可以并处罚款；对非法占用土地单位的直接负责的主管人员和其他直接责任人员，依法给予处分；构成犯罪的，依法追究刑事责任。超过批准的数量占用土地，多占的土地以非法占用土地论处。"关于罚款的数额，《土地管理法实施条例》第四十二条规定："依照《土地管理法》第七十六条①的规定处以罚款的，罚款额为非法占用土地每平方米 30 元以下。"

另外，《基本农田保护条例》规定，对非法占用永久基本农田的行为要从重给予行政处罚。《基本农田保护条例》第三十三条规定："违反本条例规定，有下列行为之一的，依照《中华人民共和国土地管理法》和《中华人民共和国土地管理法实施条例》的有关规定，从重给予处罚：（一）未经批准或者采取欺骗手段骗取批准，非法占用基本农田的；（二）超过批准数量，非法占用基本农田的；（三）非法批准占用基本农田的；（四）买卖或者以其他形式非法转让基本农田的。"

---

① 此处的《土地管理法》为《中华人民共和国土地管理法（2004 修订）》，《中华人民共和国土地管理法（2004 修正）》第七十六条的内容与《中华人民共和国土地管理法（2019 修正）》第七十七条的内容基本完全一致。

（2）刑事责任

《刑法》第三百四十二条规定："违反土地管理法规，非法占用耕地、林地等农用地，改变被占用土地用途，数量较大，造成耕地、林地等农用地大量毁坏的，处五年以下有期徒刑或者拘役，并处或者单处罚金。"

12. 新能源项目支付了征地补偿款，是否就可以开工建设？

风电、光伏等新能源项目支付了征地补偿款，并不意味着项目就可以开工建设。项目开工建设前，应满足各相关法律法规等的要求，取得相关手续或许可，主要包括以下三类：

（1）建设用地手续

若新能源项目需要占用集体所有的农用地，则需要办理一系列的手续。征地前的具体流程包括：土地利用规划调整（如需）、符合各类用地规划、建设项目用地预审与选址意见书、项目用地申请、相关方案编制、农用地转用审批手续。完成前述手续后，可启动土地征收并支付征地补偿款。根据《关于完善农用地转用和土地征收审查报批工作的意见》（国土资发〔2004〕237号）第十五条的规定，未按期全额支付到位的，市、县不得发放建设用地批准书，农村集体经济组织和农民有权拒绝建设单位动工用地。但是亦并非在支付了征地补偿款之后就可以开工建设。建设单位还需通过出让或划拨等方式取得土地使用权，并取得建设用地批准书。取得建设用地批准书是风电、光伏开工前建设用地手续已完备的重要标志之一。如未取得建设用地批准书而开工建设的，可能会被认定为未批先建、违法占用土地而受到行政处罚，甚至刑事处罚。

（2）建设工程类许可证

建设工程开工前还应取得建设工程规划许可证和建筑工程施工许可证，

建设工程规划许可证是取得建筑工程施工许可证的前提。

工程项目未办理建设工程规划许可证，且未能补办的，存在工程被认定为违章建筑、处以行政处罚以及施工合同被认定无效的风险。工程项目未办理施工许可证即开工建设存在被处以责令停止施工，甚至罚款的行政处罚的风险，并且可能因被责令停止施工而导致工期延误和费用索赔。

(3) 其他相关文件

在开工之前，风电、光伏等新能源项目还需注意取得项目核准/备案文件及其他开工前必须取得的支持性文件。例如，水土保持批复文件、社会稳定风险评估文件、环境影响评价文件、压覆矿审查意见等，以及依据每个项目的特殊情况，取得洪水影响评价、民用机场安全环境保护意见等文件。

13. 新能源项目占用林地、草地，需要办理什么法律手续?

(1) 林地

根据《森林法》《森林法实施条例》等相关规定，建设项目涉及林地的，则应先行取得林业部门核发的使用林地审核同意书，之后再向国土部门提出用地申请，并经作为最终审核主体的国务院林业主管部门或省、自治区、直辖市人民政府林业主管部门审核同意后，按照国家规定的标准预交森林植被恢复费，领取使用林地审核同意书，之后再向国土部门提出用地申请。用地单位凭使用林地审核同意书依法办理建设用地审批手续。

另外，需注意的是，根据《建设项目使用林地审核审批管理办法》的规定，经审核同意使用林地的风电、光伏等新能源项目，准予行政许可决定书的有效期为 2 年。新能源项目在有效期内未取得建设用地批准文件的，用地单位应当在有效期届满前 3 个月向原审核机关提出延期申请，原审核同意机关应当在准予行政许可决定书有效期届满前作出是否准予延期的决定。新能源项目在有效期内未取得建设用地批准文件也未申请延期的，准予行政许可决定书失效。因此，建设项目在有效期内未取得建设用地批准文件且未申请延期的，准予使用林地的行政许可将会失效，此处需特别注意。

根据《森林法》第73条的规定，未经县级以上人民政府林业主管部门审核同意，擅自改变林地用途的，由县级以上人民政府林业主管部门责令限期恢复植被和林业生产条件，可以处恢复植被和林业生产条件所需费用三倍以下的罚款；虽经县级以上人民政府林业主管部门审核同意，但未办理建设用地审批手续擅自占用林地的，依照《土地管理法》的有关规定处罚。因此，用地单位应严格按照上述流程办理相应手续，否则将会遭到行政处罚，前述处罚措施从2020年7月1日起开始实施。

（2）草地

根据《草原法》第三十八条的规定，进行矿藏开采和工程建设，应当不占或者少占草原；确需征收、征用或者使用草原的，必须经省级以上人民政府草原行政主管部门审核同意后，依照有关土地管理的法律、行政法规办理建设用地审批手续。

根据《草原征占用审核审批管理办法》第六条的规定："矿藏开采和工程建设确需征用或使用草原的，依照下列规定的权限办理：（一）征用、使用草原超过七十公顷的，由农业部审核；（二）征用、使用草原七十公顷及其以下的，由省级人民政府草原行政主管部门审核。"但是，由于国家机构调整，《矿藏开采、工程建设征收、征用或者使用七十公顷以上草原审核办事指南》（国家林业和草原局公告2018年第9号）明确说明，"原由中华人民共和国农业部承办的'矿藏开采、工程建设征收、征用或者使用七十公顷以上草原审核'行政许可事项，调整为由国家林业和草原局承办"。

因此，目前征用、使用草原超过七十公顷的，由国家林业和草原局审核；

征用、使用草原七十公顷及其以下的，由省级人民政府草原行政主管部门审核。

我国的《土地管理法》《森林法》《草原法》及《刑法》亦针对非法占用林地、草地的行为规定了行政处罚和刑事责任，按照相关法律法规的规定履行相关手续至关重要。

14. 新能源项目可以使用划拨土地吗？

《土地管理法》第五十四条规定："建设单位使用国有土地，应当以出让等有偿使用方式取得；但是，下列建设用地，经县级以上人民政府依法批准，可以以划拨方式取得：（一）国家机关用地和军事用地；（二）城市基础设施用地和公益事业用地；（三）国家重点扶持的能源、交通、水利等基础设施用地；（四）法律、行政法规规定的其他用地。"

因此，风电、光伏等新能源项目是否属于国家重点扶持的能源项目决定着是否能使用划拨土地。根据《划拨用地目录》，新能源发电工程电机，厢变、输电（含专用送出工程）、变电站设施，资源观测设施等均属于可以划拨取得用地的范围。

另外，针对光伏项目，《国务院关于促进光伏产业健康发展的若干意见》（国发〔2013〕24 号）中更是直接明确：对利用戈壁荒滩等未利用土地建设光伏发电项目的，在土地规划、计划安排时予以适度倾斜，不涉及转用的，可不占用土地年度计划指标。光伏发电项目使用未利用土地的，依法办理用地审批手续后，可采取划拨方式供地。

综上，从理论上讲，新能源项目可以使用划拨土地，但基于下述两个原因，实践中项目业主大多采取出让方式获得土地使用权：①划拨土地虽然是无偿的，但用地方仍需支付土地征地补偿相关费用；②划拨土地使用权使用存在一定的限制，原则上不得转让、出租、抵押。

15. 风电、光伏项目的升压站和管理用房可以使用租赁土地吗？

风电、光伏项目的升压站和管理用房属于永久性建筑，因此应按建设用地办理相关手续。一直以来，我国的项目建设需要使用土地的，均须依法申请使用国有土地，取得方式通常为划拨和出让。国土资源部、发展改革委、科技部、工业和信息化部、住房城乡建设部、商务部《关于支持新产业新业态发展促进大众创业万众创新用地的意见》提出采取差别化用地政策支持新业态发展，其中明确："光伏、风力发电等项目使用戈壁、荒漠、荒草地等未利用土地的，对不占压土地、不改变地表形态的用地部分，可按原地类认定，不改变土地用途，在年度土地变更调查时作出标注，用地允许以租赁等方式取得，双方签订好补偿协议，用地报当地县级国土资源部门备案；对项目永久性建筑用地部分，应依法按建设用地办理手续。对建设占用农用地的，所有用地部分均应按建设用地管理。"

考虑到分散式风电的特殊性，国家能源局在《分散式风电项目开发建设暂行管理办法》中规定，"在满足国家环保、安全生产等相关要求的前提下，开发企业可使用本单位自有建设用地（如园区土地），也可租用其他单位建设用地开发分散式风电项目。"

2020 年 1 月 1 日，修改后的《土地管理法》正式施行，新法在项目用地方面作出了新的规定，其中第六十三条第一款规定："土地利用总体规划、城乡规划确定为工业、商业等经营性用途，并经依法登记的集体经营性建设用地，土地所有权人可以通过出让、出租等方式交由单位或者个人使用，并应当签订书面合同，载明土地界址、面积、动工期限、使用期限、土地用途、规划条件和双方其他权利义务。”因此，新法施行后，理论上风电、光伏项目的升压站和管理用房亦可以通过租赁的方式使用集体经营性建设用地。

16. 风电、光伏项目建设租赁土地时，需要和谁签订土地租赁合同?

一般情况下，风电、光伏项目施工过程中的临时用地以及风电进场道路和检修道路用地、光伏方阵等多采用租赁土地方式。

根据《关于支持新产业新业态发展促进大众创业万众创新用地的意见》，光伏、风力发电等项目使用戈壁、荒漠、荒草地等未利用土地的，对不占压土地、不改变地表形态的用地部分，可按原地类认定，不改变土地用途，在年度土地变更调查时作出标注，用地允许以租赁等方式取得，双方签订好补偿协议，用地报当地县级国土资源部门备案。

根据国土资源部、国务院扶贫办、国家能源局发布的《关于支持光伏扶贫和规范光伏发电产业用地的意见》（国土资规〔2017〕8 号）的规定，光伏发电站项目使用未利用地的，光伏方阵用地部分可按原地类认定，不改变土地用途，用地允许以租赁等方式取得，双方签订补偿协议，报当地县级国土资源主管部门备案，其他用地部分应当办理建设用地审批手续。同时要求，光伏发电站项目用地中按农用地、未利用地管理的，除桩基用地外，不得硬化地面、破坏耕作层，否则，应当依法办理建设用地审批手续。实践中，风电、光伏项目施工过程中的临时用地以及风电进场道路和检修道路用地等也较多采用租赁土地方式。

根据我国法律规定，从土地权属角度，可以将土地分为国有土地与农民集体所有的土地；从土地规划用途角度，可以将土地分为农用地、建设用地、未利用地。因此，风电、光伏项目建设需要租赁土地时，需要和土地权利人签订租赁合同。

《土地管理法》第五十七条规定，“建设项目施工和地质勘查需要临时使用国有土地或者农民集体所有的土地的，由县级以上人民政府自然资源主管部门批准。其中，在城市规划区内的临时用地，在报批前，应当先经有关城市规划行政主管部门同意。土地使用者应当根据土地权属，与有关自然资源主管部门或者农村集体经济组织、村民委员会签订临时使用土地合同，并按照合同的约定支付临时使用土地补偿费。临时使用土地的使用者应当按照临时使用土地合同约定的用途使用土地，并不得修建永久性建筑物。临时使用土地期限一般不超过二年。”

根据以上规定，风电、光伏项目施工过程中的临时用地以及风电进场道路和检修道路、光伏方阵的土地使用者应当根据土地权属，与有关自然资源主管部门或者农村集体经济组织、村民委员会等土地权利人签订使用土地合同，并需格外关注签订主体的适格性及民主决策程序的要求。另外，租用集体农用地时需区分为两种不同的形式：一是通过村集体经济组织或者村民委员会发包取得土地承包经营权，项目公司与发包方之间构成土地承包经营权发承包关系；二是通过与作为承包人的集体经济组织成员签订租赁合同的方式取得，项目公司与承包方之间构成土地租赁关系。

17. 风电项目进场道路和运行期检修道路，可以利用森林防火道路等道路吗?

风电项目进场道路和运行期检修道路可以使用农村道路、森林防火道路、林区道路等道路。

《电力工程项目建设用地指标（风电场）》第 6.0.3 项规定：“交通工程用地分为永久用地和临时用地，对外交通道路和运行期检修道路用地为永久用地，施工期施工道路用地为临时用地。”因此，进场道路和运行期检修道路均为永久用地。对于永久用地而言，项目公司应当严格按照建设用地管理，应参照前述程序办理相关转用手续，并依法取得建设用地使用权。一般而言，对外交通道路路基宽度不应超过 6.5 米，运行检修道路路基宽度不应超过 4.5 米。不过，除一般情形外，在实践层面亦存在租用、共用农村道路、防火通道作为进场道路、检修通道的情况。

针对利用农村道路的情形，《国土资源部关于促进农业稳定发展农民持续增收推动城乡统筹发展的若干意见》（国土资发〔2009〕27 号）明确：“……农村道路、农田水利用地，均可作为设施农用地办理用地手续。由市、县政府审批，报省级国土资源管理部门备案，不纳入农用地转用范围，不占建设用地指标，但涉及占用耕地的要落实补充任务。”因此，风电项目公司可以与相应的道路所有权人达成约定，由项目公司出资修建或扩建农村道路，但最终产权归于农村集体，建成后由项目公司免费使用或者租赁使用，从而不改变土地性质，避免征地和农用地转用。此处应特别注意的是，签订协议的相对方应对农村道路享有所有权、使用权，该主体可能为村民小组集体、村集体等。因此，若项目公司仅与当地乡镇政府签订合同，而未与集体组织签订合同，则存在通行权利不被认可，无法依约享有道路使用权的可能。

针对利用森林防火道路、林区道路等道路的情形，《国家林业和草原局关于规范风电场项目建设使用林地的通知》（林资发〔2019〕17 号）中明确提及：“风电场施工和检修道路，应尽可能利用现有森林防火道路、林区道路、乡村道路等道路，在其基础上扩建的风电场道路原则上不得改变现有道路性质。”

因此，风电项目公司可直接根据前述规定及项目地的具体规定，尝试利用原有的防火道路、林区道路等作为项目进场道路和运行期检修道路。

18. 光伏项目屋顶租赁合同期限约定为 25 年，这样的合同有效吗?

根据我国《合同法》第二百一十四条的规定，租赁合同的租赁期限不得超过二十年。超过二十年的，超过部分无效。因此，将租赁合同的合同期限约定为 25 年并不会直接导致该租赁合同无效，只会导致超过部分无效。

但是，分布式光伏项目的整个运营期通常长达二十五年，为了实际租用屋顶二十五年，并最大限度地降低风险，承租人通常的做法是在签订第一份租赁期限为二十年的租赁合同的同时，签订另一份待生效的合同，或者通过补充协议就合同期满后的续租问题进行约定。但在实际操作中仍然会存在一定的法律风险，承租人可以在租赁期限内通过一些特殊的补充协议安排尽量降低风险。

19. 屋顶光伏项目的房屋出卖后，新房东可以要求拆除项目吗?

我国《合同法》第二百二十九条规定："租赁物在租赁期间发生所有权变动的，不影响租赁合同的效力。"即屋顶光伏项目的房屋在租赁期间被出卖后，租赁合同对新房东仍具有约束力，也就是我们常说的"买卖不破租赁"原则。但前提条件是：第一，租赁合同已成立并生效；第二，屋顶已交付承租人使用；第三，房屋所有权发生变动是在租赁期间；第四，屋顶出租在被抵押或查封之前。否则房屋所有权变动后，租赁合同对新房东不具有约束力，承租人无权要求房屋受让人继续履行租赁合同，新房东可以基于物权向屋顶光伏项目业主主张拆除项目。

因此，当存在下述情况时，新房东要求拆除项目的主张可能会得到支持：

（1）租赁合同无效或部分无效

承租人主张“买卖不破租赁”的前提是租赁合同有效。如租赁合同无效或部分无效（如租赁期限超过二十年的部分），租赁合同对原出租人不具有法律约束力，对于新房东更不具有法律约束力，承租人无权要求新房东继续履行租赁合同。

（2）租赁期间未起算或租赁物未交付承租人

虽然租赁合同已签订，但租赁期间未起算，或者出租人未将屋顶交付给承租人使用，房屋所有权发生变动，并不发生在租赁期间，不适用“买卖不破租赁”。

（3）租赁房屋被抵押或查封在先

根据《最高人民法院关于审理城镇房屋租赁合同纠纷案件具体应用法律若干问题的解释》（法释〔2019〕11号）第20条的规定，房屋在出租前已设立抵押权，因抵押权人实现抵押权发生所有权变动的或者房屋在出租前已被人民法院依法查封的，不适用“买卖不破租赁”。

20. 新能源项目EPC工程总承包，是否必须通过招标投标选择承包商？

根据《招标投标法》和《必须招标的基础设施和公用事业项目范围规定》，新能源项目属于依法必须招标的项目。新能源项目的勘察、设计、施工、监理以及与工程建设有关的重要设备、材料等的采购，达到一定规模标准的必须进行招标。《必须招标的工程项目规定》第五条规定：“本规定第二条至第四条规定范围内的项目，其勘察、设计、施工、监理以及与工程建设有关的重要设备、材料等的采购达到下列标准之一的，必须招标：（一）施工单项合同估算价在 400 万元人民币以上；（二）重要设备、材料等货物的采购，单项合同估算价在 200 万元人民币以上；（三）勘察、设计、监理等服务的采购，单项合同估算价在 100 万元人民币以上。同一项目中可以合并进行的勘察、设计、施工、监理以及与工程建设有关的重要设备、材料等的采购，合同估算价合计达到前款规定标准的，必须招标。”另外，根据《最高人民法院关于审理建设工程施工合同纠纷案件适用法律问题的解释》（法释〔2014〕14 号）的规定，建设工程必须进行招标而未招标的，签订的施工合同无效。

因此，新能源项目 EPC 工程总承包，达到上述规模标准的，必须依法进行招标，否则存在合同无效的风险。

21. 哪些新能源项目可以取得可再生能源国家补贴？补贴期限通常是多少年？

根据财政部、国家发展改革委、国家能源局关于印发《可再生能源电价附加补助资金管理暂行办法》的通知（财建〔2012〕102 号），可再生能源发电是指风力发电、生物质能发电（包括农林废弃物直接燃烧和气化发电、垃圾焚烧和垃圾填埋气发电、沼气发电）、太阳能发电、地热能发电和海洋能发电等。

但财政部、国家发展改革委、国家能源局于 2020 年 1 月 20 日印发的《可再生能源电价附加补助资金管理办法》出台后，上述《可再生能源电价附加补助资金管理暂行办法》被废止。纳入可再生能源国家补贴的项目范围按新增项目和存量项目分别进行管理。

针对新增项目，由财政部根据补助资金年度增收水平、技术进步和行业发展等情况，合理确定补助资金当年支持的新增可再生能源发电项目补贴总额。国家发展改革委、国家能源局根据可再生能源发展规划、技术进步等情况，在不超过财政部确定的年度新增补贴总额内，合理确定各类需补贴的可再生能源发电项目新增装机规模。

存量项目需符合国家能源主管部门要求，按照规模管理的需纳入年度建设规模管理范围，并按流程经电网企业审核后纳入补助项目清单。

根据《可再生能源电价附加补助资金管理办法》第五条的规定："国家发展改革委、国家能源局应按照以收定支原则，制定可再生能源发电项目分类型的管理办法，明确项目规模管理以及具体监管措施并及早向社会公布。有管理办法并且纳入国家可再生能源发电补贴规模管理范围的项目，相应给予补贴。"即后续将由国家发展改革委、国家能源局根据可再生能源发电项目的类型分类制定管理办法，只有被制定过相应管理办法且纳入发电补贴规模管理范围的可再生能源发电项目才能取得补贴。

另外，《可再生能源电价附加补助资金管理办法》第六条进一步明确了纳入补助项目清单项目的具体条件，包括：（一）新增项目需纳入当年可再生能源发电补贴总额范围内；存量项目需符合国家能源主管部门要求，按照规模管理的需纳入年度建设规模管理范围内。（二）按照国家有关规定已完成审批、核准或备案；符合国家可再生能源价格政策，上网电价已经价格主管部门审核批复。（三）全部机组并网时间符合补助要求。（四）相关审批、核准、备案和并网要件经国家可再生能源信息管理平台审核通过。

目前，风电、光伏等新能源项目的补贴期限原则上为 20 年。

22. 收购新能源项目时，是否一定要做法律尽职调查？

投资者在进行收购决策时，是否进行收购、潜在的收购标的是否具有预期的收购价值、潜在的收购标的是否隐藏着巨大的收购风险，是收购方需要重点关注的问题，也是尽职调查的核心目的。风电、光伏等新能源项目收购涉及的法律风险众多，投资者在收购前，应对各方面法律风险进行全盘的预估和考虑，并针对风险设计好相应的收购方案以解决或规避，最大限度地避免纠纷，保护自身权益。尽职调查的标准，一部分存在着法律法规及相关文件可供参考，有相对刚性的标准，但是，针对新能源项目的法规政策一直处在不断的变化中，而且涉及的法律法规及相关文件亦异常庞杂，稍有不慎就可能没有捕捉到最新的变化或遗漏重要的要求，从而造成巨大的风险；另一部分则没有完全刚性的标准，主要靠参与尽职调查人员的经验判断，有着丰富经验的尽职调查人员可以从现场考察和与有关人员的访谈中洞悉到整个项目的问题和法律风险。因此，在正式决定收购新能源项目之前，收购方应聘请专业的律师事务所开展全面的尽职调查和风险评估工作，并形成详尽、完备的尽职调查报告以供决策参考。

通过尽职调查可以发现众多暗藏风险，例如，目标公司常见的法律风险包括：目标股权权属不清、代持；注册资本未足额缴纳；目标公司股权已质押或被查封；目标股权存在优先购买权；目标公司在目标项目备案/核准后并网前变更过投资主体；目标股权为国有股权，需履行相应的国资审批程序；目标公司存在对外担保或债权债务不清；目标公司劳动用工不规范等。目标项目常见的法律风险包括：项目选址不符合用地规划或涉及生态红线的风险；项目未纳入政府年度开发方案无法获得补贴的风险；多种因素影响导致无法取得预期电价的风险；项目重要支持性文件缺失或办理程序不规范的风险；外送线路手续、补偿资料不全的风险；核准文件过期失效的风险；项目建设合同未履行招标程序的风险；非法占用基本农田的风险；未办理用林手续，非法占用林地的风险；未办理征占用草地手续，非法占用草地的风险；未取得建设用地批准书、直接使用农用地的风险；风机移位后未办理土地、林业、环评等变更手续的风险；租赁补偿协议效力存在瑕疵等。

因此，为明确收购标的收购风险，通常需要聘请专业律师对新能源项目做详尽的法律尽职调查。

23. 收购新能源项目时，项目融资方不同意怎么办？

风电、光伏等新能源项目因前期投入较高，原投资方通常都会以项目公司名义向银行或其他金融机构进行融资，最常用的融资方式包括银行贷款、融资租赁等。一般而言，融资协议中会涉及限制收购兼并项目公司或限制项目公司资产转让的条款。因此，收购新能源项目时，需与融资协议债权人（即融资方）进行沟通，就其同意股权转让或项目转让等一系列问题达成一致。

但在实践中，一方面收购方会在取得项目公司的控制权后对原有的融资进行置换，另一方面收购方和转让方进行股权交割的时候需要先解除项目公司的股权质押，而项目融资方往往是股权质押的质权人。从自身的商业利益以及资金安全的角度考虑，部分融资方在转让方拟对外转让股权时会利用融资协议的相关条款提出否定性意见，或者在双方进行股权交割时拒绝办理解除质押的手续。

因此，收购方在收购新能源项目时需要特别关注该问题，会同转让方提前与融资方进行沟通，并制订相应的解决方案。若项目融资方不同意股权转让的，一般应放弃收购或者由转让方和融资方协商解除融资协议并提前归还借款。

24. 收购新能源项目时，目标公司股权存在质押该怎么办？

实践中，风电、光伏等新能源项目在融资时，利用项目公司股权质押是融资担保的重要方式。

《物权法》第二百二十六条第一款规定："以基金份额、股权出质的，当事人应当订立书面合同。以基金份额、证券登记结算机构登记的股权出质的，质权自证券登记结算机构办理出质登记时设立；以其他股权出质的，质权自工商行政管理部门办理出质登记时设立。"即质权设立时，会在工商行政管理部门进行股权质押登记。从《合同法》及《公司法》的角度来看，公司股权质押后可以签订股权转让协议将股权进行转让，股权转让协议是有效的。最高人民法院也在李福祥、曹文龙确认合同效力纠纷一案〔（2019）最高法民申2778号〕中明确："《中华人民共和国物权法》第二百二十六条第二款规定股权出质后不得转让，但经出质人与质权人协商同意的除外。该款规定禁止出质人处分出质的股权，但并未禁止出质人负担转让出质股权的义务。因转让出质的股权签订的股权转让合同，虽无法产生物权变动的效力，但合同本身系有效合同。"

但是，正如最高人民法院在上述案例中所述，股权变更登记除非取得质权人的同意，否则是无法进行股权变更登记的。根据《物权法》第二百二十六条的规定，基金份额、股权出质后，不得转让，但经出质人与质权人协商同意的除外。出质人转让基金份额、股权所得的价款，应当向质权人提前清偿债务或者提存。

因此，如出现股权质押的情况，则需要取得质权人的同意并通过协商谈判来偿付债务、解除质押，这样才能办理过户。

25. 签订了项目预约收购合同，并网后转让方拒绝交割股权怎么办？

在风电、光伏项目核准/备案后并网前发生投资主体变更的，有被认定为倒卖项目批文的风险，严重的可能会被取消项目补贴。如需在并网前对风电、光伏项目进行收购，很多收购方与转让方会采取签订预约收购合同的方式。相对于直接收购并网后的项目，预约收购方式更为普遍，更为复杂，风险也更大，股权交割问题就是其中一个重大风险。

在收购方与转让方仅签订了预收购协议的情况下，预收购协议为预约合同，转让方仅承担条件成就或期间届满后就项目公司的股权转让事项进行磋商的义务，并不承担向收购方交付股权的义务。此种情况下，项目并网后转让方拒绝交割股权的，收购方只能要求投资方承担预收购合同项下的违约责任，而不得要求投资方赔偿股权价格上涨的预期收益损失。

为将项目并网后的股权转让事宜约定得更加明确，可以在预收购协议中明确约定收购方受让项目公司股权的前提条件，并将条件成就后各方签订的股权转让协议作为预收购协议的附件，同时约定在满足股权交割条件或者收购方愿意受让的情况下，转让方应依据股权转让协议向收购方交割股权。这样，受让方不仅可以向转让方主张违约责任，还可以向转让方主张依约转让股权。

后　记

2020 年春节，一场突如其来的新冠肺炎疫情全面暴发，隔离成为防止病毒蔓延最有效的办法，于是在毕业许多年后我们又经历了一次长达一个多月的“寒假”。

多年的律师工作让我们习惯了忙碌，真的停下来反而有些不适应。于是，一个萌生已久但一直没时间付诸实践的想法再次浮现。我们做了那么多风电、光伏等新能源项目开发建设、投融资和并购的业务，办理了那么多的诉讼、仲裁案件，有必要把相关经验教训整理一下，编写一本新能源法律实务的书。

说干就干，从 1 月 30 日启动到 4 月 27 日交稿，不到三个月的时间完成了二十余万字的书稿，虽然不是非常完美，但我们知道这背后是十余年的专业积累。

感谢我们的客户，是你们多年来的不离不弃，始终给我们以信任和机会，让我们能够在各类新能源法律业务中不断成长和进步。

感谢我们团队的小伙伴们，你们的专业能力和进取精神，让我们在一桩桩交易和一个个案件中获得客户的好评和业界的尊重。尤其是团队里三位年轻的 90 后律师助理——张常睿、唐小博和金冲，不仅参与了众多的项目，还参与了本书有关章节初稿的起草。

感谢中国计划出版社的领导和编辑老师们，他们认真核实了书稿中的每一个数据和每一张图表，仔细校对了每一处错别字和标点符号，严谨踏实、精益求精的工作作风让我们由衷地敬佩和感动。

最后，还要感谢我们的家人对我们的关心照顾和无条件的支持。白天做业务，晚上写文章，要么是奔波于各地的“小飞侠”，要么是独坐书房的“键盘侠”，繁忙是律师工作的常态。正是父母妻儿的理解和支持，才给了我们砥砺前行的勇气和动力。

老子《道德经》云：“天下难事必作于易，天下大事必作于细。”新能源项目不是一天建成的，法律纠纷也不是一天能够解决的。但我们始终相信，只要保持对法律职业的坚守和热爱，坚持投身新能源事业的初心和使命，未来的每一天都将是自由和充满梦想的！

作者

2020 年 8 月于浙江杭州